金融业务实务与技能丛书

吴卫明 / 著

数字金融法律实务与风险防控

SHUZI JINRONG FALÜ SHIWU YU FENGXIAN FANGKONG

中国法制出版社
CHINA LEGAL PUBLISHING HOUSE

序 言

提到金融，多数人第一印象就是华尔街、伦敦金融城、陆家嘴鳞次栉比的高楼大厦、交易所、西装领带的金融白领，还有复杂的文本、波动的k线，以及各种高深、复杂难懂的术语，动辄巨量资金的交易。金融是高大上的，也是普通人可望而不可即的。长期以来，金融活动被经济学和金融学的经典理论统治，金融精英们拥有深厚的经济学和金融学功底，用属于金融的思维和方法从事着金融活动。在人们的思维中，金融就是金融，实业就是实业，两者是分离的，只有在实业机构获取金融服务的过程中，两者才会交叉。对于计算机和互联网，在金融行业早期阶段将其理解为工具，通过计算机和互联网，金融机构可以提高工作效率和服务效率，计算机和网络作为工具，与金融活动的交叉也是浅层的。

然而，这一印象在21世纪初悄然发生了变化。标志性的事件发生在支付领域，随着电子商务的发展，银行之外的互联网第三方支付机构兴起，而这些支付机构的主体却并非传统的金融机构，而是电商等互联网企业。以中国市场为例，在互联网支付领域占据霸主地位的支付宝、财付通并非来自于银行体系，而是来自于阿里巴巴和腾讯两大集团，前者拥有电子商务的巨大用户群体，后者拥有中国最大的社交平台。与此类似的案例还有许多，比如最大的小额消费金融机构并非来自于传统的贷款机构，而是来自于阿里、京东等拥有消费场景的电商机构。互联网理财、供应链金融等领域，互联网公司和实业机构同样异军突起，这些机构借助网络营销手段、场景优势、大数据和人工智能分析工具，对传统金融的生态优化发挥了巨大作用。而传统金融机构也在积极拓展互联网获客端口，通过与互联网机构的合作、融合，学习、借鉴数字化的金融产品创新、创设方式，积极推进金融效率的提升。

可以看到，传统金融的数字化转型，是过去十年及未来相当长的一段时间内，金融效率提升、金融产品创新的原动力。信息化、网络化、数字化不仅仅是金融的外在推动力量，更是金融的内生力量。金融的数字化，不仅仅具有工具价值，更在改变金融活动的流程和价值分配。

金融数字化的过程，不仅仅给金融业务本身带来冲击，更会引发金融业的风险形态改变，带来新的法律问题。由于数字化金融的显著特征是金融活动、实业活动、网络交易、大数据运用的融合，数字金融具有跨领域、跨学科、跨地域的特征，由此带来了法律关系的复合化和跨界化。单一学科、单一领域的法律知识和法律经验，很难适应数字金融发展的需求。为了提升数字金融活动中的法律风险防控水平，金融机构内部的风控合规人员及外部法律工作者需要完善自身的知识结构。本书的写作目的，即在于展现一个金融、互联网、法律相互融合的多维度视角，为同业提供借鉴。

目 录

第一部分 总 则

第一章 数字化时代的机遇和社会经济变革

第二章 数字金融的机遇和冲击

第三章 金融机构数字化的实践

第五章　金融电子合同体系的法律问题

第六章 金融用户实名与身份识别法律问题

第二部分 分 则

第七章 数字化银行及其法律问题

第九章 网络借贷信息中介机构（P2P）的法律问题

第十章 智能金融的法律问题

第十一章　数字化货币的法律问题

第一部分

总　　则

第一章　数字化时代的机遇和社会经济变革

数字化是人类有史以来最伟大的科技革命之一。从农业社会到工业时代、电气化时代，再到信息时代和数字化时代，这几次伟大的科技革命中，人类社会的经济形态、社会形态、思想意识都发生了巨大的变化。

蒸汽机让人类从农业社会逐步走入工业社会，使得人类从物质的紧缺逐步走向物质的过剩，在农业时代，由于手工和畜力耕作，社会生产率极其低下，即使是农民拼尽全力耕作，整个社会得到的物质财富依然是有限的。工业革命，让蒸汽机代替了水车和耕牛，让机器代替了铁匠，社会物质生产开始高速发展，人类社会得以有机会告别物质短缺时代。工业革命是农耕社会走向近代社会的基础，也是民主社会的启蒙阶段。电气化时代，由于电的发明和使用，人类社会的有效时间得以从白天延展到黑夜，人类的交流空间得以通过无线电延展到远方，输电线路使得机器可以在任何地方开工，物质丰富的基础上，人类的生活品质得到了进一步提升。电气化革命，带来了社会结构的进一步变革。本次数字化革命是与互联网的发展分不开的，互联网的去中心化思维与社会进步追求的人类个体解放的终极目标是具有同样精神内核的。可以预见的是，数字化变革必将深远地影响整个人类社会，其对于社会结构的影响，甚至大于前两次科技革命。

第一节　数字化的含义

数字化是指将自然界和人类社会中能够感知和度量的事物转化为数据进行归类、分析、利用，并作出反馈的过程。数字化是人类研究自身感知过程和认知过程的产物，是以数学方法模拟记忆和思维过程的产物。数字化改变了人类的认知方式，更是人类社会进入文明时代以来的一次重大变革和挑战。数字化除了带来生产方式的变革外，也将影响人对于自身的认识。

一、数字化是硅时代的思维路径

人类对于宇宙和自然的探究，是推进人类社会发展的根本动力。在几千年的文明历史中，人类的自然科学研究主要关注于物质范畴领域的研究，如天文学、地理学、物理学、植物学、动物学、生理学、化学等。对于人类自身的研究，也主要集中于对身体疾病的研究，医学领域在身体疾病的治疗、生化检验、人体器官移植等方面都取得了巨大的成就，人类的平均寿命大大延长，不断有疾病被攻克和征服。曾经的严重疾病，如天花、霍乱、流感等，已经不再是严重威胁人类生命的疾病，天花甚至已经被彻底消灭。但是，与人类对于身体的物质方面研究的成熟相比，人类对于自身精神领域的研究却远远不够。

在现代精神医学兴起之前，人们在很长的时间内并未将精神方面的问题作为疾病对待，而是以巫术、中邪、邪灵等迷信的方法来进行解释，以至于精神疾病者不但未能像身体疾病者那样受到社会的救助和关爱，反而受到社会的歧视和排斥。

直到精神分析和精神疾病的理论出现后，人们才开始正视自身精神世界的规律和科学研究。弗洛伊德等研究者给人类打开了认识自身思维和心理活动的大门，人类开始进一步深入思考意识的来源，智慧、智能、思维的来源和规律。

通过解剖学和生理学的努力，科学家已经能够很精确地认知人脑的结构，但是人脑如何运行，人脑的思维机制究竟是什么样的？人脑如何思维，意识如何产生，直至当前仍没有完全解开谜底。

相反，在20世纪出现电子计算机后，科学家们对于计算机如何运算，如何分析和处理数据，甚至如何分析问题和解决问题，都有了精确和深刻的认知。计算机科学的专家们开始试图以计算机的原理来解释人脑的运作机制。比如，计算机的处理器核心是芯片，即在一个硅芯片中集成了无数个硅晶体单元，并通过预设的程序控制不同硅晶体之间的电流传导和电路开合，完成运算和数据的分析加工、存储。在对人脑进行解剖研究后，科学家们将人脑的神经元与硅晶体单元进行类比，将人脑的生物电流活动与计算机芯片内部的电流传导相类比，将控制计算机电流传导和电路开合的程序与人脑的思维相类比。于是有了“算法”泛化的趋势，学者们将人脑的思维比喻为算法，将一切都算法化。本书认为，这一逻辑是存在问题的，因为计算机的发明早于人脑功能和结构的剖析，计算机本身并不是模拟人脑的仿生学产物，而是与人脑功能研究相互独立的两个学科。只是在近些年来，人工智能研究走入困境后，科学家们才开始借助于脑科学研究来检讨和反思电脑的算法，进一步通过对人脑神经元结构的研究创设了机器深度学习的算法，并以此作为近期人工智能的重要路径。因而，人脑运作和计算机“算法”本身是不同科学范畴的问题，两者不能简单类比。

人脑的思维原理究竟是什么，需要科学家进一步探究，由于人脑的主要构成是碳元素，有学者认为人脑思维是一种碳时代的思维方式。由于计算机的芯片材料主要是硅晶体材料，有学者将计算机的算法和人工智能比作“硅时代”的思维路径。

人脑的成长机制，依赖于外部的知识教育和自身的反馈。人脑天然的结构只是智慧智商的基础，后天的学习是智慧的关键因素，这一点通过“狼孩”等案例已经证明。在一些地方出现的“狼孩”，在偶然因素的作用下，得以在野生动物群体中被野生动物喂养长大。由于与人群隔绝，这些孩子在回到人类社会后，出现了认知障碍、智力发育不良等情况。

对于人工智能程序而言，深度学习也是同样的运作机制，不同的是，计算机学习的“粮食”是各种数据，即数字化的信息。没有数据就没有人工智能的发展，数字化是机器学习的基础，也是机器分析和解决问题的基础。因此，可以说，数字化是“硅时代”的思维路径。

二、模糊感知向数字化感知过渡

模糊的感知能力是生物进化的结果，对于纷繁复杂的外部世界，生物体需要及时做出反馈，哪些构成外部威胁，哪些不构成外部威胁，哪些是对自身有利的因素，哪些是不利的因素，都需要做出及时和快速的反应和反馈。生物体在进化中得到的一种能力就是快速的模糊处理能力。比如，面对飞速投向自己的石头，人类会有本能的躲闪，躲闪成功有一定概率，也有失败的风险。经过特殊训练的人士，成功率会相应提高。为什么人脑中没有发育出更加强大的运动控制区域呢？原因在于人脑的体积是有限的，而要面对的外部威胁是多种多样的，让一些功能适当“模糊”，才能使得有限的大脑空间有可能应付更为复杂的外部世界。当然，模糊化的代价就是，在躲避飞石的过程中，会有失败的概率，但这是生物进化的一种平衡机制。对于机器而言，情况可能完全不同，机器要躲过飞来的石头，首先需要计算石头飞行的轨迹，其次要考虑风速、距离等各个因素，最后将这些因素和信息数据化。对于机器而言，一个数据的误差，就可能导致躲闪的失败。因此，以数字化运行的机器需要依赖精确的运算。随着数字化在人类社会中的发展，数字化的精确感知也许会代替人来获取更多的外部信息，并协助我们处理外部信息。

第二节　数字化时代拉开帷幕

多种信息表明，我们正在步入一个数字化的时代，我们很少通过邮局给远方的亲人写信，而是通过电子邮件传递信息。即使是通过手机进行问候，我们的声音也会被音频转化软件转化为数字信号，通过电信网络传输给另一台手机的信号接收器，然后再用音频转化软件还原为声音。我们通过视频在远方看到的图像，已经不是原始的图像，而是被图像处理软件转为数字信号传输过来的数据，这些数据再被我们的终端设备（手机、电视等）转化为图像。这样的例子在我们身边比比皆是，书面文档、统计数据等都可以转为电子数据，被机器进行分析和处理。未来，更加复杂的社会活动，乃至我们的思维，是否都可以转为数字信号，在理论上是有可能性的。数字化时代是人类社会的一次重大变革，必将触动社会生活的方方面面。

一、从运算到智能

计算机发明的最初目的是帮助人们进行一些复杂和重复的运算，比如弹道导弹的飞行弹道计算是导弹能否达到打击效果的关键因素，如果通过人工做这样复杂的运算，不仅效率低下，而且准确率也很难保证。在军事领域的运用还包括炮兵计算榴弹炮和加农炮的弹道轨迹，从而确定弹着点。对于炮兵这样的高频率使用场景，手工计算显然是难以满足应用的。拿破仑时代的炮兵和两次世界大战期间的炮兵指挥官，首先要学会高等数学，原因即在此。第二次世界大战期间，复杂的密码破解工作，除了带来密码学的进步外，也促进了人们对于自动运算机器的研究。到阿波罗计划时期，计算机已经成为宇宙探测的基本辅助工具，用于测算飞行器的飞行姿态和进行飞行控制。在复杂的行星引力与飞行器速度动态相互作用与反馈的过程中，人力运算已经完全无法保障飞行器的正常控制。

随着自动控制技术的发展，精确的传感器、更加精准的伺服电机和轴承、液压零部件的出现，以及自动化控制程序的发展，工业机器人逐渐成为工业生产领域等简单场景的基本配置，机器人开始在工业领域替代人工。工业机器人的大脑是计算机，其思维“控制程序”。从数控机床到各种各样的焊接机器人，计算机程序以一种更为有形化的外部载体展现在人们面前，工人从流水线上被淘汰下来，人们不禁思考人与机器的关系。

人们对于机器能力的认知，从辅助人类做运算，逐渐转入思考机器智能与人类智能的关系。程序究竟是一种简单的工具，如同水车、蒸汽机一样，还是一种新的智能形态？人们逐渐意识到，与人工控制的机床增强人类的身体能力相比，计算机程序事实上是对人类大脑部分功能的提升或替代，人工智能的概念逐渐成为计算机科学领域的热点而不断被社会关注。从运算到智能，这是计算机科学在出现后的几十年中带给人类社会最大的冲击。

二、数据革命

在机器智能化的进程中，数据是转化的关键。如果将人类社会当作一个巨大的知识处理系统，那么每个人都是这个巨大系统的组成部分。每个人用自己的感知能力、语言能力、书写能力和交流能力给系统输入信息和知识，并从系统的其他单元获取信息和知识的反馈，脱离这个系统的单元将不具有任何价值。对于人类社会的这样一个学习过程，或者说是文明的进化过程，马克思主义的经典理论是劳动创造论，劳动的过程促进了人类的大脑进化，劳动的过程产生了语言和社会协作，劳动的需要产生了对于气象、水文、地理等知识的探索和研究，产生了一切科学的需求。这一解释是一种重要的学说，但并没有揭示这一进化过程的核心原理。

如果用计算机和数据科学的视角解释这一进程，也许会更准确。社会的每一个成员都是一个终端或处理器，个体将看到的信息转化为自己的语言或文字，并通过人际交流或书信、报告、文章、书籍等方式对信息进行精炼处理，以归纳或演绎的方式将信息或信息转化而来的知识传递给社会这个大系统。僧侣、学者、教师、媒体再以不同的方式将信息传输给社会的其他个体，从而完成了信息或知识的“传输－反馈－聚合”的过程，社会无数的主体每时每刻都在重复同样的循环，为这个大系统注入信息，也从这个大系统获取知识。知识的汇集、归纳、演绎等规则，可以理解为一种编程规则；一定人群的语言体系，则可以理解为通信协议，这些协议为不同主体的信息交流提供了基础；而每个主体获取的信息，就是数据。不同的是，人类社会主体相互之间传输的信息以语言、文字、表情、气味、肢体动作等方式传递，并以听觉、视觉、触觉、嗅觉、味觉等感知器官接收信息。对于社会这个大系统来说，每个个体之间信息的传递、接收，恰恰是这个系统进行数据处理的基础。只是我们理所当然地认为，这是本能和进化的产物，却没有思考信息本身的加工和处理对于社会的价值。

与人类个体之间的信息传输不同，对于计算机而言，所有的信息都以数字信号的方式进行传输。只是计算机硬件技术、通信技术、软件能力、传感器技术、存储技术、运算芯片的能力制约了计算机的数据获取能力和处理能力。早期的计算机中央处理器和存储能力有限，只能对少量的信息进行处理和运算。随着计算机和通信技术的发展，瞬间获取海量数据对于计算机已经是司空见惯的事。

仅以身边随处可见的视频监控设备为例，一台普通视频设备一个小时录制的数据量轻而易举就可以达到1GB，假定一个中等城市的公共场所有5000台治安监控视频探头，每个小时的治安视频数据量就可以达到5000GB，每天的数据量可以达到120000 GB，假定这些视频需要保存60日，则一个中等城市公共治安系统的视频数据存储量就可以达到7200TB。如果将全世界的治安视频数据加起来，这个数据量是非常惊人的。除了监控视频外，其他的数据源每天也在源源不断地产生各种各样的数据。各种各样的天气监测系统，无数的个人电脑（PC），手机摄像头，工业控制系统，购物网站，都是数据来源。在不久的将来，自动驾驶汽车、可穿戴设备、智慧城市的各类传感器也将成为数据的重要来源。我们现在拥有的数据量与21世纪初相比，已经急速膨胀，甚至无法准确界定，而只能以“海量”来形容。由于难以计量数据本身的数量变化，我们可以通过比较存储器（硬盘）的容量来直观地显示数据的变化。世界上第一块硬盘出生在1956年，由IBM公司制造，大小相当于两个冰箱的体积，存容量只有5MB。1991年IBM推出首款3.5英寸的1GB硬盘，存储设备开始走向小型化和大容量。到了当前，个人小型电脑的硬盘存储量轻易可以达到TB级。在数十年里，存储设备的数据存储密度增加了无数倍，数据存储量的增加更是无法形容。在最近的几十年里，除了数据外，没有哪一样工业品的产量增长可以达到这样的速度。

数据的获取量和存储量只是数据革命的一个方面，数据的加工和运算速度则是另一个关键的因素。如果仅从运算速度来看，阿波罗飞船上的计算机中央处理器运算速度还比不上我们的一部普通智能手机，而现在的一台个人电脑，运算能力就可以和当时的大型计算机媲美。4G/5G通信技术的应用，则使得数据的无线传输速率大大提升，视频、图片、大容量的数据包都可以通过无线通信轻松传输，这也为数据的获取提供了便利条件。

数据的获取方式、数据的传输方式、数据来源的多样性、数据的海量化，以及数据的高速加工能力、数据的深度挖掘和运用，都将成为这个时代以及新时代的典型特征。数据不再是孤立和静态的，数据也不再是匮乏和稀缺的，每个个体终将走出“数据孤岛”，置身于数据极大丰富的空间。数据革命是我们人类必将面临的一种新的社会革命。

第三节　数字化带来的社会经济变革

数字化是人类社会发展的重大事件，对人类社会乃至人本身的影响是巨大的。如同任何一次社会变革一样，首先受到数字化浪潮影响的是经济领域，经济变革再一次引领整个社会的数字化进程。

一、经济网络化

经济网络化是新时代的一件大事，无论是古典自由主义的亚当·斯密时代，还是马歇尔和凯恩斯，抑或是哈耶克，从来都没有面对过这样的一个时代，人们通过互联网和陌生人做生意，跨国界的分工从贸易延伸到服务领域、科研领域。就在伟大的科斯以交易成本理论揭示了公司的起源后不久，互联网的发展又将交易成本放在一个更为广泛的维度进行研究，当网络能够以更低的交易成本帮助企业完成一些辅助性工作的时候，企业外部协作成本更低的情况下，传统的大公司是否也将走向拆分和小型化？约瑟夫·斯蒂格利茨、乔治·阿克尔洛夫和迈克尔·斯彭斯在 20 世纪 70 年代提出了信息不对称理论，并因此获得了 2001 年度的诺贝尔经济学奖。然而，面对一个信息传输高度发达、数据极度丰富的时代，信息不对称理论及由此衍生的各种管理理念、管理措施、经营思路也将被互联网的思维颠覆。

自从互联网出现后，经济生活中的诸多领域已经基本完成了网络化转型。电子商务领域的几大巨头，已经将传统商业的业务空间挤压，2016 年淘宝的销售额突破了 3 万亿元，超过世界第一大零售商沃尔玛，这一事件可以看作是电商与传统商业实力此消彼长的分水岭。家电零售领域的京东商城更是超越了国美和苏宁，甚至苏宁也早已经将自身的发展定位于“云商”。国美电器曾经是国内第一的家电商场，由于错失了互联网转型的关键时期，在这场家电巨头的市场争夺战中开始滞后。在电商模式起源地的美国，虽然电商发展速度没有中国这么迅速，但亚马逊网上商城在诸多领域依然占据了相当大的市场份额。随着电子商务的发展，生产批发、零售的链条被大大缩短，行业扁平化趋势明显，中间环节的利润变成了消费者的福利，大量零售业利润无法支撑昂贵的店面租金而退出百货大楼。百货大楼的空间被需要亲身体验的餐饮和美容等行业占据，百货大楼变成了综合消费体验空间。

然而，即使是餐饮本身，自身的销售渠道也早已经被网络化。各大电商企业通过多年的努力，早已经渗透到了餐饮的订餐、团购、支付、外卖送餐环节，餐厅从餐饮的销售与体验部门更多地转为现场体验店。

此外，我们的交通出行从售票窗口买票变成了网络购票，通过互联网的即时调剂和车辆调拨系统，网约车、共享汽车、共享单车使得交通工具从私人用品变成了公共用品，大大节约了社会资源，缓解了交通拥堵。

未来还会有更多的生活场景和工作场景被互联网优化，通过虚拟现实技术，远程办公和远程会议也将逐渐成为现实。

经济的互联网化是我们看到的表象，表象后面的实质是数据化，每个场景、每个应用都成为新的数据运用空间和数据来源，而数据的整合、数据的提取和挖掘、数据的研究，都将为改善服务和提升产品助力。

二、万物互联

经济的网络化只是数字化时代的前奏和序曲，数字化时代的最鲜明特征是万物互联。电子商务将生产企业、商家、消费者、物流公司纳入网络体系，从而给互联网注入交易信息、消费信息、支付信息、理财信息、网络搜索信息、地理位置信息、物流信息等各种信息和数据。相对于我们社会生活的丰富性，商业及金融交易中的信息只是众多信息源中的一小部分。

随着传感器技术的发展，我们已经可以做出足够微型化的各种传感器，从智能手环到人体微循环探测设备，从胰岛素监测到心脏监测，可以预期的是，不久的将来，人体或许也将成为计算机网络上的一个终端，人体的各种生物特征都会以数据的方式连接到网络上。智能汽车、智能家电、智能道路设施、智能航空器，所有的一切都将被接上互联网，为互联网创造数据，同时也用这些数据服务于经济和社会。

三、有规划的新经济时代

从亚当·斯密的时代开始，自由主义者认为，“看不见的手”是经济发展的关键，“市场之手”会自主调节，直至经济达到均衡状态，从而实现充分就业和经济发展。市场经济下的凯恩斯主义，“市场之手”是会失灵的，需要“政府之手”的介入。苏联、转轨前的东欧等计划经济国家，则更是信奉管制经济。1929 年大危机后的经济发展进程中，两种不同的经济思想各自有过优势。然而在近 30 年的发展中，自由主义似乎更占优势，“看不见的手”在促进全球经济发展方面发挥了巨大的作用。

任何政府的信息都是滞后的，社会主体复杂多样的需求和意志并不能被政府掌握，全部社会主体的自主博弈最终可以让经济达到均衡，这是自由主义的基本逻辑前提。这一论证，在信息不对称的传统经济体中，被证明是有效的。但在互联网和数字化的社会中，却未必是最有效率的。在互联网的经济模式下，某种产品的需求和供给的平衡可能不需要经过“过剩—紧缩—适度”的过程，而可以通过信息技术加以解决。

我们以大规模定制为例，大规模定制（Mass Customization，MC）的概念出现于1970年，这是美国未来学家阿尔文·托夫勒（Alvin Toffler）在《Future Shock》（《未来的冲击》）一书中提出的一种全新的生产方式的设想：以类似于标准化和大规模生产的成本和时间，提供客户特定需求的产品和服务。1987年，斯坦·戴维斯（Start Davis）在《Future Perfect》（《完美的未来》）一书中首次将这种生产方式称为“Mass Customization”，即大规模定制（MC）。大规模定制的本意是平衡用户的个性化需求和大规模工业化生产过程中的成本和个性。在传统的生产组织方式下，大规模定制只是一种生产和营销的组织方式。但是在互联网的环境下，大规模定制成了需求引导生产的典型范例。在一个经济体内部，乃至全世界的消费者，通过互联网设计产品、提出需求，由于用户基数的庞大，以至于任何细微的个性化需求都可能聚合成规模化的生产任务。符合条件的厂商，在产品构思和设计阶段，就开始与消费者和用户进行互动，这保证了产品的适销对路。而“以销定产”和“适销对路”恰恰是管制经济的拥护者提出经济管制的重要理由，因为“看不见的手”虽然有效，但却常常会让社会付出巨大的代价。“以销定产”和“适销对路”在传统社会中，由于信息传递和统计手段的有限，已经被证明无法实现，但在互联网和数字化的背景下，却并非天方夜谭。

大规模定制如果与智能制造进行结合，将使得局部有规划的经济成为可能。无论是德国人提出的“工业4.0”，还是中国政府提出的智能制造计划，无疑都会受益于数字化社会。以智能制造为主导的第四次工业革命，旨在通过充分利用信息通信技术和网络空间虚拟系统，将制造业向智能化转型。通过“智能生产”和“智能物流”整合社会资源，加上营销端的大规模定制，工业生产将更加有序和高效。

第二章 数字金融的机遇和冲击

案例一 大象起舞——城头变幻大王旗

2017年6月20日，在金融行业发生了一件典型性案例：中国农业银行与百度公司签署战略合作协议。根据双方所披露的信息，双方合作主要围绕金融科技领域开展，包括共建金融大脑以及客户画像、精准营销、智能投顾等。[①] 对于这次合作，金融企业人士给予的评价是：农行在疾速迈向Bank4.0（传统金融智能化）时代。农业银行本次联手百度，有着深刻的行业背景。在金融创新日益发展的今天，传统银行盈利模式难以为继。根据国内上市银行的财务报告显示，商业银行的利润增长率在逐步下滑。在此背景下，银行业与金融科技和大数据金融的结合也就顺理成章了。2016年8月，农行董事长周慕冰在纪念中国农业银行成立65周年的讲话中明确提出要推动商业模式转型，顺应互联网金融个性化、实时化、智能化、场景化特征，探索建立相应的商业模式，赢得未来竞争的先机。[②] 农行和百度的此次战略合作成为这一转型战略的重要落地事件。有关公开文件显示，农行将面对“追求更极致客户体验、使用更智能管理手段、遵循更开放商业模式”的Bank4.0浪潮，按照“开放融合、资源共享，优势互补、各取所长”的合作原则，与百度建立以金融科技领域合作为核心的战略合作，从而在开放性获客、场景化服务、数字化经营、敏捷化架构等领域全面提升，加快从Bank3.0向Bank4.0转型。据悉，双方将共同组建

---

① 参见新华网：《农行与百度战略合作：共建智能银行》，http：//www.xinhuanet.com/money/2017-06/20/c_ 1121178940.htm，2018年8月14日访问。

② 参见周慕冰：《再谱农业银行改革发展新篇章——纪念中国农业银行成立65周年》，http：//www.abchina.com/cn/AboutABC/nonghzx/NewsCenter/201608/t20160817_ 916300.htm，2018年8月14日访问。

“金融科技联合实验室”，通过研发人工智能、大数据等金融科技，为农行用户提供智能金融服务。[①] 该项合作将可能包括远程开户、互联网贷款申请、客户身份识别等场景。依靠“大数据+金融”的模式，在传统银行业务的基础上实现大数据信贷风控、交易反欺诈、精准营销、智能投顾等功能。

案例评述

上述案例带给金融领域的冲击是巨大的，作为传统金融机构的主体，商业银行一直是宏观审慎管理的核心，也是业务合规管理的重点。在人们看来，商业银行是最为保守的金融机构，像一头笨拙的大象，在金融创新浪潮中疲惫招架，没有反击的能力。本次农行与百度联姻，是最传统的机构与最具创新能力的机构的合作，会给市场带来无限的遐想，而带来想象力的点睛之笔则是“数据+金融”。

本章引言

数字时代给社会生活各个领域带来的变革和冲击都是巨大的，金融作为社会经济生活的重要组成部分，深入渗透到我们生活的方方面面，从购物过程中的互联网支付到共享单车等各种应用场景中的资金支付，从无处不在的网上理财到股票投资。随着信息技术在金融领域的运用，我们越来越多地通过远程方式完成各种金融活动，越来越少地使用现金进行各种消费。数字化已经成为金融的核心模式，金融逐步从依靠纸质合同体系支撑的契约关系转化为依靠数码记录和传输的契约体系。研究数字化对金融的影响和冲击，具有现实的社会价值。

第一节　数字金融的含义

数字金融是与传统金融相对应的。按照金融学的传统理论，对于金融的定义有不同的表述。有观点认为，金融是货币流通和信用活动以及与之相联

① 参见金融时报：《联姻百度　农行瞄准“智能金融服务”》，http://finance.jrj.com.cn/2017/06/29044022670591.shtml，2018年8月14日访问。

系的经济活动的总称；广义的金融泛指一切与信用货币的发行、保管、兑换、结算、融通有关的经济活动，甚至包括金银的买卖；狭义的金融专指信用货币的融通。还有观点认为，金融的核心是跨时间、跨空间的价值交换，所有涉及价值或者收入在不同时间、不同空间之间进行配置的交易都是金融交易，金融学就是研究跨时间、跨空间的价值交换为什么会出现、如何发生、怎样发展①。

无论是哪个观点，其核心都包含着对价值的分配、安排和交易，作为支撑，法律认可的合同体系就成了金融的基本载体。所以，在传统金融中，充斥着各种各样的合同、登记表、申请表、产品说明书等纸质文件。事实上，我们到银行办理业务过程中，往往需要根据银行的风控及业务流程要求，在柜面签署大量的签名。数字金融重要的外在体现之一，就是用计算机信息系统中的数据交互和数码记录来替换纸质记录，用虚拟世界的电子签名来替代实体空间的签字盖章。

一、数字金融的概念和特征

数字金融是运用现代信息技术对金融进行改造的产物，通过现代的计算机信息技术、通信技术、人工智能技术等手段，将金融活动的用户获取、用户识别、交易行为、交易记录、风险控制、信用评价、信用交换，甚至是争议解决，以数字化的方式予以实现。

从上述定义的基础上，我们可以看出，数字金融是以数字化的方式覆盖金融的部分流程或环节。按照数字化的原理，数字金融就是将金融活动中复杂多变的信息转变为可以度量的数字、数据，通过二进制代码，引入计算机内部，再设置合理的量化维度，将这些数字、数据建立起适当的数字化模型，在计算机系统内进行统一处理，最终达到金融各个要素的功能实现。

我们以远程终端的客户识别为例，识别你的客户，这是金融活动的基本要素，也是法律和监管规则的基本要求。在传统金融中，识别客户是一个人体感官的直观过程。身份证或者其他身份识别证件，以其负载的户籍信息、身份信息，首先将持有人的姓名、性别、年龄、住所等基本信息展现给金融

① 参见陈志武著：《金融的逻辑》，国际文化出版公司2009年版，第2页。

机构的柜面人员。如果上述证件上带有照片，将照片信息与证件持有人的人脸特征做比对，工作人员通常的识别能力将会给出“相同”或“不同”的判断。如果比对结果是“相同”，则会将其纳入合格客户，并办理相应的业务，复印证件并存入客户档案库；如果比对结果是“不同”，则会拒绝为其办理业务。所有的过程，是人脑意识中的模拟判断，过程无法量化、标准化。

在数字化金融远程客户识别过程中，所有的动作是以数据化的方式完成的。看似简单的活动，其背后都蕴含着数据模型和算法。首先是客户基本信息的采集和比对，在这一过程中，客户以手工输入、语音输入或者调用在第三方处存储的信息，完成身份基本信息的输入，金融机构通过调取公安人口信息数据库或调取自身数据库的方式，完成身份的基本信息比对。其次是对身份信息的提供者或者注册者的身份实施验证，在这一环节中，常见的验证方式包括数字证书验证、基于 NFC 电子身份证验证、生物特征识别。无论是上述哪一种验证方式，背后都隐藏着身份验证的数据库。从上述对客户识别的分析可以看出，数字化金融中的客户识别，已经脱离了人脑的感知能力，而转化为数据的收集和比对。

因此，我们认为，数字金融的主要特征包括：

第一，远程化。

由于人类感知能力的局限，客户识别、交易文本、信用风险审核等环节，必须以面对面的方式完成。数字金融最突出的特征就是金融活动的远程化，金融不再依赖面对面方式，突破了金融业务的地域局限。

第二，场景化。

传统金融与实体经济的交易环节相互独立甚至脱节，随着金融活动的日益虚拟化，大量的金融行为已经完全脱离实体经济，甚至反作用于社会经济的稳定，20 世纪发生的金融危机已经体现出这一特征，即实体经济稳定但金融出现危机。实体经济的金融需求，传导给金融机构，由于信息不对称、信息传递效率等因素，两者并不能形成有效的对应机制。而数字金融诞生于电子商务、互联网供应链管理等网络领域，实体经济的需求信息与金融产品的提供者可以实现高效率的信息传递，金融活动高度场景化。

第三，便捷化。

通过数据化，金融所需要的各个环节被完美地整合在数据的采集、加工、传输、分析中，由于现代计算机系统拥有强大的运算能力，金融活动的各个环节具备在“秒级”甚至“毫秒级”时间内完成的可能性。而脱离了人工制表、人工填写合同、人工信用审核之后，金融的效率将得到史无前例的提升，这是传统金融所无法想象的。

第四，抽象化。

金融活动从人脑的形象化认知，转化为数据的抽象化分析。传统人脑分析中的人体外表、谈话语调、谈话内容等形象化的内容，被维度更加丰富的数据分析所替代，分析更为精准，金融的标准更为精确、细致。

二、数字金融与传统金融的核心差异

除了上述表象的特征外，数字金融与传统金融的核心差异表现为以下两点：

第一，数字金融以数据为核心，传统金融以人脉为核心。

传统金融是一个熟人社会，金融机构之间、金融机构与主要客户之间，无不是建立在熟人社会基础之上。出于信任和信用考察的需要，传统金融的业务交流范围往往集中在一定的物理半径或者熟人圈子之内。这也是为什么金融中心的集聚效应往往比制造业中心甚至是物流中心还要突出的原因。

当今全球的前十大金融中心，包括纽约、伦敦、东京、香港、上海、新加坡、巴黎、法兰克福、北京和芝加哥。而在上述城市中，金融机构的分布同样呈现集中态势。纽约华尔街、伦敦金融城、上海陆家嘴等金融核心区，总面积均非常狭小，华尔街只有区区三分之一英里的长度，大名鼎鼎的伦敦金融城也不过几个平方英里的面积，而上海陆家嘴金融城的总面积也不过30平方千米左右。在这些金融城里，各种金融机构的办公大楼林立，其间充斥着各色高级酒店、餐厅、咖啡馆，动辄数亿甚至数十亿、百亿的项目就是在金融精英们的一次次会面中谈成的。传统金融离不开信任和信用，办公集聚有利于降低沟通成本、节约沟通时间，地域的集中在一个侧面展示了传统金融的特点。

即使是面对客户群体，大量的沟通也需要在金融机构柜面或客户的办公场地完成，交通的便捷、地域的醒目，都是金融机构在开展业务时需要考虑的。究其本质，依然是建立在熟人社会思维之上。

数字化金融则以数据为核心，不需要以熟人社会为基础。人与人之间的沟通交流往往受到各种感性因素的影响和制约，对于信用的判断也容易出现误差。以美的集团10亿元理财产品欺诈案件为例，可以对熟人社会金融的缺陷做个分析。

案例二　巨额资产被骗，面对面交易的神话不再

2017年6月29日，美的集团正式回应"遭遇10亿元理财骗局"的传闻称，公司下属合肥美的冰箱公司（合肥美的）在2016年3月购买了10亿元理财信托产品，2016年5月通过内控日常核查发现存在诈骗风险并第一时间报案。[①] 一家顶尖的制造业上市公司，拥有专业的金融中心，并且招聘了专业团队进行运作，依然马失前蹄，被骗走巨额资金。事件究竟是如何发生的？根据媒体的信息，2016年3月初，美的金融中心安徽分部的负责人李某向其大学同学透露"美的理财业务最重要的要求是要有银行兜底"。获知这一信息后几天，这位大学同学辗转通过一位证券公司的投资经理，向李某介绍了一个7亿元的理财项目。该7亿元的理财项目，投资期限2年，预期年化收益率为6.7%。美的通过认购单一资管计划投资，进而委托信托公司向农行成都武侯支行的3个"授信客户"发放委托贷款，农业银行成都武侯支行向投资人美的出具保本保收益的《承诺函》。2016年3月22日，美的一行几人，经熟人介绍到成都考察，并由一名自称为"农行成都武侯支行客户经理"的陈某接待，来到了农行成都武侯支行办公大楼。在全程并无任何人要求登记或出示证件的情况下，进入银行的副行长办公室，并与自称为黄行长的人进行会谈，在核对了所谓的银行对三家客户的"农行四川省分行授信批复资料"及三家企业的抵押质押权证原件以及抵押物的评估报告和物业照片等证明文件，且看到银行加盖了公章的《承诺函》之后，美的决定参与该

---

① 参见北京青年报：《美的确认10亿元理财被骗》，http：//news. 163. com/17/0630/01/CO539IEL000187VI. html，2018年8月14日访问。

笔交易。最终的结果证明，依靠熟人搭建的金融模式并不安全。[①]

案例评述

数字金融以冰冷的数据为基础，数据是客观和中立的，建立在数据分析基础上的信用审核、交易风控、交易决策机制，能够脱离人的主观因素制约。在案例中，李某对王某的信任来自于大学同学聂某这一特殊渠道，其后对于自称是农行成都武侯支行工作人员的陈某和自称为行长的黄某的信任，多多少少也与前面的因素有关。数字金融的风控讲的是数据分析，任何一项参数无法达标，数据模型都会以清晰的方式对交易进行否定。

另外，数字金融以计算机算法为基础，传统金融以脑力为基础。

“算法”（Algorithm）是计算机科学的一个专有名词，特指计算机程序中解题方案的准确而完整的描述，是解决一系列问题的清晰指令。算法代表着用系统的方法描述解决问题的策略机制，也就是说，能够对一定规范的输入，在有限时间内从系统中获得所要求的输出。也即，对于数字化的经济领域，无论是商业还是金融、医药还是农业，解决问题的思路与传统解决方案最大的差异在于，需要给计算机软件系统一个预设的算法。如果一个算法有缺陷或不适用于某个问题，它将会失效。数字金融是依赖数据对金融活动、金融产品、金融参与者行为进行定量或定性分析的金融活动，如何构建有效的算法，在时间、空间、主体行为等多因子的复杂环境中进行有效的判断，是数字金融最为关注的问题。但是，一旦算法成立，对于同类业务将大大提高效率、增加决策的准确性，并可以避免人脑在特定情况下主观判断的风险。

传统金融模式中，从业者的脑力是业务的核心。无论是业务模式还是风控模型，其在实际操作中，难免受到金融从业者的体力、理解力、处理问题能力的制约，甚至在特定情况下，还会存在从业者的道德风险。在传统金融模式下，即使风控和业务模型再完备，因其在执行环节对于操作人员的依赖，依然可能会存在风险。

---

① 参见搜狐网：《美的集团10亿元理财资金遭“骗局”!》，http://www.sohu.com/a/153097916_465178，2018年8月14日访问。

第二节　金融数字化的机遇

金融天然就是数字的，也是最适合在数字化世界中存在的一种经济活动。这一论断的依据在于，金融活动的成本与其生产规模并不直接对应。以银行贷款为例，银行发放 1000 万元的贷款和发放 1 亿元贷款，付出的直接业务成本并没有差异，对于金融机构而言，仅仅是数字的变化，这一点与其他经济领域的差异很明显。

对于制造业而言，加大生产规模和贸易规模，生产的直接成本和间接成本都会增加，直接成本如原材料成本、运输成本、工人工资，间接成本如厂房和设备维护费用等。即便是文化产业和软件产业，其产品的产出与人力资源或其他成本的付出也具有正相关的关系。以游戏产业为例，在开发游戏产品过程中，越是复杂的游戏，其开发时间就越长，需要的游戏软件工程师也就越多。

但是对于金融而言，上述问题都可以避免。一个投行项目，项目组的产出并不与劳动力付出相关，而是与交易金额相关，这就是为什么投资银行总是热衷于接大项目的原因。金融活动的虚拟性，使其非常适合在互联网上通过数字化的方式开展业务。

金融不依赖物流、金融的业务成本与交易金额无关，金融活动的对象是信用的传递和交换，这些方面决定了金融可以全流程数字化。数字化将对金融带来深刻的变革，也将使金融回归本源。

金融本质是数字，数字化将极大地扩展金融的内涵、降低金融交易成本、简化金融活动的路径、重组金融要素、丰富金融参与主体、改变金融媒介、变革金融监管。

一、数字化让金融的内涵回归本质

一直以来，金融活动被披上了“高大上”的外衣，金融更多地被理解为货币发行与流通，或者是各类证券、金融衍生品的创设、流通、交易，以及让人眼花缭乱的资产管理、结构嵌套、通道业务等，而金融作为商品或服务的交易媒介功能却在下降。由于金融活动日趋复杂化，金融产品日趋丰富，金融的内涵也在浮华中逐步脱离了金融的本质。当然，金融空转也许是传统金融不可避免的问题，其目的是为了避免传统金融自身存在的缺陷。传统金融以金融机构为媒介，在纸币产生后，金融机构具备了信用创造能力，而这种能力导致金融机构总是倾向于扩张信用，即使这种信用创造远远超过了实体经济的需要。于是，以纸币为代表的信用货币带来金融的宏观结构失衡问题，金融的宏观审慎管理应运而生。同时，部分国家还存在金融的分业经营监管体制，也会引发以“嵌套”和“借用通道”为表现形式的金融空转。在特定情况下，由于某一时期实体经济的复杂，导致金融机构失去了对实体经济风险的定量化分析能力，从而产生“惜贷”的情况，“惜贷”又会造成金融机构利润下降，于是通过“嵌套”或“借用通道”将资金投资于被限制的领域，这也是传统金融无法回避的问题。

数字化可以让金融机构具备更强的风险定量分析能力，从而可以根据自己客户的情况，作出更为精准的客户服务策略及投资策略。在数字化条件下，金融机构能够更为清晰地判断自身的风险状况与市场的宏观情况，在信用创造问题上更为客观，盲目扩张信用的冲动会被风险定量模型所遏制，从而降低“嵌套”和“借用通道”等金融空转行为的动机。金融的内涵将逐步回归本质，更好地为实体经济服务。

案例三　宝能大战万科背后的金融产品嵌套游戏

2015 年年底，在宝能举牌收购万科大戏进行到白热化阶段的时候，宝能系资金来源成为市场上关注的热点。除了宝能系旗下前海人寿涉嫌违规使用保险资金外，商业银行资金是否违规进入股票市场，也是业界关注的问题。2015 年 12 月 24 日，浙商银行发布声明称，“浙商银行理财资金投资认购华福证券资管计划 132.9 亿元作为优先方，仅用于钜盛华整合收购非上市金融股权，不可用于股票二级市场投资，也不作为其他资管计划的劣后资金。浙商银行一向秉承合规、合法、安全的原则办理各项业务。浙商银行的理财资金有充分的安全保障。”① 浙商银行以一种近乎“裸奔”的方式，公开了宝能系重要的资金来源。

案例评述

在这一案例中，浙商银行以 132.9 亿元理财资金认购了华福证券的资管计划，华福证券的资管计划又作为有限合伙人加入了宝能系控制的合伙制私募基金，然后私募基金对宝能系的钜盛华公司增资，钜盛华收购万科股票。其中最值得关注的是，商业银行资金为什么要以层层嵌套的方式进入股市？

2018 年 4 月 27 日，中国人民银行、中国银行保险监督管理委员会、中国证券监督管理委员会、国家外汇管理局联合印发了《关于规范金融机构资产管理业务的指导意见》（银发〔2018〕106 号）。其中明确指出，消除多层嵌套，抑制通道业务。实行穿透式监管，对于多层嵌套资产管理产品，向上识别产品的最终投资者，向下识别产品的底层资产（公募证券投资基金除外）。

二、数字化使得金融媒介更为丰富

在传统金融体系中，金融参与主体的定位比较清晰。金融机构是金融服务的提供者，银行为金融服务的需求方提供存款、贷款、支付结算、保理等金融服务，信托公司为金融服务需求方提供资产管理服务，证券公司提供财务顾问、股票发行的保荐与承销服务，保险公司提供保险服务，各类金融交易所提供金融产品的撮合交易服务。金融服务的需求方在整个产业链条中的地位也较为清晰，主要是根据自身的融资、结算需求向不同的金融机构寻求金融服务。

在数字化条件下，金融服务的需求方由于拥有交易场景，自身的需求必然带来金融元素的聚集，而交易场景中形成的数据，又直接成为金融产品定量分析的依据。加之电子化的支付方式、交易数据交换的及时性，使得金融服务的需求方自身具备了创造金融产品的能力。这样的案例，在新金融的业

---

① 参见包慧：《浙商银行回应：133 亿理财资金没有“次级产品”》，http://money.163.com/15/1225/02/BBL8LQ0U00253B0H.html，2018 年 8 月 14 日访问。

态中是比较常见的。比如，在分期消费的购物网站上，网站本身作为电子商务平台，属于传统金融活动中的金融服务需求方。但是，由于购物网站拥有客户数据，了解客户交易的每个环节，并且客户资金支付、清分的每一个细节都被网站掌握，网站客观上具有了比金融机构更强的金融产品创设能力。

以京东白条为例，客户的分期付款行为，除了体现为传统购销合同领域的赊销赊购行为外，还体现为买家或者卖家在商品购销活动中同步获得融资支持。在赊销中，为了给买家提供分期的授信，卖家不得不寻求融资支持，当然也可以直接给买家提供融资支持，以获取商品。无论是给卖家授信或者是给买家授信，购物网站在获得融资需求方面，信息是最为直接的。（见图2－1）可见，数字化时代中，金融需求与消费场景已经融为一体，很多购物网站逐步衍生出金融服务功能，从而成为新的金融媒介。

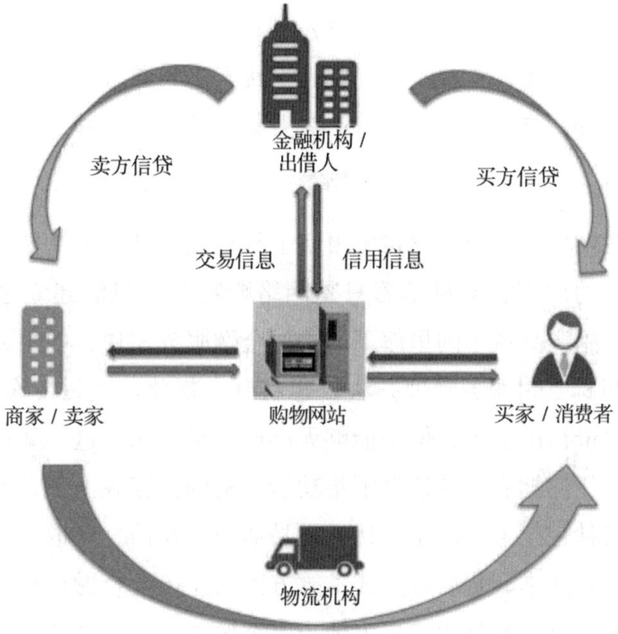

图2－1

案例四　支付宝——无心插柳柳成荫的金融巨头

支付宝是金融媒介多元化的典型案例。2005 年，为了解决淘宝网上的履约保证问题，阿里巴巴集团创设了支付宝服务。支付宝在设立之初，是作为货物买卖履约保证手段存在的。由于互联网远程购物在我国兴起不久，社会信用体系尚不完善，远程的征信手段更处于萌芽阶段，缺乏有效的信用审核机制和负面征信的惩罚机制，早期的淘宝购物过程中存在着大量的失信行为。失信制约着网络购物的发展，在买家与卖家的博弈中，先履行一方往往具有更大的风险，如果没有一种监督机制，这种博弈将导致互联网购物双方对网络购物产生不信任，从而影响行业的发展。在这一背景下，支付宝通过短期代为保管购物款的方式建立了一种互信机制。如果卖家发出的货物质量有问题，支付宝将会退还买家支付的货款；如果货物签收后没有异议，支付宝将买家支付的货款划付给卖家。这一机制极大地促进了网络购物的发展。随着网购规模的扩大，支付宝的沉淀资金达到了巨量，为了给客户带来资金闲置期间的收益，支付宝又联合基金公司推出了余额宝服务。

案例评述

从这个案例可以看出，支付宝事实上具有支付结算的功能，但这一功能并不是支付宝的动因，支付结算只是网络购物互信机制建立过程中的副产品。现在这一副产品成了阿里旗下的重要金融服务模块，中国人民银行颁布的《非金融机构支付服务管理办法》也将其合规化。支付宝作为金融机构，也许不是阿里最初的追求，但却能够无心插柳柳成荫。这一案例说明，数字化的背景下，任何拥有交易信息汇集功能的机构，客观上都具备金融服务的能力。甚至某种程度上，由于其接近交易活动，在信息获取成本、风险评判成本、客户沟通成本、贷后管理成本等方面相比传统金融机构具有一定的优势。可以预见的是，数据化将极大地丰富金融服务的提供者。

三、数字化变革金融监管

传统金融体系中，监管主要是依靠金融机构的报表和业务申报等方式，以及监管检查，对金融机构进行宏观审慎和业务合规管理。由于报表和业务申报是信息不对称的监管模式，监管与金融机构的关系更像是猫捉老鼠的游戏。金融机构可以通过报表修饰、资产“假出表”、通道业务、层层嵌套等方式规避监管，从而使得金融监管的目标落空。为了制约金融机构的违规，监管有时不得不采用“一刀切”的做法对待金融机构。这种监管模式使得传统金融进入“一管就死、一放就乱”的怪圈循环之中。

数字化金融活动中，金融机构的所有业务都是通过线上的数据交换完成的。如果监管机构以传统方式监管，难度无疑是巨大的。但是，如果监管机构采用在线监控方式，以数字化的方式与金融机构的业务系统对接，以大数据方法检测金融机构的业务活动，就可以实时监测到金融机构的可疑交易和违规交易。数字化时代的金融监管，为了顺应金融模式的革新，必然会从传统的监管方式逐步过渡到在线的数字化监管。

第三节　金融数字化的未来图景

一、金融全面网络化与数字化

金融业能够脱离柜台交易和面对面交易模式吗？答案是肯定的。随着信息基础设施的完善以及法律法规的“松绑”，金融业必将全面走向网络化与数字化。对于普通人而言，终将面对一个通过互联网终端从事全部金融活动的新金融时代的到来。而对于金融机构来说，除了通过互联网在远程为客户提供金融服务外，还通过各种数据源获取市场信息、用户数据，从而通过大数据的方法开发新的金融产品，为客户提供更加定制化的服务。

事实上，金融网络化（远程化）与数字化的所有基础设施条件已经基本完备，一旦法规全面放开，金融全面远程化与数字化指日可待。

从硬件角度来讲，存储服务器和处理芯片技术已经日臻成熟，硬件设备足以支撑海量的数据存储和数据处理。针对金融交易的各类应用软件的开发也一直处于高速发展状态，通过专业软件处理金融机构的业务管理、支持客户服务体系，当前也是各个金融机构普遍采用的做法。从金融客户远程识别的角度看，实践中发展出来的数字证书识别、多要素交叉的间接识别、人脸识别（生物特征识别）等客户身份识别体系，已经在很多金融场景中出现。

从大数据风控角度看，中共中央宣传部、最高人民法院、中国银行业监督管理委员会在2017年9月联合下发了《关于创建完善失信被执行人曝光平台的通知》，这一文件将使得最高人民法院施行多年的失信被执行人公示制度的内涵更加丰富，对信用“黑名单”的曝光也将更为全面。从地方政府层面看，各个地方政府均开始构建自己的地方诚信信息平台和大数据管理机制。贵州省人民政府于2016年设立了贵州省大数据发展管理局，成为地方政府中首个专门设立的大数据管理机关。根据《贵州省大数据发展管理局主要职责内设机构和人员编制规定》，大数据管理局的主要职能包括“拟订大数据、信息化发展战略、规划和产业政策并组织实施，提出优化产业布局、结构的政策建议，起草相关地方性法规、规章草案，拟订地方性行业技术规范和标准并组织实施”等十项职能。山西省人民政府则于2017年8月成立了山西云时代技术有限公司，以此作为山西省实施大数据战略、推动大数据产业发展的一个重要内容。这是继2017年3月《山西省大数据发展规划（2017－2020年）》、《山西省促进大数据发展应用的若干政策》和《山西省促进大数据发展应用2017年行动计划》系列文件对外印发，山西省政府在大数据领域的又一重大举措。上海市则于2016年12月成立上海市大数据技术与应用创新中心，该中心的目标是建成一个多达2800项开放内容的政务大数据开放共享平台，对于政府各部门掌握的金融、信用、电力、煤气、自来水、道路交通、医疗、教育、旅游等社会生活原始数据，通过开放共享，对大数据进行深度挖掘，充分发挥数据价值。上述新兴的大数据来源，加上中国人民银行征信中心主导构建的金融征信数据，来自公共部门的大数据渠道日趋完善。

从民间大数据构建的角度看，阿里巴巴、腾讯、百度、京东、共享单车平台、各类订餐平台、旅游出行平台、社交平台、地理信息应用平台，通过电子商务、生活服务等各种渠道，已经积累了海量的个人信息和交易信息、诚信信息。民间机构的大数据与官方机构的大数据如果以某种方式实现互联互通，必将使得金融机构对于金融产品的风险判断、金融参与者的信用水平评估提升到一个新的水平。

综上，金融的全面网络化与数据化在计算机硬件、软件、通信技术支持、社会信用体系支持等方面已经基本成熟。最终推进这一进程的，是相关法律法规对于金融机构远程交易的松绑，以及大数据共享机制的建立。

二、货币数字化

货币的数字化，是未来货币历史乃至金融发展历史中的重大变革。事实上，近期央行官员也在不同场合提到了构建央行主导数字货币的问题。

所谓数字货币，是与当前纸币为具体表现形式的信用货币相对应的一种货币形态。具体而言，货币将以加密数字代码的形式存在于计算机网络中，货币的取得、持有、支付、转移，最终体现为计算机系统中的记账变化。

（一）数字货币的优势

与纸币相比，数字货币具有诸多优势，体现如下：

首先，数字货币存储成本更低。纸币一旦印刷出来，就面临储存问题，需要防潮、防火，防止意外灭失。而数字货币最终体现为记账系统中的数字代码，除非系统崩溃，否则数字货币将不会被损毁。

其次，数字货币没有更新成本。纸币使用一定时间就会残损、污染，不仅无法继续发挥流通功能，还会带来公共卫生问题。数字货币体现为计算机系统中的代码，不存在上述问题。

再次，数字货币更不易伪造。假币问题是纸币诞生以来就面临的最大威胁，无论是战争时期伪造敌国纸币制造经济恐慌和提供间谍经费，还是民间机构和个人伪造纸币获取超额利润，纸币伪造始终是个问题。数字货币采用特定的加密算法，大大降低了伪造的可能性。尤其是采用区块链技术的分布式数字货币，一旦区块达到一定数量，伪造几乎成为不可能的任务。

最后，数字货币可以与数字经济更好地结合。数字货币以数字代码为表现形态，具备与电子商务、网络金融及其他任何在线交易完美结合的属性。而纸币只有被存入银行后，才进入电子化的记账系统。行贿受贿、地下交易、洗钱等活动都依赖纸币存在，如果上述领域的纸币积累到一定程度，就会严重影响政府的货币政策有效性。2016 年，印度宣布限时废除流通中的纸币，目的也在于打击腐败和将沉淀的纸币逼回流通系统和银行的货币记账系统。对于数字货币来说，由于加密算法的需要，理论上，每一元数字货币，都可以追溯其来源和全部交易流程，并且所有流通中的数字货币政府都可以监控其存续状态，从而避免了纸币事实上没有进入流通领域的弊端。

（二）数字货币模式之争

当前，无论是政府还是民间，对于数字货币替代纸币这一问题没有争议，但对于采用何种模式的数字货币却存在极大的争议。

中国人民银行原行长周小川在讲话中曾提到央行数字货币，也就是说，中国的金融管理部门可能采用的是中心化数字货币体系，即央行作为发行机构，发行采用数字加密技术的数码化的货币。这种数字货币事实上类似于当前银行支付结算体系内每个客户的货币记账体系，不同的是，央行数字货币以央行的数字货币记账体系为载体。

而以区块链企业和比特币投资者为代表的观点则更倾向于构建以区块链技术为基础的去中心化数字货币。去中心化模式的推崇者认为，按照这一模型设计，将不存在一个中心节点，数字货币的代码将采用分布式存储的方式存在于系统中的每一个区块中。由于区块链货币没有中心化的发钞机制，可以避免纸币的超发和各个国家的印钞竞赛。基于对区块链货币的追捧，以比特币为代表的数字货币经历了价格暴涨的过程。2017 年 8 月，比特币的价格接近 3 万元人民币大关，随后中国人民银行牵头各个监管机构，对比特币及 ICO（首次币发行）出台了整治办法，比特币价格大幅下跌。随后，在芝加哥商品交易所推出比特币期货、日本政府放宽虚拟货币交易所等一系列利好的刺激下，大量资金再次进入市场，比特币价格在不久后再创新高。即使是近期受各种因素影响，比特币价格依然维持在 6000 美元（2018 年 6 月 24 日的价格）左右。

无论是采用哪种模式，以数字化货币替代纸币都是未来的一个重要趋势。从社会的心理接受程度而言，经过网络支付和电子化交易的洗礼，当前人们普遍采用电子转账、手机支付、银行卡刷卡支付等电子化的支付结算方法，各个经济主体都已经充分适应了“去纸币”的交易模式。可以预见的是，不久的将来，我们能够见到并体验数字化货币。

（三）比特币与 ICO

比特币的价格在 2017 年一飞冲天，其开始作为一种未来货币的可能性被更多的人关注。比特币利用区块链原理，通过“挖矿”的机制产生，这与传统货币由国家或其他中心化组织发行的原理完全不同。比特币是当前人们知道的各种数字货币中被接受程度最高的一种，在大量的数字货币发行中，人们已经习惯于使用比特币支付和结算，以比特币作为对价购买其他数字货币。比特币是去中心化的，作为一种新的社会经济现象，在主权国家普遍货币超发、全球资产泡沫、普通民众财富稀释的大背景下，比特币无疑是乌托邦式的理想寄托。对于普通人而言，货币超发的恐惧成为购买比特币的动因之一。没有主权国家信用担保，比特币能走多远，还有待观察。

ICO 是当前在金融及区块链领域最炙手可热的名词之一，受到了众多从事区块链业务的企业追捧。根据行业的通行理解，ICO 是“Initial Coin Offering”的简称，即发行者以初始产生的数字加密货币作为发行的标的和未来回报，从资金提供方筹集资金的一种方式。ICO 可以理解为一种“公开发行”，只是把所发行的标的物由证券变成了数字加密货币。ICO 出现后，有人认为 ICO 可以成为 IPO 的补充，甚至可以颠覆 IPO；也有人认为 ICO 就是变相的非法集资，是骗局。随着国内监管叫停 ICO，争议暂时告一段落。值得一提的是，很多 ICO 过程都是以比特币作为支付手段获取 ICO 虚拟数字代币的。

数字化给金融带来诸多创新，也带来很多新问题，这些问题不仅值得金融从业者深入研究，也值得法律工作者不断关注和研究。针对数字金融的法律问题，传统的法律体系并不完全适用，这就需要法律工作者深入探究数字金融的本源和运作机制，深入领悟法律的精髓和立法的精神，从而将法律更好地应用于数字金融领域。

第三章　金融机构数字化的实践

案例五　农业银行进入“刷脸”时代

2017年9月15日，中国农业银行官方网站悄然上线一篇题为《农业银行积极推进ATM刷脸取款功能应用》的新闻稿。该新闻稿内容包括：为加快推动网点智能化转型，启动了ATM“刷脸取款”项目推广工作。农业银行ATM“刷脸取款”通过比对现场抓拍的照片与可信照片源，验证客户手机或身份证号码、交易密码实现取款。这项功能基于客户在农行的账户，利用新技术，采用组合手段创新账户支控方式，优化业务流程，改善客户体验，防范业务风险。与传统取款相比，客户无需携带银行卡，与设备的交互也更加自然，能够做到“随时随地，即刷即取”。农业银行ATM“刷脸取款”采用高安全的红外双目摄像头活体检测技术，同时实时采集近红外和可见光两种图像，通过分析人脸皮肤的纹理及微小动作带来的光流场的规律变化进行活体检测，是保障人脸识别技术安全性的第一道屏障，可以有效防止恶意用户采用照片、面具、假人甚至是视频伪造真人，欺骗系统。ATM“刷脸取款”的推出具有积极意义。一是有效降低伪卡风险。交易过程中不使用银行卡，银行卡被复制的风险将会大大减少。二是降低设备吞卡数量，减轻基层银行负担。三是提升客户体验，较大缓解客户因没带卡而无法取款的局面。四是促进ATM功能升级，为支持“线上开户”等新业务做好准备。截至目前，农业银行16家分行已完成470台ATM“刷脸取款”上线工作。后续还将以旗舰型网点为主，在具备技术平台、硬件改造条件的地区，加快

ATM“刷脸取款”功能推广，推动金融科技落地应用。[①]

案例评述

事实上，最早通过人脸特征识别进行金融交易的机构是蚂蚁金服，但蚂蚁金服本身是互联网机构所衍生的金融服务机构，其数字化发展路径并不具有典型性。而农业银行属于传统五大国有银行之一，加之受到严格的金融监管政策限制，创新的每一步举措都值得市场关注。“刷脸”交易技术架构很早就有人提出，但受制于技术原因，一直未能通过监管机构的审核。本次农业银行的视点，是金融机构数字化的重要举措。“刷脸”意味着原有的依托银行卡磁条或芯片的接入方式，逐步被更为数字化的接入方式替代。只要有网络设备，依靠数字化识别设备，金融服务的消费者即可随时随地接入互联网，享受便捷的金融服务，这正是数字化金融的精髓。

本章引言

进入数字化新时代后，金融机构都将面对数字化转型的压力。某种意义上说，离开数字化的金融机构将失去基本的竞争力，牌照优势仅仅是金融机构挡住外部竞争者的条件之一，而数字化转型才是金融机构维持竞争力甚至是生存的基础。

第一节　金融机构数字化的几个阶段

金融机构是数字化金融的主体，从计算机进入金融领域开始，金融机构即在逐步实现数字化转型。笔者认为，金融机构的数字化分为四个阶段。

一、数字化 1.0 阶段：单机数据处理阶段

这一阶段，电子计算机开始进入金融机构，并成为数据运算、数据处理的工具。这一阶段，虽然已经开始在计算机上进行信息和数据的处理，但计算机的运用仅限于单机，计算机相互之间未实现连接，数据的转移需要依靠

① 参见中国农业银行：《农业银行积极推进 ATM 刷脸取款功能应用》，http://www.95599.cn/cn/AboutABC/nonghzx/NewsCenter/201709/t20170915_1143643.htm，2018 年 8 月 14 日访问。

软盘或其他的存储介质。从数据化的角度来看，由于没有实现联网，金融机构每个计算机终端的数据都是孤立和缺乏联系的，金融数据价值未被有效利用。

二、数字化 2.0 阶段：金融机构封闭计算机网络阶段

20 世纪 90 年代初，银行结算开始逐渐向电子化过渡，并逐步形成了以电子计算机处理数据与行内分支机构间的电子数据交换（EDI）结合的方式。

证券领域也是较早采用专用网络实施金融交易的应用场景。由于我国的证券市场恢复较晚，使得证券市场在制度设计时可以借鉴国际先进经验。沪深证券交易所设立后，采用了无纸化的股票发行方式，并采用与电子股票相对应的电子化撮合成交机制，交易所、会员实现专线网络互联，委托出价通过网络实现。封闭计算机网络阶段，金融机构内部的客户数据、交易数据，已经可以有效地实现内部共享，但由于机构与机构之间、机构与客户之间的数据未能通过计算机系统实现互联，金融机构获取的数据量有限，数据更多地用于内部统计等领域。

三、数字化 3.0 阶段：金融机构互联网化的阶段

这一阶段最突出的特点是，金融机构内部以及金融机构与客户之间实现了通过互联网进行连接，客户的支付结算、金融产品购买、交易活动均可以通过互联网实施。具体表现为，商业银行通过互联网实现资金的支付结算，证券公司的客户通过互联网实现股票的申购和交易，保险用户通过互联网实现保险产品的购买和理赔申请，基金投资人通过互联网实现产品的申购和赎回。

商业银行较早进入 3.0 阶段，1998 年 3 月 18 日，首笔互联网上银行支付业务完成。如今，网络支付结算、业务办理已经成为商业银行的业务常态。1997 年，我国最早的证券公司网上交易下单系统出现。众安在线于 2013 年 10 月获批成立，是国内首家专门的互联网保险公司。

在数字化 3.0 阶段，需要关注的还有互联网金融点对点借贷平台（P2P）等创新金融产品。为什么将 P2P 与金融机构互联网化共同作为数字

化3.0阶段的体现呢？笔者认为，如果仅仅从交易中介的角度看，P2P是将民间借贷搬到了互联网上，通过网络降低交易成本的原理，满足“长尾端”用户的需求，从而实现了金融方法的创新。从本质上来说，P2P仍然也只是通过互联网降低了交易成本、提高了交易效率，其本质和网络支付、电子结算没有差异。

数字化3.0阶段最突出的特点是金融机构之间、金融机构与用户之间通过公共的互联网实现了互联互通，用户数据、企业数据、第三方数据也首次具有了互联互通的基础。可以说，3.0阶段为数字金融的产生和发展奠定了基本的物质条件和基础。事实上，在这一阶段，大数据征信、大数据风控、个性化金融产品定制等概念已经产生，并在一些机构开始了早期的验证。

比如，大量的网络借贷机构会以“大数据风控”作为自身的卖点，大数据建模也在网络借贷机构中得到了一定范围的应用。虽然受制于数据的丰富程度、数据维度以及数据模型因子有效性等问题的制约，这些大数据风控模型是否成熟仍有待商榷，但大数据在金融领域的应用已经崭露头角，这为金融行业进入数字化的4.0阶段做了必要的准备。

四、数字化4.0阶段：金融全面数字化阶段

在金融机构数字化3.0的基础上，数据互联互通的物理基础已经具备，无论是政府的社会诚信数据，还是各大电子商务网站，或是生活服务的网络平台，都已经积累了大量的用户数据，理论上讲，这些数据都具备互联互通的条件。数据的丰富，使得大数据征信、大数据风控成为可能。在数字化金融的4.0阶段，我们将可以看到以下的现象：

首先，交易场景与金融进一步融合；交易场景自身会带来用户的诚信数据和征信数据，以及用户最为直接的金融产品需求，结合金融机构自身的数据以及社会第三方的数据，通过大数据算法所产生的风险控制机制，为用户提供高效而个性化的金融服务。

其次，所有的数据互联互通，数据维度丰富；风险量化、定价与风险挂钩；对于金融机构而言，风险与定价挂钩，是其实施风控的重要方法。金融定价的原理在于通过风险定价，使得金融机构的收益可以覆盖风险（坏账）。由于传统金融机构对于风险无法精准定价，或者定价模型过于单一，

导致其或者风险高于定价而产生金融风险，或者风险低于定价而降低了金融的效率、加重实体经济的负担。一旦能够实现单个客户的定价与风险匹配，将极大地提高金融运转效率、降低金融风险、减轻社会负担。

再次，金融领域人工智能算法日趋成熟；产品创设机制变革。

最后，值得关注的是，比特币体系也变得日趋“强健”。最典型的体现就是，比特币“挖矿”变得越来越困难。实际上，这也说明了比特币体系的区块数量越来越多，挖矿的运算机制需要动用更多的算力才能够构建新的区块。挖矿的困难，也说明比特币分叉的可能性在下降，同时它的安全性在不断提升。与比特币等去中心化的区块链数字货币对应，一些国家的政府开始研究数字货币体系，货币体系的数字化在不久的将来也会实现。而货币制度作为金融制度的根基，一旦实现了数字化，整个金融的数字化进程将达到顶峰。

这一阶段的特点是，金融的全流程数字化。

第二节　传统金融机构数字化的实践

提到数字化金融，人们首先联想到的是一些新类型金融机构，例如蚂蚁金服、陆金所等。但事实上，人们都忽略了一个问题，传统金融机构才是金融数字化转型的主体，甚至说是数字化转型的基础。离开了传统金融机构在数字化 2.0 乃至 3.0 阶段的努力和基础设施的搭建，金融数字化就会成为无本之木。本部分的内容，即在于对传统金融机构的数字化转型做简要的介绍。

一、银行的数字化转型实践

银行是我国金融业的重要组成部分，也是当前资产存量最大的金融部门，还是支付结算体系的核心和市场最大的资金供给者，其能否完成数字化转型，是数字化金融的关键。一方面，商业银行的存款及贷款业务是整个金融市场中体量最大也是最为基础的金融业务；另一方面，商业银行构成了支付结算体系的主体框架。即使是第三方支付机构，其备付金也是依靠商业银行的账户体系存储和拨付。商业银行的数字化转型经历了如下几个阶段：

（一）机构内部数据传输与处理的电子化阶段

商业银行是我国支付结算系统的主体，提高银行系统结算效率、增进结算便利性，一直是商业银行结算业务的主要发展方向。便利化可以说是商业银行数字化的肇始。

电子计算机发明后，纸质文件的处理逐步被电子化的数据处理替代，银行结算也开始逐渐向电子化过渡，并逐步形成了以电子计算机处理数据与行内分支机构间的电子数据交换（EDI）结合的方式，在商业银行内部实现数据处理与结算电子化。以农业银行为例，从 1983 年开始进行本行系统内的电子化建设，并提出了“微机开路，应用先行”的口号，农业银行内部业务操作逐渐由营业网点的电脑化向同城网络建设过渡。到 1993 年底，农业银行系统全国计算机网点已达 14200 余个，120 个城市建成了同城网络，联机网点约 2000 个，30 个省级分行建立了信贷数据库。随着互联网在我国的发展和普及，农业银行业也开始从同城结算网络逐步向省域网络、全国数据联网过渡，实现了全国数据集中。

数据通过内部专用网络汇集、处理，这与当时的通信技术及数据加密传输技术相对应，商业银行通过这一阶段的发展，为下一阶段的数据化打下了基础。

（二）跨行数据交互与结算阶段

商业银行在实现本行内部网络化与数据交互的同时，伴随着互联网基础网络的建设和网络通信技术及数字加密技术的成熟，银行间的数据交互与结算网络也日趋完善。1998 年 3 月 18 日，以公开的互联网作为数据传输通道，中国银行的客户实施了中国首笔互联网上的银行支付业务，金额为人民币 100 元。该笔网上银行支付的金额虽小，但却标志着商业银行正式进入跨行数据交互时代。

此后，为了解决银行间数据的互联互通以及银行卡信息交换，中国银联于 2002 年获准成立，并逐步建立了全国性的跨行结算网络。在此基础上，通过协议等方式，银联的结算网络已经延伸至 140 多个国家和地区，实现了国内商业银行所发银行卡的跨行、跨境、跨地区使用。

2006 年 3 月，经中央机构编制委员会办公室批准，中国人民银行设立了中国人民银行征信中心，作为直属事业单位专门负责企业和个人征信系统，即金融信用信息基础数据库的建设、运行和维护。征信数据库的建立和运行，为商业银行的数字化转型提供了基础设施。

商业银行间通过网络实施数据交互和交易结算服务，大大提升了商业银行的用户体验和服务质量。通过网络银行，服务突破了时间和空间限制，客户可以在联网的任何场所和时间享受银行的支付结算服务，拓宽了银行客户的范围，使得银行得以为客户提供定制化和个性化的服务。网上银行由于实现了结算和账户管理的电子化，客户可以便利地获知账户余额、各项支出详情，更可以通过网络银行购买保险、国债等金融产品。

资金结算系统的数据依托互联网实施交互，这为电子商务企业解决了资金流的便捷化问题，更为后期的第三方支付、余额宝转基金投资、网络众筹、P2P 网贷等互联网金融产品提供了资金流通解决方案和产品创新基础。因此，商业银行体系的数字化进程，对于金融体系具有基础性的作用。

在互联网金融的热潮中，商业银行业并未缺席。除了原有的资金结算，一些银行也开始将贷款业务的部分环节通过网络方式加以解决。比如，宁波银行的“E 家人”、招商银行的“网贷易”等产品以及平安银行针对个人装修、买车、旅游、教育等需求推出的网上预约贷款业务。宁波银行的“E 家人”属于一种网络社区服务方式，突出“金融、商务、社交”等功能，企业客户可以在线提交贷款申请、咨询业务，还可以结交生意伙伴，免费发布产品、供求信息，浏览资讯等。当然，其网上贷款申请的最终审核依然是通过传统的线下模式进行。还有部分银行主动进入 P2P 网络贷款领域，相关业务模块也已经建立。而 2017 年实施的《网络借贷信息中介机构业务活动信息披露指引》，则将商业银行引入网络借贷信息中介机构的资金存管、数据核算、资金清分领域，商业银行与互联网金融进一步融合，银行介入了 P2P 的核心领域并可以分享 P2P 的核心交易数据，从而为商业银行在小额信贷领域的数字化转型提供了良好的契机。

（三）大数据风控阶段

传统模式下，商业银行的征信和风控主要依靠信贷业务审核流程和标准实施，并辅之以人民银行征信中心的征信报告。在大数据时代，商业银行也逐步加入依靠大数据实施风控的时代。

除本书在开篇案例中所述农业银行与百度大数据合作战略外，各大行都推出了自身的大数据金融战略。

2017 年 3 月 28 日，中国建设银行与阿里巴巴（中国）有限公司、浙江蚂蚁小微金融服务集团股份有限公司签署了《战略合作协议》，双方将共同推进建行信用卡线上开卡业务，以及线下线上渠道业务合作、电子支付业务合作、打通信用体系。建设银行在传统的大额信贷领域具有优势，阿里巴巴则在小额信贷、消费金融的大数据积累和风控方面具有优势，这一合作将有利于商业银行在大数据风控与征信领域的提升。

2017 年 6 月，中国工商银行与京东签订了合作框架协议。对于本次合作，中国工商银行行长易会满表示："本次选择与京东金融达成全面合作，是看中京东金融在服务实体经济过程中形成的金融科技能力，包括产品创新能力、大数据风控能力以及互联网运营能力等。"事实上，早在工商银行 2016 年度总结中，易会满就提到过，工行创建互联网金融、大数据、人工智能、云计算、区块链与生物识别等七大创新实验室，全面推进企业级数据应用体系建设。这次合作并不是工商银行大数据战略的开端，而是大数据战略的延伸。

同月，中国银行与腾讯签署合作框架协议，共同建设"中国银行——腾讯金融科技联合实验室"。中国银行与腾讯集团将重点基于云计算、大数据、区块链和人工智能等方面开展深度合作，共建普惠金融、云上金融、智能金融和科技金融。

与此同时，各家中小商业银行也在逐步实施自身的大数据金融战略。2017 年 9 月 28 日，南京银行、阿里巴巴以及蚂蚁金服在南京签署战略合作协议，共同发布南京银行"鑫云 +"互金开放平台。据悉，合作三方将依托"数据共创实验室"，共同进行中小企业金融、个人金融等方面数据模型和数据应用的探索，并通过云服务共同为由南京银行主发起设立的鑫合金融家俱乐部 119 家中小银行输出技术、业务和场景。在场景应用和渠道层面，南京银行将与蚂蚁金服、淘宝、天猫等机构搭建合作沟通渠道，进行业务及数据层面的合作沟通。

二、证券经营机构的数字化转型实践

除银行外，证券经营机构是我国金融市场的另一重要力量，与银行业的债权融资为特点的间接金融不同，证券业为企业提供的是股票及债券等直接融资手段。证券经营机构主要包括证券交易所、证券公司、证券投资基金管理机构等。证券业的数字化进程与行业发展是紧密相关的。

（一）证券电子化交易时代

1990 年年底，上海证券交易所、深圳证券交易所相继成立。设立之初，两大交易所即跨越了线下的纸质股票交易时代，直接采用了电子化股票形式，股票的发行、交易均在电脑系统中以电子记账式股票的方式完成。客户的股票、债券申购、交易指令通过证券公司电脑自动输入、交易所系统自动撮合成交。融资企业发行股票，通过交易所的电子记账系统完成，股票持有情况、股东名单最终以电子记账方式记录在登记结算中心。证券公司从事证券经纪业务，也是通过交易所统一的电子系统实现的。

这一阶段的特点是，虽然证券发行、交易已经实现了电子化，但投资人、证券经纪机构的下单、交易等行为，均需要借助专用网络实现，投资者仍需进入证券公司的交易场所才能进行交易。

（二）证券远程交易时代

由于存在远程交易的需求，互联网技术和互联网应用在 20 世纪 90 年代中后期得到了飞速发展。在此背景下，证券公司开始尝试以互联网方式远程下单交易。我国最早的证券公司网上交易下单系统出现于 1997 年，中国华融信托和闽发证券首先开通网上证券交易业务。此后，又有部分券商开通了网上证券委托。

2000 年 3 月 30 日，中国证券监督管理委员会发布了《网上证券委托暂行管理办法》，对证券公司网上证券委托进行了规范，并明确网上委托是在证券公司通过互联网，向在本机构开户的投资者提供用于下达证券交易指令、获取成交结果的一种服务方式。该办法的出台，大大促进了证券公司开展网上委托业务的热情，而 2003 年“非典型性肺炎”疫情，则成为促进证券网上委托业务发展的一个外部偶然因素。在此期间，证券投资者通过网上委托交易及其他远程交易方式所实现的证券交易在整个市场中的交易占比大幅度上升。

当前，我国各家从事经纪业务的证券公司均已开通了网上证券委托。投资人可以通过互联网接入证券公司的交易系统，并完成证券的买入、卖出委托及其他相应的证券委托业务。

随着移动通信技术的发展、移动网络带宽的提升以及智能手机的普及，证券公司的网络委托业务开始从互联网向移动互联网络发展，证券公司的手机 APP 应用时代也已经开启。国泰君安证券、广发证券、国信证券、银河证券、招商证券、中信证券、海通证券、华泰证券等公司推出的手机应用终端在客户安装规模方面居于前列。其中，国泰君安证券的“易阳指”、广发证券公司的“易淘金”均具有一定的代表性。

在交易委托网络化的同时，证券公司也在探索证券经纪业务的全流程网络化，从而逐渐摆脱经纪业务对营业部的依赖，降低运营成本。受制于中国证监会对于证券公司经纪业务的管理规定，证券公司客户的资金账户应当在证券营业部现场开立，证券账户应当在证券营业部或者证券登记结算机构现场开立。这一规定制约了证券公司远程开户业务的发展，但网络技术发展为此提供了可能性。以国泰君安证券的网上开户为例，该系统通过手机短信方式进行客户身份的第一重验证，然后通过身份证与公安系统联网完成身份信息确认，再通过客服人员的网络视频沟通方式进行再次确认。在身份确认的基础上，客户下载数字证书，以电子签名方式完成开户。该流程在一定程度上解决了“面签”的问题，而网络空间也突破了“营业部”的物理空间，实现了“现场”开户。

（三）证券行业大数据运用

2014 年，广发基金管理公司设立了“广发中证百度百发策略 100 指数基金”，并成功完成建仓。“广发中证百度百发策略 100 指数基金”是国内首支互联网大数据基金，有别于传统指数基金，属于主动量化产品。该基金首次公开募股（IPO）之后，在建仓策略、风险管理等制度安排上做了大量工作和尝试，目标是尽量减少流动性风险和冲击成本。根据该基金的基金经理季峰介绍，大数据指数基金在研发以及操作中，与传统指数基金有很大不同。传统指数基金由指数公司编制指数，再由基金公司将其产品化，而对于“广发中证百度百发策略100指数基金”来说，基金经理需要给出量化策略，参与整个指数编制，策略指数基金更多类似于主动量化产品。①

2016年，银华基金推出了“银华大数据基金”，该基金通过大数据的运用，研发资产配置策略和选股策略，并根据不同的数据来源，构建不同的投资策略。该基金的基金经理张凯表示：“从‘大数据’到‘投资’，是通过基于数据的投资策略来实现的。投资策略的核心逻辑来自长期投资实践中积累的经验，银华用证券大数据对逻辑的有效性进行验证，并找到能反映投资逻辑的具体指标，进而构建出投资策略。”②

与证券交易领域鲜明的数字化趋势相比，证券的发行领域则相对传统。但当前为IPO服务的中介机构以及证券监管，在企业发行股票前的审核中，也开始运用大数据方法来核查财务数据的真实性和企业业务数据的真实性。可以预见的是，随着大数据的打通，传统需要由会计师事务所、律师事务所、证券公司核查的大量业务数据、财务数据，也都具备通过大数据方法进行全面核查的可行性。一旦大数据方法在证券发行领域全面运用，不仅可以消除证券发行环节的不透明和腐败，还可以极大地提高证券发行效率。

三、保险公司的数字化转型实践

保险业是我国金融行业的重要组成部分，根据中国保监会发布的《2017年保险统计数据报告》，2017年，全国保险公司保费收入36581.01亿元，同比增长18.16%。截至2017年12月底，我国保险业总资产规模已经达到16.7万亿元。保险公司数字化转型也包含两个阶段，第一阶段是互联网化的过程，第二阶段是数字化阶段。

（一）保险机构互联网化转型的过程

2014年11月30日，《存款保险条例（征求意见稿）》公布，银行存款保险制度随后推出。这一制度施行后，保险公司在我国金融体系中的保障和

① 参见陆慧婧：《基金公司尝试大数据选股 推创新指基产品》，载《每日经济新闻》2014年11月26日。

② 参见郑龙：《AlphaGo基金出炉 揭秘银华大数据如何择时选股》，载《上海证券报》2016年3月21日。

稳定作用会更加突出。

保险公司自 1980 年恢复以来，由于业务发展的需要，经历了单机操作到保险公司内部联网和信息化以及保险产品的网络销售阶段。由于保险产品具有投入小，而在发生保险事故时得到大额赔付的特点，在保险领域中存在着投保人的“道德风险”。为了防止财产险领域的道德风险，保险公司之间实现保单信息的共享具有现实意义，这也是推进保险公司信息化和网络化的重要推动力。

随着互联网的发展，各家保险公司逐渐尝试通过互联网进行保险产品交易，其中中国人寿、众安在线、平安的产品比较具有代表性。

中国人寿建立了国寿 e 家官方网站，目前在国寿 e 家网站可以购买到的保险产品包括交通意外险、综合意外险、旅游保险、家庭保险、出境保险、少儿意外险及学生保险。从产品分类来看，其全部属于人身保险产品。所有产品的购买流程主要分为产品基本信息确认、产品计算价格、投保人及被保险人和受益人信息填写、以网络点击方式确认投保、网上支付保费。由于网络具有实时性和低成本的特点，该网站推出的产品保险期限最短的只有 1 天，最长的为 1 年。保险金额从几十元人民币到两三千元人民币不等。

众安在线于 2013 年 10 月获批成立，是国内首家专门的互联网保险公司。目前该网站销售的产品主要有三种，分别是众乐宝、参聚险和高温险。此三种保险的服务对象分为是淘宝卖家、聚划算卖家及国内 30 个城市的年满 18 周岁的自然人。而根据众安在线的淘宝旗舰店信息，众安在线还有两款意外事故保险，分别为“任我行”营运交通工具意外伤害险和公共交通场所安全意外险，两款产品分别针对交通意外和恐怖活动伤害。众安在线进行实际购买行为时，并非在该网站平台进行操作，而是链接至其淘宝的官方旗舰店。众安在线与其他保险公司销售的产品种类也有一定区别，众安在线主要服务于与电子商务有关的用户，其产品也与网络购物各个环节和买卖双方有关。

中国平安保险公司则推出了平安直通保险，客户通过网站直接购买保险产品。平安保险网站能够在线直接购买的保险产品共有六大类，分别为汽车保险、旅游保险、意外保险、健康保险、财产保险及企业保险，每个大类下又细分为数个小类。各产品的期限一般在 1 年以内，保费也根据投保人选择的具体需要不同从几元到千元不等。

除以上介绍的保险产品外，互联网保险产品中还存在大量保险理财产品，其最为突出的特点是相对于信托、证券公司资管计划、信托计划等理财产品而言，投资者的门槛更低，这使得保险理财产品更适于在互联网环境下生存，更符合互联网受众的需要。以平安保险公司与上海陆家嘴国际金融资产交易市场股份有限公司（以下简称“陆金所”）合作推出的富盈人生产品第25期为例，该产品为平安养老保险股份有限公司依照保监会要求所设计的面向团体和个人发行的养老保障委托理财产品。该产品的最低投资额度为人民币1000元，投资期限91天，预期年化收益率6.20%。该产品主要投资于货币基金、央行票据、银行定期存款、国债、协议存款、债券、债券基金及债券型保险产品、商业银行理财产品、信贷资产支持证券、信托公司集合资金信托计划、证券公司资管计划、不动产投资等。该产品当前是陆金所互联网金融板块的组成部分之一，是典型的保险互联网金融产品。与此同时，其他保险公司也推出了类似的保险理财产品。保险公司的互联网化，是保险产品发展和创新的重要支撑。

2015年7月22日，为了适应网络保险业务的发展，中国保监会公布了《互联网保险业务监管暂行办法》，并对互联网保险业务、保险公司自营网络平台、第三方网络平台及业务规则做了界定。按照该办法的表述，互联网保险业务是指保险机构依托互联网和移动通信等技术，通过自营网络平台、第三方网络平台等订立保险合同、提供保险服务的业务。这是官方首次以正式文件形式，对互联网保险业务作出的概念描述。该办法第三条对互联网保险做出了一定的限制，并规定互联网保险业务的销售、承保、理赔、退保、投诉处理及客户服务等保险经营行为，应由保险机构管理和负责。第三方网络平台经营开展上述保险业务的，应取得保险业务经营资格。随着该办法的颁布，事实上将部分不具备保险销售资质的互联网机构排除在保险销售的行列之外。

为了规避监管，部分机构采用了“客户导流+服务费”与保险销售挂钩的方式。2017年7月12日，中国保监会发布了《中国保监会关于整治机动车辆保险市场乱象的通知》。按照该通知的规定，保险机构不得委托未取得合法资格的机构从事保险销售活动，不得向不具备合法资格的机构支付或变相支付车险手续费，并规定，财产保险公司可以委托第三方网络平台提供网页链接服务，但不得委托或允许不具备保险中介合法资格的第三方网络平台在其网页上开展保费试算、报价比价、业务推介、资金支付等保险销售活动。

（二）保险公司数字化案例

互联网化只是保险机构数字化的早期阶段，通过互联网保险的运营，为数字化积累数据和在线生态，而在这一基础上，保险公司具备了进一步通过数字化来实现保险产品、被保险人差别定价和精准定价的可能性。根据2017年埃森哲保险业技术远景报告，96%的保险公司认为，数字化生态系统会给保险业带来影响。

以2017年9月28日在香港上市的众安科技为例，众安科技是众安保险的全资子公司。设立众安科技的目的在于助推保险生态的信息化升级，并在区块链、大数据、人工智能等领域取得发展，同时为众安保险的业务创新提供支持。众安科技设立后，以金融、健康为基础，在人工智能、区块链、云计算和大数据等多项领域展开研发。与保险结合紧密的产品包括“步步保”，即将可穿戴设备及运动大数据结合起来，实施健康管理。系统通过运动手环记录用户的历史运动情况，并以此数据为基础推荐不同保额档位的重大疾病保险保障，用户历史平均步数越多，推荐保额就越高。大数据将有助于保险公司更好地把握客户需求及风险情况，推进精准的产品设计、定价、核保和营销。此外，根据其有关高管的介绍，众安科技计划通过技术方案实现病历信息同步，健康保险不需要消费者提交体检报告才给出保费报价，保险公司通过查询大数据即可得知消费者的健康情况，从而给出保费定价。

四、小额贷款机构的数字化转型实践

小额贷款机构是我国金融领域的重要组成部分，也为小微企业的融资发挥了巨大的作用，是传统金融机构的补充。但是，由于小额贷款机构发展过程中的一些问题，比如资金投向过于集中于个别行业，还有杠杆率超标等问题，导致传统小额贷款机构在经济转型过程遭遇了巨大困难。个别行业由于经济周期的下滑，导致小额贷款机构出现了较高的不良贷款率，甚至引发小额贷款机构的破产。

互联网金融的高速发展，给小额贷款公司带来了挑战和机遇。其中，最为突出的表现是小额贷款公司转型为通过互联网发放贷款的网络小额贷款机构。

（一）小额贷款公司通过互联网开展业务的法律依据

对于小额贷款公司通过互联网发放贷款，相关法律、法规、监管规则的规定并不明确。所涉及的规则如下：

2008 年，中国银行业监督管理委员会、中国人民银行发布了《关于小额贷款公司试点的指导意见》（银监发〔2008〕23 号）。该指导意见规定，“申请设立小额贷款公司，应向省级政府主管部门提出正式申请，经批准后，到当地工商行政管理部门申请办理注册登记手续并领取营业执照。”这一规定将小额贷款公司的审批权限赋予了省级人民政府。

2015 年，中国人民银行、工业和信息化部、中国银行业监督管理委员会、中国证券监督管理委员会等十部委颁布了《关于促进互联网金融健康发展的指导意见》。该指导意见第 2 条第 8 款首次提出了“网络小额贷款”，即互联网企业通过其控制的小额贷款公司，利用互联网向客户提供的小额贷款。网络小额贷款应遵守现有小额贷款公司监管规定，发挥网络贷款优势，努力降低客户融资成本。网络借贷业务由银监会负责监管。该指导意见提出“网络小额贷款”概念后，各地的地方金融监管机构纷纷制定了本地的网络小额贷款机构管理办法。

2015 年 12 月 25 日，重庆市金融工作办公室颁布了《重庆市小额贷款公司开展网络贷款业务监管指引（试行）》（渝金发〔2015〕13 号）。该监管指引第 2 条对网络贷款业务界定为：网络贷款业务，是指小额贷款公司在网络平台上获取借款用户，综合利用网络平台积累的客户经营、消费、交易以及生活等行为大数据信息或即时场景信息分析客户信用风险和进行预授信，并在线上完成贷款申请、风险审核、贷款审批和贷款发放甚至贷款回收等全流程的贷款服务。

2016 年 10 月 21 日，广州市越秀区人民政府办公室发布《广州民间金融街互联网小额贷款公司管理办法（试行）》（越府办〔2016〕58 号）。这一管理办法的第2条对于互联网小额贷款公司界定为：互联网小额贷款公司，即网络小额贷款公司，是指在网络平台上获取借款客户，综合利用网络平台积累的客户经营、消费、交易以及生活等行为大数据信息或即时场景信息分析客户信用风险和进行预授信，并在线上完成贷款申请、风险审核、贷款审批、贷款发放和贷款回收等全流程贷款服务的特色类小额贷款公司。

2017年5月，河南省政府金融办颁布的《河南省网络小额贷款公司监管指引（试行）》（豫政金〔2017〕144号）。该监管指引第2条对于网络小额贷款公司界定为：网络小额贷款公司是指依法设立，不吸收社会存款，在网络平台上获取借款客户，综合利用网络平台积累的客户经营、消费、交易以及生活等行为大数据信息或即时场景信息，分析客户信用风险和进行预授信，并在线上完成贷款申请、风险审核、贷款审批、货款发放和贷款回收等全流程贷款服务的小额贷款公司。

从上述规则可以看出，十部委的文件中采用的是"网络小额贷款"这一概念，而重庆市的规则基本沿用这一提法，采用了"网络贷款"的概念，这两个文件侧重于突出互联网业务属性，即小额贷款公司通过互联网开展业务。而广州和河南的办法则有所突破，直接采用了"互联网小额贷款公司"或"网络小额贷款公司"的概念。无论采用何种界定方式，共同点都在于强调"利用网络平台积累的客户行为大数据信息或场景信息"完成放贷的全流程。"大数据"应用，成为互联网小额贷款机构的核心要素之一。

（二）互联网小额贷款公司业务模式概况

随着互联网金融的高速发展，P2P等互联网金融产品纷纷进入市场，在小额借贷市场上，给小额贷款公司带来一定的竞争。在各地互联网小额贷款政策放开的背景下，为了适应这一市场竞争形势和市场新机遇，部分小额贷款公司开始互联网转型。与此同时，一些传统的电商企业及互联网企业，利用其在供应链及大数据方面的优势，开始布局小额贷款行业。

小额贷款公司利用互联网转型主要有以下模式：

其一，小额贷款公司自身线上化。

小额贷款公司通过核准取得互联网放贷资格，通过自身设立的网络平台，为客户的线上贷款申请提供便利，并通过大数据等方法对客户的资信状况进行审核，最终完成线上放贷。这一模式下，小额贷款公司通过自营的网络平台实施放贷，网络平台成为放贷的辅助，核心机构是小额贷款公司。通过互联网提交贷款资料的方式，当前已经被很多小额贷款公司采纳。比如，海尔集团在重庆两江新区组建的重庆海尔小额贷款公司以及深圳的安信小额贷款公司等均开设了专门的网络申请页面，客户可以在网络上提交相应的贷款申请资料。安信小贷提出了“一键申请、一路优先、一次上门、一天放款”的口号，以此为客户提供快捷的审贷服务。而海尔小额贷款的网络平台则更加能够体现出互联网金融的特点，该平台被命名为“海尔云贷”，并在宣传中突出其大数据分析技术以及“微信贷工厂”的互联网金融服务模式。

其二，小额贷款公司成为网络平台的资金端。

这一模式下，互联网小额贷款公司通过关联方或第三方的网络平台发放贷款，小额贷款公司的角色更接近于一个资金端，网络小额贷款公司在互联网放贷流程中处于从属地位。采用这种模式的机构包括上市公司“二三四五”下设的网络平台、趣分期（“趣店”）等。

以上市公司“二三四五”（代码002195）为例，在“二三四五”的信息披露文件中，对于其互联网小额贷款公司运作的情况做了说明。广州“二三四五”互联网小额贷款公司（以下简称“小贷公司”），由上市公司“二三四五”下属的上海二三四五网络科技有限公司与中颐财务咨询集团有限公司合资设立，其中二三四五网络科技有限公司持股85%。小贷公司通过与上海合作，为适格的贷款人提供小额贷款服务。小贷公司合作的网络贷款平台为二三四五网络科技有限公司开发的“2345贷款王”平台。根据信息披露文件，“2345贷款王”平台是对接个人与金融机构的信贷技术服务平台，属于互联网消费金融产品，面向蓝领阶层、应届毕业生和信用良好的城市白领，提供500至5000元的信贷服务。其提供贷款的流程为，贷款人在网络平台注册，金融科技公司的后台部门通过大数据技术，根据用户各维度属性判断是否发放贷款。在“二三四五”2017年度半年报中对于该项业务的大数据运用情况表述为：（1）完善的大数据风控体系，“2345贷款王”金融科技平台于2014年8月上线，凭借公司强大的“互联网上网入口平台”及推广优势、多年的金融软件研发及互联网运营经验，通过海量、精准的互联网流量资源，公司自建了大数据风险控制体系。此外，通过与持牌金融机构密切合作，“2345 贷款王”金融科技平台实现了“央行征信+互联网征信”相结合的双重征信模式，对降低坏账率起到积极的作用。（2）高效、完善的贷款自动审核机制，凭借公司丰富的软件研发技术及互联网运营经验，“2345 贷款王”平台建立了高效、完善的贷款自动审核机制，具备较强的并发处理能力。以 2017 年 6 月为例，平台单日处理的贷款申请笔数超过 8 万笔。截至目前，平台已具备单日审核超过 15 万笔贷款的能力，自动审核率超过 90%，系统审核能力和自动审核率仍在进一步提升过程中。

而作为在美国刚刚上市的互联网金融公司，“趣店”所披露的模式也有类似之处。北京快乐时代科技发展有限公司（“趣店”运营方）认为其自身是一家专注于数据分析的机构，定位于为借款人与机构资金建立桥梁，并为金融机构提供风控服务。其资金来源包括：银行、信托公司及其自身下属的两家互联网小额贷款公司。以银行资金为例，其业务流程图（图 3－1）如下：

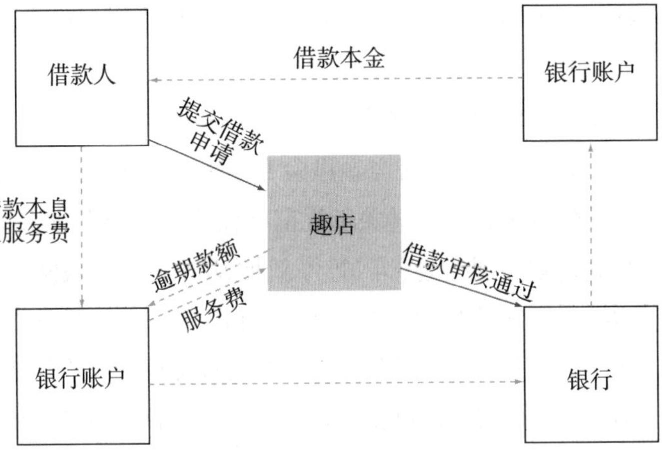

图 3－1

在采用小额贷款公司为资金来源的情况下，流程与上述流程图基本相同。通过与关联方网络平台结合放贷，已经成为互联网小额贷款公司常见的模式。

其三，将已有的小额贷款债权通过准证券化的方式出售，实现资产的流动性。其中比较具有代表性的是江苏的“开鑫贷”平台。该平台主要产品是小额贷款公司的贷款债权，通过将贷款债权分拆转让给社会投资人，实现小额贷款公司的流动性。受制于监管规则的限制，小额贷款公司用于发放贷款的资产只能是自有资金，或者不超过实收资本一定比例的银行授信资金。资金额度成为小额贷款公司业务发展的瓶颈。与互联网平台结合，按照法律允许的方式，将贷款债权进行分拆，对小额贷款公司突破资金瓶颈有一定的积极作用。但随着国家对于网络借贷信息中介机构的监管趋于严格，多地的监管机构在核查过程中，倾向于将P2P平台拆分债权出售纳入《网络借贷信息中介机构业务活动管理暂行办法》中所禁止的“类资产证券化”业务，这一做法，对于小额贷款公司分拆债权转让，实现资产出表，从而加大放贷额度的做法形成了制约。

（三）最新监管动态

随着“趣店”在美国上市，与互联网小额贷款公司联系紧密的“现金贷”平台的超高收益率被暴露在公众视野之中。社会对于“现金贷”高收益的道德和社会伦理问题提出批评，加之这一行业存在的校园借贷、多头借贷、侵犯个人信息、不当催收等问题，监管机构对“现金贷”进行了清理整顿，这也波及到互联网小额贷款公司的业务开展。

2017年12月1日，互联网金融风险专项整治、P2P网贷风险专项整治工作领导小组办公室正式下发《关于规范整顿“现金贷”业务的通知》。根据该通知，小额贷款公司监管部门暂停新批设网络（互联网）小额贷款公司；暂停新增批小额贷款公司跨省（区、市）开展小额贷款业务。已经批准筹建的，暂停批准开业。小额贷款公司的批设部门应符合国务院有关文件规定。对于不符合相关规定的已批设机构，要重新核查业务资质。

同时，通知还要求严格规范网络小额贷款业务管理：暂停发放无特定场景依托、无指定用途的网络小额贷款，逐步压缩存量业务，限期完成整改；应采取有效措施防范借款人“以贷养贷”、“多头借贷”等行为；禁止发放“校园贷”和“首付贷”；禁止发放贷款用于股票、期货等投机经营；地方金融监管部门应建立持续有效的监管安排，中央金融监管部门将加强督导。

这可以视为对互联网小额贷款公司的限制政策，在政策有进一步调整之前，互联网小额贷款公司的业务发展将受到极大的制约。

第三节　新类型金融机构数字化实践

新类型金融机构主要包括P2P机构、互联网理财、消费金融等金融机构或准金融机构。这些机构受益于互联网带来的远程便利条件和交易场景及在线支付条件，一开始即实现了全流程的线上化。由于交易主要为小额分散交易，且常规的线下征信成本高昂，单笔业务收入往往无法覆盖征信成本，因此，这些新类型的互联网金融机构往往一开始就比较重视大数据征信手段的运用。不同的机构，根据业务需要，构建了各自的大数据风控模型。

一、P2P机构的数字化实践

（一）P2P机构的起源与发展

最早具有互联网金融意义的P2P源于英国，2005年3月，世界第一家P2P借贷平台——Zopa在英国伦敦建立并上线运营，该平台由理查德·杜瓦、詹姆斯·亚历山大、萨拉·马休斯和大卫·尼克尔森共同创建。Zopa是“可达成协议的空间”（Zone of Possible Agreement）的缩写。在Zopa网站上，投资者可列出金额、利率和想要借出款项的时间，而借款者则根据用途、金额搜索适合的贷款产品，Zopa向借贷双方收取一定的手续费。与银行借贷模式不同的是，Zopa不向投资人支付利息，也不向借款人收取贷款利息，Zopa平台只是中立的第三方中介平台，按照双方的成交金额收取一定的中介服务费用。2006年2月，Prosper作为美国的第一家P2P平台成立，2007年5月，Lending club成立。

我国的P2P行业起步时间与国外基本同步。2017年8月，国内首家P2P网络借贷平台拍拍贷成立。2007年10月，宜信P2P平台正式上线。随后的几年时间里，国内的P2P平台发展相对平稳。直到2013年，中国的P2P网络借贷行业才展现出强劲的发展势头，甚至出现了井喷式的发展，这为很多民间投资人、风险投资机构找到了新的投资蓝海。

P2P平台初入中国时，并不被传统金融行业人士所看好，他们认为这种交易模式难以成为一种主流模式，也无法持续发展。但随着P2P业务的不断发展和模式的不断完善，不仅民间投资 P2P 的热情不减，传统金融机构也在逐渐进入 P2P 行业中，并寻找突破和创新的机会。传统金融机构、金融控股集团的参与，是国内 P2P 行业发展与国外 P2P 行业发展的重要差异之一。

随着大量资金涌入，截至 2015 年 12 月 31 日，网络借贷信息中介机构的数量已经超过 3800 家，成交金额突破 1 万亿元，共有 111 家平台进行了 121 次融资，股权融资总金额达到了 187.8 亿元[①]。针对 P2P 迅猛发展可能给金融秩序带来的影响，监管机构 2016 年 8 月出台了监管规则，此后，网络借贷信息中介机构进入了漫长的整改期。在这一过程中，部分存在违法违规经营的机构退出市场，还有部分业务经营不善的机构选择退出。据统计，截至 2017 年 6 月底，全国网贷机构数量为 2359 家，较 2015 年有较大幅度的减少；而同时，交易额却有较大的增幅，2017 年上半年全国 P2P 网贷成交额 19290.16 亿元，同比增长 72.81%，更是远高于 2015 年的全年交易额。

（二）P2P 机构的数字化实践

以业内规模较大的 P2P 平台——你我贷为例，该公司为上海嘉银金融科技股份有限公司的子公司，以该公司作为样本，主要原因在于该公司的业务模式均通过公开信息披露渠道进行了公示。根据嘉银金科 2016 年度报告，报告期内公司通过子公司上海你我贷运营“你我贷”平台，为在平台上注册的借贷双方提供信息公布、借贷撮合等网络借贷中介信息服务。上海你我贷运营的“你我贷”平台是国内规模较大的网络借贷信息中介机构，以互联网为主要渠道，为借款人与出借人实现直接借贷提供信息搜集、信息公布、信息交互、借贷撮合等服务，收取平台服务费。年报信息披露还揭示，上海你我贷通过互联网、移动互联网和大数据技术创新为有融资、投资需求的小微企业主、个体工商从业者和个人提供互联网金融服务。在风险控制方面，公司将在大数据征信、反欺诈、评分卡系统开发渐趋成熟的基础上，逐步完善公司评级能力建设，为平台及第三方提供风险定价服务；技术方面，将进一步加强系统建设，以实现流程高效、精准、自动化，并完善平台移动化技术、大数据资源的挖掘及利用。

随着大数据的应用深化和人工智能技术的发展，越来越多的 P2P 机构将

① 参见网贷天眼：《2015 网贷行业年度报告》，http：//www.p2peye.com，2015 年 12 月 29 日访问。

大数据征信和大数据风控作为自身的核心竞争力，并围绕大数据团队进行业务风控的布局。

二、互联网理财机构的数字化实践

互联网理财机构也是近年出现的一种新类型金融机构，与P2P机构为线上借贷交易提供信息中介服务不同，互联网理财机构通常通过线上平台为投资人与资产管理机构之间的资产管理委托交易提供中介服务。其常见的产品包括持牌金融机构发售的基金产品或保险产品、非持牌机构的定向委托投资产品、资产管理产品权益拆分转让、类证券化产品等。互联网理财机构满足了投资人投资各类资产管理产品的多样化选择的需求，对于投资人而言，既可以通过此类网络平台获取信托、证券公司、基金公司等发行的资产管理产品的投资信息，也可以获得各类其他资产管理机构所发行的小额资产管理产品，以满足分散投资、分散风险的需求。此类机构中最为典型的是陆金所。陆金所，全称为上海陆家嘴国际金融资产交易市场股份有限公司，是平安集团下属成员之一。强大的股东背景，使得陆金所从设立之初便受到了社会的广泛关注。由于平安集团本身是一个极具综合性的金融实体，旗下金融机构涵盖银行、保险、信托、第三方支付及证券、资产管理等金融领域。这种多样化的集团背景，使得陆金所可以在成本相对较低的条件下完成其他网络平台无法完成的金融创新。

在陆金所的发展过程中，以债权转让为基础的准证券化产品模式创新最为显著，这种债权的准证券化运作模式在陆金所平台具体表现为彩虹系列产品。准证券化产品的具体交易结构可以大致分为三个基本流程：首先由同属平安集团的深圳平安汇富资产管理有限公司（以下简称“平安汇富”）对借款人（可以是平安集团成员，也可以是其他借款人）通过银行委托贷款形成一笔合法债权。这是陆金所准证券化模式的产品创设阶段。然后，平安汇富通过陆金所的债权转让频道将此债权向投资人分拆转让，完成资金回笼。这是准证券化的证券发行阶段。整个交易过程看似简单，但实际解决了借款方向社会募集资金的问题。此外，陆金所发展过程中影响比较大的产品还包括委托定向投资的财富汇，以及私募资管、保险代销、基金代销等。

根据陆金所官方网站的描述：陆金所还推出了业内独树一帜的投资者适

当性管理体系——KYC 2.0 系统。该体系主要包括投资者评估（Know Your Customer，KYC）、产品风险评估（Know Your Product，KYP）、投资者与产品风险的适配、信息披露、投资者教育五方面内容，最大的特点就是更多地利用了大数据技术、机器学习等在资金端对投资者进行“精准画像”，并提供智能推荐服务，能实现投资者风险承受能力与产品风险的精准匹配，“将合适的产品卖给合适的人”。

互联网理财机构利用大数据的核心目的在于为投资者画像，并为之匹配最合适的金融产品。

三、消费金融机构的数字化实践

消费金融是将生活消费场景与金融挂钩的一种金融模式，也是近年发展最快的金融之一。消费金融分不同的场景，针对汽车等耐用消费品的汽车金融产品，既有传统的汽车金融公司，也有新兴的互联网汽车金融机构。商业银行的信用卡消费分期还款，也是一种典型的消费金融形态。此外，商业银行作为主发起人所设立的专业化消费金融公司，也是消费金融机构的重要组成。在所有的消费金融机构中，针对电商购物等高频次消费需求所产生的互联网消费金融机构，可以说是最受市场关注的一种类型。在电商场景与消费金融结合的机构中，蚂蚁金服、京东金融、分期乐等机构的影响力最为突出。

蚂蚁金服的消费金融产品是“蚂蚁花呗”，这是蚂蚁金服推出的一款消费信贷产品。依托淘宝和天猫的交易场景，在用户进行购物过程中，对用户进行消费金融的授信。其基本流程为，用户申请开通后，将获得 500 至 50000 元不等的消费额度。用户在进行消费时，可以预支蚂蚁花呗的额度，通过“先消费，后付款”的购物方式，实现了消费与金融的结合。依托阿里集团的大数据优势，蚂蚁花呗根据消费者的网购情况、支付习惯、信用风险等综合考虑，通过大数据运算，结合风控模型，授予用户 500 至 50000 元不等的消费额度。蚂蚁花呗的额度依据用户在平台上所积累的消费、还款等行为授予，用户在平台上的各种行为是动态和变化的，相应的额度也是动态的，当用户一段周期内的行为良好，且符合提额政策，其相应额度则可能提升。蚂蚁花呗的授信审核、风险控制等环节均运用了大数据方法。2016 年 8

月4日，蚂蚁花呗消费信贷资产支持证券项目在上海证券交易所挂牌，这也是上交所首单互联网消费金融ABS。

作为与淘宝和天猫等量齐观的电子商务集团，京东的消费金融产品名称为“白条”。白条是京东金融推出的先消费、后付款的全新支付方式。用户在京东购物过程中，可以先在京东网站使用白条进行付款，并享受账期内延后付款或者最长24期的分期付款方式。在白条的风险控制中，京东金融的优势在于京东购物平台和京东金融带来的巨量数据，并以此对消费者的信用状况、风险状况进行前瞻的分析，作为白条业务的基础。

在蚂蚁花呗与京东金融之外，分期乐也是具有行业影响力的专业消费金融机构。分期乐是乐信旗下的分期购物商城，于2013年10月正式运营。按照分期乐官网的介绍，分期乐与苹果、宝洁、OPPO、vivo、美的等众多知名品牌建立了官方合作。分期乐商城凭借大数据风险评估体系，为用户提供分期购物消费模式；同时，向工商银行、招商银行等数十家银行信用卡持卡用户开放分期购物。截至2016年底，分期乐平台累计服务用户超过1200万人。2017年11月，分期乐在美国公开了其招股说明书。

上述几家机构的背景各异，产品也有不同，但都有一个共同点，即依托大数据分析能力进行风险控制，以此作为给消费者提供分期付款授信的基础。正是由于与场景的紧密结合，消费金融进行数据化实践的条件比较充分。

四、助贷机构的崛起与监管

（一）助贷机构的发展

助贷机构，顾名思义是为具有放贷资质的机构提供贷款撮合服务的互联网机构。我们前面在论述小额贷款机构时提到的“趣店”，即具有助贷机构的典型特征。“趣店”的部分资金来源于商业银行或信托公司，用户注册后，经过信用审核与风险评估，最终与银行或信托公司签订借款合同。“趣店”向用户收取贷款服务费或信息服务费，其本身并不作为贷款主体。

除了“趣店”外，还有大量的助贷机构活跃于金融市场中，比如分众传媒旗下的“还呗”平台，其主要业务是为信用卡持卡人群提供短期资金借贷服务用于信用卡还款，其资金主要来源于商业银行。由于信用卡人群均有完整的征信资料，商业银行能够较好地审核贷款风险，且借款资金专款专用，因而较好地保障了金融机构的资金安全。该平台发展时间不长，但由于上述优点，获得了市场的关注和认可。

当然，对于助贷机构，监管机构及法律法规并无统一的界定。助贷机构往往被监管机构作为“现金贷”行业的组成部分，尽管助贷机构作为中介的性质与自我放贷的小额贷款机构或自然人主体存在本质的差异。

助贷机构中，除了完全为金融机构提供贷款辅助的网络平台外，还包括大量的P2P平台。P2P平台一方面从事典型的P2P业务，为网上的借贷双方提供借贷信息中介服务，另一方面也为借款人和金融机构之间的借贷关系提供中介服务。

通常而言，助贷机构在贷款流程中主要完成如下环节：

其一，借款用户的获取及用户注册和实名认证；

其二，对借款用户的基本情况和信用状况进行审核；

其三，对借款项目实施风险控制措施；

其四，将借款用户资料和信用审核情况提交银行等金融机构；

其五，为银行等金融机构的借款提供担保或债权收购、代偿。

（二）助贷机构的分类

当前市场上助贷机构根据客群的不同，可以分为以下几类；

第一类是现金贷机构，主要针对小额无场景的信用借款人群，这些人群相当一部分属于无信用卡的人群，并且在央行征信系统中信息缺失，在传统金融机构中或是不符合贷款要求，或是因借款金额过小而无法找到银行的相应贷款产品。通过助贷机构的撮合与增信，获得无担保的信用贷款。现金贷的客群，由于借款周期主要用于个人临时周转或消费，借款周期通常很短，一般一周到二周，加上借款金额小，所以这一人群对利率和服务费不够敏感。现金贷行业的借款利率加上服务费，综合费率非常惊人，这也是当前监管机构和社会对于现金贷负面评价的主要原因之一。

第二类是小微企业经营性贷款机构，此类机构主要针对小微企业的业主，如餐厅业主、杂货店业主及其他小微企业主。这些人群往往有一定的征信记录，但由于缺乏担保物而较难获得银行贷款。其中，比较典型的此类助贷机构包括“磁金融”等，通过助贷机构的现场考察和信用审核给银行发放贷款提供决策依据。这一人群由于主要是小微企业主，因而对利率非常敏感。在这一背景下，此类助贷机构的利率加服务费的综合费率往往很低，甚至低于部分金融机构的综合费率。

第三类是车辆或房产抵押贷款，此类机构主要针对拥有房产或车辆的借款人。这一人群的资产状况一般较好，拥有可以用来提供担保的资产，并且通常拥有央行的征信记录，因而较容易申请贷款。因此，这一客群常常受到助贷机构的青睐。

第四类是互联网消费贷款，此类机构主要针对互联网消费场景中的消费者，为其提供消费信贷支持或分期支付的支持。此类机构由于拥有线上的消费场景，其大数据分析能力更为突出，因而拥有较好的风控能力。

（三）对助贷机构的监管

助贷机构是随着 P2P 行业整治而高速发展起来的，据不完全统计，截至 2017 年 10 月底，全国各种现金贷机构不下万家。扣除以非法吸收公众存款获取资金放贷、不具备资质而以自有资金放贷的情况外，大量的助贷机构主要是服务于传统金融机构，为传统金融机构提供借贷的获客、风控审核等专业支持。

但由于现金贷发展的无序，加之现金贷行业部分企业对用户收取高额的利率加服务费，引发了监管机构和公众的关注。在此基础上，监管机构出台了专门整治现金贷行业的规则。2017 年 12 月 1 日，互联网金融风险专项整治、P2P 网贷风险专项整治工作领导小组办公室制定了《关于规范整顿“现金贷”业务的通知》。该规则中涉及助贷机构的内容主要是加大力度，进一步规范银行业金融机构参与“现金贷”业务：（1）银行业金融机构（包括银行、信托公司、消费金融公司等）应严格按照《个人贷款管理暂行办法》等有关监管和风险管理要求，规范贷款发放活动。（2）银行业金融机构不得以任何形式为无放贷业务资质的机构提供资金发放贷款,不得与无放贷业务资质的机构共同出资发放贷款。（3）银行业金融机构与第三方机构合作开展贷款业务的，不得将授信审查、风险控制等核心业务外包。助贷业务应当回归本源，银行业金融机构不得接受无担保资质的第三方机构提供增信服务以及兜底承诺等变相增信服务，应要求并保证第三方合作机构不得向借款人收取息费。(4) 银行业金融机构及其发行、管理的资产管理产品不得直接投资或变相投资以“现金贷”、“校园贷”、“首付贷”等为基础资产发售的（类）证券化产品或其他产品。受政策影响最大的是没有任何交易场景、费率水平较高，且主要为“现金贷”活动提供服务的助贷机构。

从上述监管政策可以看出，银监会对于银行与助贷机构的合作并不反对，但是对于如下情况持否定态度：一是不得与无放贷资质机构共同出资放贷；二是不得将授信审查、风险控制等核心业务外包。助贷业务应当回归本源，银行业金融机构不得接受无担保资质的第三方机构提供增信服务以及兜底承诺等变相增信服务。

也就是说，如果监管政策得到严格的执行，助贷机构当前所涉及的用户获取（导流）、资料提交、信用审核、项目风控、增信担保五大业务环节，将只能保留用户获取（导流）、资料提交，这将大大降低助贷机构的话语权和在价值链上的收益分配。当然，监管的目的是为了让助贷机构真正回归数据驱动和科技驱动的本源，而避免助贷机构打着金融科技和大数据的幌子规避金融监管政策。

第四节　金融科技机构的崛起

金融科技机构是本轮大数据金融发展的受益者，也是大数据金融发展的基础和保障。金融科技机构，是指为网络金融和大数据金融提供硬件支持、软件支持、系统运维、数据服务、征信服务及精准营销服务的科技机构。金融科技机构，主要包括硬件提供商、金融软件提供商、金融数据服务商、征信及反欺诈服务商、精准营销服务商等。其中，硬件及软件是基础，大数据是数字金融的驱动引擎。

一、金融数据服务商

金融数据服务商，顾名思义，是以金融数据为产品和服务内容的专业机构。金融数据服务商通常具有金融基础设施运营的基础，或具有综合金融集团的强大支持，或拥有综合化的交易场景和生活服务场景。我们以银联智惠、平安科技、京东云为例。

银联智惠是中国银联旗下子公司，这是金融数据服务商依托金融基础设施的典型案例，该公司成立于2012年，依托中国银联在中国及海外的庞大数据资源，建立并不断完善基于消费数据的商户一站式服务平台，为银联集团及合作伙伴提供行业分析、经营决策、数字营销、商业策略、投研咨询、市场研究等多方面的大数据应用产品及解决方案。银联智惠现设数字营销、智慧金融两大核心业务。在数字营销领域，银联智惠主要有如下商业模式，一是依托中国银联在全国及海外的实时银行卡交易数据，整合来自银行、运营商、互联网，机构团体的数据，进行统一管理。二是以最先进的数据挖掘核心技术，精心打造大数据模型，勾勒出银联持卡人及银联特约商户的画像特征。三是为零售、金融、汽车、房地产、旅游、互联网等行业提供大数据应用产品及解决方案，帮助企业全方位提升经营效率，发展创新业务模式。

银联智惠的最大优势是依托全球三大银行卡组织的中国银联，通过在银行卡结算领域强大的行业优势地位，在数据收集、数据整合方面，拥有庞大的数据来源和最为直接的支付结算数据。

综合金融集团也是重要的金融数据来源，依托综合金融集团，也是金融数据服务商的重要优势，平安科技集团是其中的典型代表。

平安科技成立于2008年，是平安集团旗下的全资子公司，目前已拥有超过4000名专业IT技术人员和IT管理专家。平安集团对平安科技集团的定位是作为集团的高科技内核，负责开发并运营集团的关键平台和服务，支持集团的保险、银行、投资和互联网业务高效发展。平安科技也是集团的技术孵化器，在云、人工智能和大数据方面有着强劲的研究和开发能力，星云数据平台是平安科技集团的数据运营平台。

按照平安科技集团的官方信息，“星云数据平台致力于大金融行业，为各类金融公司提供数据管理、可视化报表分析、数据挖掘等一站式大数据应用服务。平台产品覆盖场景广泛，通过数据服务帮助金融企业实现精细化的经营分析、绩效管理、精准营销、风险预测，提升企业经营效率和竞争力，在大数据浪潮中脱颖而出，实现数据价值的最大化。为企业提供数据存储、数据安全、数据清理、数据脱敏等基础平台服务和支持，帮助企业做好大数据的基本准备。专业的挖掘技术团队，为企业定制精准营销、客户精细画像、风险预测等专项挖掘任务，结合企业自身数据及行业数据，深度挖掘数据价值。”

平安科技的优势在于平安集团在金融领域构建的全牌照、全产业链优势，平安集团旗下有财产保险、寿险、银行、证券、公募基金与私募基金、信托、互联网支付（平安付）、积分平台（万里通）、互联网跨界资产管理平台（陆金所）、网络借贷信息中介、小额贷款、融资租赁与保理等供应链金融机构，此外还有大量其他类型的资产管理机构。依托上述金融全产业链、全场景的布局，平安科技得以整合、运用来自于平安集团金融生态内的金融数据。就金融数据的来源广度、行业分布度来说，平安科技具有显著的行业优势。

京东云是京东集团旗下的云计算与大数据服务机构，京东云依托于京东集团在电子商务和金融方面的优势，为用户提供数据服务。根据京东云的官方介绍，京东云数据计算服务（Data Computing Service，简称 DCS）是一个全托管、低使用成本的云上数据仓库服务。数据计算服务提供开箱即用的数据管理、灵活弹性的计算资源、开放的数据接口、细粒度的权限体系，帮助用户快速构建企业级数据分析平台，并持续聚焦在释放数据价值的工作。京东云数据计算服务应用场景主要包括：“与京东云提供的数据集成、流计算、BI 报表等工具无缝集成，能够帮助用户实现对企业数据的统一采集、存储、计算。数据计算服务提供了 SQL/Python 数据开发及作业执行能力，能够很好地支持数据清洗及数据加工逻辑，结合数据计算服务弹性的计算资源管理能力/完善的权限管理体系，能够帮助企业快速构建 PB 级的企业数据仓库。”数据计算服务不仅能够对数据仓库的数据进行处理分析，还提供了对云上对象存储的默认支持，实现对数据的清洗加工场景的低成本支撑。

为了实现数据提供方、数据需求方、数据服务方等在数据开放、数据共享、数据分析领域的合作，京东云还构建了京东万象大数据开放平台（以下简称“万象平台”），帮助数据的提供方与需求方进行数据对接，解决数据缺失问题，完善数据价值，帮助企业解决数据孤岛的问题，从而提升企业运营效率，为全行业提供权威数据支持，打造全行业数据开放的优质生态圈。万象平台通过对接多维度的数据，提高数据的安全性与接入效率，万象平台还提供企业与企业之间数据互联服务，解决客户内部资源多系统之间的整合问题。万象平台的数据产品类型主要包括金融、征信、电商、质检、海关、运营商等领域的数据。金融数据是京东云重要的服务领域，京东云推荐的社保授权数据查询、身份证实名认证、蜜罐数据、P2P 用户识别、商户经营场景数据查询，均可被金融企业用于身份识别和信用审核领域。

上述三类典型的数据服务机构，各自拥有特定的优势。银联智惠数据更聚焦于金融支付和交易的直接数据，数据集中度高；平安科技数据实现了金融领域交易行为的全覆盖，数据分布度更广；京东云的数据则不仅包含电商交易场景，也包括金融场景和其他数据来源，数据来源更为广泛。单一领域纵深数据有其优势，分散来源的数据也有其优势，作为数据服务需求方的金融机构，可以根据自身的需求在上述数据服务商中选择合适的数据服务。

二、大数据征信服务商

大数据征信服务机构，是随着网络金融及大数据金融发展而崛起的新类型征信机构。在网络金融与大数据金融起步之前，我国央行建立了专门的征信中心，并为银行类金融机构的贷款征信提供服务。企业及个人均可以在央行征信中心查询本人的征信报告，在向商业银行贷款过程中，通过授权银行查询的方式，将本人的征信情况提交商业银行，由商业银行对信用状况做出判断。人民银行的征信报告，主要包括个人在各个银行的开户情况、贷款情况、信用卡或其他借款逾期情况、房产抵押担保情况等。这些信息虽然是主流的信用信息，但与当前网络环境下的交易场景关联不高，因而在小额借贷领域及消费金融领域的参考性不强。

为满足互联网环境下金融产品服务的征信需求，产生了一些以大数据为基础的新类型征信机构，其中蚂蚁金服体系内的芝麻信用是典型代表。

根据芝麻信用官网的描述：“芝麻信用是独立的第三方信用服务机构，是蚂蚁金服生态体系内的重要组成部分。芝麻信用通过云计算、机器学习等技术客观呈现个人和企业的信用状况，已经形成芝麻信用评分、芝麻信用元素表、行业关注名单、反欺诈等全产品线。从信用卡、消费金融、融资租赁、抵押贷款到酒店、租房、租车、婚恋、分类信息、学生服务、公共事业服务等，芝麻信用已经在上百个场景为用户、商户提供信用服务，众多用户享受到了信用的便利。人与人、人与商业之间的关系正因为信用而变得简单。”

对于个人用户，芝麻信用设置了芝麻分。根据芝麻信用的产品介绍，芝麻分是芝麻信用管理有限公司，在用户授权的情况下，依据用户在互联网上的各类消费及行为数据，结合传统金融借贷信息，运用云计算及机器学习等技术，通过逻辑回归、决策树、随机森林等模型算法，对各维度数据进行综合处理和评估，在用户信用历史、行为偏好、履约能力、身份特质、人脉关系五个维度客观呈现个人信用状况的综合分值。芝麻分的分值范围为350至950，分值越高代表信用越好，相应违约率相对较低，较高的芝麻分可以帮助用户获得更高效、更优质的服务。

芝麻分当前已经被众多新类型金融机构作为征信查询的重要参考分值，在政府公共服务身份认证、部分境外使领馆签证评分、信用消费领域得到了广泛应用。

三、金融软件服务商

金融软件服务商深度介入金融服务流程中，使得传统金融的流程被改造，这对原有的金融服务生态链条也产生了潜在的影响，服务的边界也开始模糊。以恒生电子为例，该公司是上海证券交易所主板上市公司（代码600570），其业务主要聚焦于财富资产管理行业，为证券、期货、基金、信托、保险、银行、交易所、私募等机构提供金融软件解决方案和服务。针对证券行业，该公司推出了零售经纪业务解决方案，通过交易与账户、结算、管理分离的经纪业务运营平台，为证券公司的传统经纪业务提供基础平台，并针对“客户资产服务”为核心的全品种交易中心、账户管理中心、统一清算中心、经营管理中心等，通过极速交易、统一接入、内存风控等技术手段，提升交易通道的效率与价值。同时，针对零售经纪业务，整合业务集中运营平台、客户关系管理（CRM）、呼叫中心等模块，提升产品和服务运营的能力，发挥证券公司的整体业务优势。针对银行的综合理财产品线，推出了软件加服务的解决方案。通过在线程序，实现基金、行内理财、大额存单、保险、贵金属、信托、合格境内机构投资者（QDII）、债券、资管计划、金融交易所产品等多金融产品一站式销售、登记过户、金融互市、同业分销、同业代销与综合管理。支持零售客户集合理财，私人银行客户专户理财。此外，该公司还为信托公司、基金公司、保险公司、期货公司、私募机构、交易所等提供金融软件加服务的解决方案。

金融软件发展的趋势是从软件到服务，这意味着软件服务会越来越多地介入金融机构的核心业务。对于大型金融机构而言，其具备独立开发或委托开发金融交易系统的能力。但对于小型金融机构而言，由于其资金实力和技术能力均不够强大，未来在系统开发、维护及数据中心建设和维护方面，将不得不更多地依赖金融软件服务机构，甚至将业务的一个或多个流程外包给此类服务机构，从而导致金融业务生态发生变化，金融软件服务商将蚕食金融机构的利润，甚至在金融的价值链条上占据更大的话语权。这些变化必将与当前的金融监管法规、政策发生一定的不兼容，需要监管机构发挥智慧加以解决。

第四章 数字化带来的法律挑战

案例六 美国政府诉微软公司

2016年7月，美国曼哈顿第二巡回上诉法院裁决微软胜诉，宣布美国政府无权强迫微软和其他科技公司提交存储在海外的服务器数据，这是从2014年微软拒绝向美国政府提供海外服务器数据并不断提起上诉以来获取的最终胜利。①

2014年，因案件侦查需要，美国执法机构要求微软提供其位于爱尔兰服务器中存储的用户邮件内容，遭到微软的拒绝。美国司法部认为，由于数据的持有者属于美国法庭的司法管辖范围，政府有权获得这些用户记录。在随后的诉讼中，微软连续败诉。该公司认为，美国政府的行为违反了《宪法第四修正案》所规定的原则。并且，由于服务器并不位于美国，因此美国政府无权获取微软在爱尔兰服务器上的数据。

案例评述

上述案例事实上是政府在公共安全管理领域的权力与企业及个人权利的冲突：对于政府机构而言，通过对大型企业数据的分析、运用，可以极大地提高案件处理速度，提升公共安全管理水平；但对于企业而言，则会从本企业保护用户隐私的角度去考虑这一问题。这是天然的一对矛盾。

本章引言

数字化改变了我们的生活，也对法律体系产生了深刻的影响。数据来源于各种各样的信息，其中包括企业的商业信息、个人信息、公共事务相关信

① 参见搜狐网：《微软打败了美国政府 后者不能强迫微软提供海外数据》，http：//www.sohu.com/a/106060879_ 114885，2018年8月14日访问。

息、国家安全相关信息。关于信息的法律属性，本身就存在较大争议。同时，由于大数据与个人隐私之间的矛盾较为突出，大数据与国家安全也紧密相连。因此，研究大数据带来的法律问题，具有很强的现实意义。

第一节　数据的法律属性

数据是什么？这个简单的问题，在法律上的界定却比较复杂。由于数据是看不见、摸不着的虚拟状态，而且数据的来源复杂多样，数据可以是个人的信息或隐私，也可以是企业的信息，还可以是社会活动的信息以及各种物质运行的信息，数据存在的多样性给法律界定带来了巨大的困难。

数据是一种法律上的权利吗？如果是，那么是什么权利？法律对此并无明确的界定。但在研究大数据金融的时候，数据本身的法律定性将直接影响到大数据金融的底层法律架构，所以必须首先对这一问题进行界定。

数据的同等概念是“信息”，两者不同的是，信息的具体体现形式和载体多样，可以是书面的，也可以是声、光、电、磁的，还可以是人们口头相传的；信息的来源也是极其广泛的，凡是人类自身的感觉器官和辅助设备能够感受到的外部信号，都可以成为信息。而数据则是数字化的信息，是信息通过数字化的手段转化为电脑程序能够识读和加工的内容。数据来源可以是个人信息和企业信息，也可以是社会活动信息和自然界的活动信息。其中，个人信息和企业信息会与个人及企业的权利产生交叉和重叠。企业在获得各种数据化的信息后，需要进行加工利用，势必涉及与企业和个人权利的冲突问题，因此需要特别加以研究。而从企业商事立法角度看，各个国家为了交易安全，通常鼓励或强制企业公开其相关信息。除商业秘密外，企业信息的公开程度高，法律保护范围窄，因此不作为本部分的重点研究对象。本部分重点研究个人信息权利与企业数据权利之间的兼容和冲突问题。

一、法律规则从个人信息保护角度对数据的界定

传统的法律体系对于信息权利的界定并不清晰，《民法通则》并没有对企业或个人的信息权利作出专门的规定。较早对信息权利进行保护的法律是

1993 年 9 月 2 日第八届全国人民代表大会常务委员会第三次会议通过的《反不正当竞争法》，该法禁止经营者实施侵犯商业秘密的行为，并将商业秘密界定为“不为公众所知悉、具有商业价值并经权利人采取相应保密措施的技术信息和经营信息”。这一规定明确指出了“技术信息”和“经营信息”。2017 年 11 月 4 日第十二届全国人民代表大会常务委员会第三十次会议对《反不正当竞争法》作出了修订，但仍然保留了商业秘密的表述。

相对于企业的信息权利，公民个人信息权利保护较为滞后。《民法通则》实施后，最高人民法院审判委员会于 1988 年 1 月 26 日通过了《最高人民法院关于贯彻执行〈中华人民共和国民法通则〉若干问题的意见（试行)》，该意见于 1987 年 1 月 1 日起施行。该意见的第 140 条规定：“以书面、口头等形式宣扬他人的隐私，或者捏造事实公然丑化他人人格，以及用侮辱、诽谤等方式损害他人名誉，造成一定影响的，应当认定为侵害公民名誉权的行为。”这一规则提出了“隐私”的概念，按照通常的理解，隐私应该是自然人不愿让他人获知的信息。侵犯隐私行为一般包括：（1）未经公民许可，公开其姓名、肖像、住址、身份证号码和电话号码；（2）非法侵入、搜查他人住宅，或以其他方式破坏他人居住安宁；（3）非法跟踪他人，监视他人住所，安装窃听设备，私拍他人私生活镜头，窥探他人室内情况；（4）非法刺探他人财产状况或未经本人允许公布其财产状况；（5）私拆他人信件，偷看他人日记，刺探他人私人文件内容，以及将它们公开；（6）调查、刺探他人社会关系并非法公之于众；（7）干扰他人夫妻性生活或对其进行调查、公布；（8）将他人婚外性生活向社会公布；（9）泄露公民的个人材料或公之于众或扩大公开范围；（10）收集公民不愿向社会公开的纯属个人的情况。

2010 年 7 月 1 日起施行的《侵权责任法》第一次以立法的形式规定了隐私权。该法第 2 条规定：“侵害民事权益，应当依照本法承担侵权责任。本法所称民事权益，包括生命权、健康权、姓名权、名誉权、荣誉权、肖像权、隐私权、婚姻自主权、监护权、所有权、用益物权、担保物权、著作权、专利权、商标专用权、发现权、股权、继承权等人身、财产权益。”

2012 年 12 月 28 日，第十一届全国人大常委会第三十二次会议通过的《全国人民代表大会常务委员会关于加强网络信息保护的决定》中对于个人信息作出了专门的规定。该决定第1条规定："国家保护能够识别公民个人身份和涉及公民个人隐私的电子信息。任何组织和个人不得窃取或者以其他非法方式获取公民个人电子信息，不得出售或者非法向他人提供公民个人电子信息。"

2014年6月23日，最高人民法院审判委员会通过的《最高人民法院关于审理利用信息网络侵害人身权益民事纠纷案件适用法律若干问题的规定》第1条的表述为："本规定所称的利用信息网络侵害人身权益民事纠纷案件，是指利用信息网络侵害他人姓名权、名称权、名誉权、荣誉权、肖像权、隐私权等人身权益引起的纠纷案件。"

此后，2017年6月1日起施行的《网络安全法》，对于个人信息保护和隐私保护均作出了规定。最高人民法院、最高人民检察院为了配合《网络安全法》的施行，于2017年3月20日通过了《最高人民法院、最高人民检察院关于办理侵犯公民个人信息刑事案件适用法律若干问题的解释》，该司法解释与《网络安全法》同步施行。该司法解释中采取了保护个人信息的概念，而未涉及隐私概念。

2017年10月1日起施行的《民法总则》，对个人信息保护作出了规定。该法第111条规定："自然人的个人信息受法律保护。任何组织和个人需要获取他人个人信息的，应当依法取得并确保信息安全，不得非法收集、使用、加工、传输他人个人信息，不得非法买卖、提供或者公开他人个人信息。"

从上述规则和立法演进来看，我国将数据作为个人信息的保护，经历了一个从窄到宽的保护过程。最初是从保护个人人格尊严的角度入手，规定了隐私权的概念，由于隐私本身容易产生误导，且对隐私的范围通常理解较窄，立法逐步采用了个人信息的概念，从而将与个人有关的信息均纳入保护范围，其外延大于隐私权的外延。

隐私权或个人信息所保护的权利，在民事权利的划分上，仍应归于人格权范畴内，从而与个人的人格尊严、人身安全、家庭安全、财产安全等紧密相关。这个意义上讲，虽然个人信息是数据的重要来源，但个人信息相关权利更多的是强调对个人的保护，而非财产意义上的权利。

二、数据权利从企业角度的界定

对于企业而言，既然大数据来源于个人信息，就需要明确企业所拥有的究竟是什么权利？因为一项物品上不可能同时拥有两个相互排斥的权利，所以企业拥有的数据权利是对数据本身的权利，还是数据加工后的权利？对此需要进行研究。个人对于个人信息的权利是一种广义上的人格权，那么作为营利机构的企业，其拥有的数据必然是能够为其带来经济利益或其他直接、间接经营收益的权利。对于数据权利，常见的理解有两种：

其一，知识产权说。

这一观点认为，虽然数据本身来源于个人信息或其他企业信息，乃至自然界和人类社会活动的信息，信息本身也有价值，但信息毕竟是附属于产生信息的人或其他事物，所以单一的信息本身不宜作为企业的权利标的。

信息一旦经过企业的汇总、加工，就会转化为某种类似于编纂作品的形态，并产生更大的经济价值。而企业在这一编纂、加工过程中付出了创造性的劳动，数据的组合具有知识产权的特征。

我国《民法总则》在立法过程中，草案中曾明确将数据信息作为知识产权的一种。《民法总则（草案）》第108条最初的表述为："民事主体依法享有知识产权。知识产权是指权利人依法就下列客体所享有的权利：（一）作品；（二）专利；（三）商标；（四）地理标记；（五）商业秘密；（六）集成电路布图设计；（七）植物新品种；（八）数据信息；（九）法律、行政法规规定的其他内容。"可见，《民法总则（草案）》对于数据信息的权利界定为知识产权。但正式通过的《民法总则》取消了这一规定，对数据权利采用了回避的做法。《民法总则》第127条规定："法律对数据、网络虚拟财产的保护有规定的，依照其规定。"

知识产权说适用于经过编纂和加工的数据，却无法解释未经加工数据的权利。如果数据仅仅是简单收集和汇总，企业没有投入创造性劳动，此时的数据权利是否属于知识产权？传统的知识产权法律无法解释这一问题，这似乎也是《民法总则》回避数据权利的原因之一。

其二，商业秘密说。

这一说法回避了数据形成过程中的创造性劳动的问题，而从商业秘密的角度来看待数据。我国法律对于商业秘密的界定为“不为公众所知悉、具有商业价值并经权利人采取相应保密措施的技术信息和经营信息”。通常企业对于获取的数据都会采取保密措施，这一点符合商业秘密定性中的“不为公众所知”和“采取保密措施”的特性，但法律所界定的商业秘密的范围仅包括“技术信息”、“经营信息”，而企业获取的数据范围远远大于上述范围。因此，商业秘密也无法很好地解释数据权利。

三、独立权利——数据产权立法的前瞻

既然知识产权和商业秘密均无法解释数据权利，也无法很好地保护数据权利，那么就需要通过法律的完善来解决数据权利的保护问题。笔者认为，数据权利是一种新兴的权利形态。科学技术进步、社会发展，必然带来法律权利范畴的扩大。正如工业革命带来了专利权等知识产权的崛起一样，数字经济也将带来新的权利形态，从而丰富民法的权利分类。因此，我国法律亟待解决的问题之一就是尽快立法确定数据权利。对于数据权利，既可以作为知识产权的一部分，与专利权、著作权、商标权等并列；也可以作为一种独立的权利形态，与人身权、物权、债权、知识产权等并列。无论是哪一种方式，都亟须通过立法加以确认，以维护数字经济环境下的经济秩序。

2017 年 12 月 8 日，中共中央政治局就实施国家大数据战略进行第二次集体学习。中共中央总书记习近平在主持学习时强调，“要切实保障国家数据安全。要加强关键信息基础设施安全保护，强化国家关键数据资源保护能力，增强数据安全预警和溯源能力。要加强政策、监管、法律的统筹协调，加快法规制度建设。要制定数据资源确权、开放、流通、交易相关制度，完善数据产权保护制度。要加大对技术专利、数字版权、数字内容产品及个人隐私等的保护力度。”可以预期的是，对于数据权利的立法，将会提上议事日程。

笔者认为，在数据权利被专门立法保护之前，可以参照知识保护的相关法律并结合商业秘密保护的法律，对数据权利实施保护。对于企业经过编纂或加工，或者经过数据筛选和甄别后收集的数据，应视为企业为此付出了创造性劳动，参照知识产权的法律规则加以保护。而对于企业未经任何编纂、加工或收集过程未加筛选甄别的数据，如果企业采取了保密措施，则可以参照商业秘密的法律规则加以保护。

第二节　大数据与个人信息保护

大数据的互联互通、数据共享，要求数据具有一定的开放性和互通性，而作为重要数据来源的个人信息，则涉及隐私保护和个人信息保护的规则，两者天然是对立的，如何在大数据运用中协调与个人信息保护的关系，成为大数据金融发展中需要考虑的问题。

一、大数据的互联互通与共享

大数据运用的原理在于通过数据的互联、互通，在数据中寻找数据分布的规律、发掘其中的共性因子和差异化因子，从而能够增强人们分析事物的能力，在传统的逻辑方法，演绎、归纳的方法之外，找到更有效率的解决方案。通过数据的充分、高速归集，发现数据中隐含的关联关系。关于大数据的工作原理，可以用下图（图 4－1）表示：

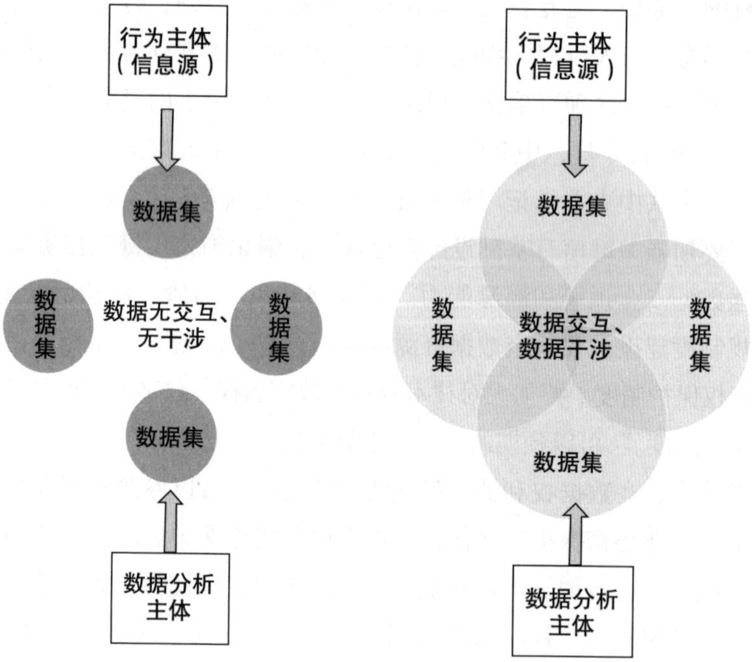

图 4－1

通过上图可以看出，传统的统计学归纳分析方法由于数据量不足，或者获取足够数据需要的时间过长，导致数据分析主体能够进行分析的区域较小，从而使获取的分析结果受到较大局限。而大数据方法，由于数据的丰富程度增加，数据分析结果也会更为系统和准确。

鉴于此，2015 年 9 月，国务院发布了《促进大数据发展行动纲要》（以下简称“行动纲要”）。该行动纲要指出：（1）大数据成为推动经济转型发展的新动力。以数据流引领技术流、物质流、资金流、人才流，将深刻影响社会分工协作的组织模式，促进生产组织方式的集约和创新。大数据推动社会生产要素的网络化共享、集约化整合、协作化开发和高效化利用，改变了传统的生产方式和经济运行机制，可显著提升经济运行水平和效率。大数据持续激发商业模式创新，不断催生新业态，已成为互联网等新兴领域促进业务创新增值、提升企业核心价值的重要驱动力。（2）大数据成为重塑国家竞争优势的新机遇。在全球信息化快速发展的大背景下，大数据已成为国家重要的基础性战略资源，正引领新一轮科技创新。（3）大数据成为提升政府治理能力的新途径。大数据应用能够揭示传统技术方式难以展现的关联关系，推动政府数据开放共享，促进社会事业数据融合和资源整合，将极大提升政府整体数据分析能力，为有效处理复杂社会问题提供新的手段。

2017 年 12 月 8 日下午，中共中央政治局就实施国家大数据战略进行第二次集体学习。中共中央总书记习近平强调，要推动大数据技术产业创新发展。要瞄准世界科技前沿，集中优势资源突破大数据核心技术，加快构建自主可控的大数据产业链、价值链和生态系统。要加快构建高速、移动、安全的新一代信息基础设施，统筹规划政务数据资源和社会数据资源，完善基础信息资源和重要领域信息资源建设，形成万物互联、人机交互、天地一体的网络空间。要坚持数据开放、市场主导，以数据为纽带促进产学研深度融合，形成数据驱动型创新体系和发展模式，培育造就一批大数据领军企业，打造多层次、多类型的大数据人才队伍。要构建以数据为关键要素的数字经济。要以推行电子政务、建设智慧城市等为抓手，以数据集中和共享为途径，推动技术融合、业务融合、数据融合，打通信息壁垒，形成覆盖全国、统筹利用、统一接入的数据共享大平台，构建全国信息资源共享体系，实现跨层级、跨地域、跨系统、跨部门、跨业务的协同管理和服务。

从大数据的运作原理和大数据纲要的规划来看，大数据的核心是数据的互联互通、数据融合、数据资源共享。

二、个人信息保护的新命题

在互联网环境下，个人信息及个人隐私的内涵较传统社会发生了较大的变化。除了传统认为与个人隐私联系紧密的个人信息，如姓名、家庭地址、电话号码、财产情况、疾病状况、其他与人格尊严相关的信息外，网络浏览痕迹、出行轨迹、社交状况、消费行为状况等，都可能成为个人信息相关法律所保护的内容。但同时，这些信息也是大数据分析所关注的重要信息。对于金融机构而言，获取越多的个人信息，意味着征信或信用审核的准确程度越高。个人信息作为数据资产，具有容易复制的特点，因而给以买卖等形式侵犯公民个人信息提供了便利条件。

针对互联网环境下侵犯公民个人信息违法行为实施成本低、案件频发的态势，我国相关立法对此也进行了专门的规制。如《最高人民法院关于审理利用信息网络侵害人身权益民事纠纷案件适用法律若干问题的规定》第12条规定："网络用户或者网络服务提供者利用网络公开自然人基因信息、病历资料、健康检查资料、犯罪记录、家庭住址、私人活动等个人隐私和其他个人信息，造成他人损害，被侵权人请求其承担侵权责任的，人民法院应予支持。"《网络安全法》第44条规定："任何个人和组织不得窃取或者以其他非法方式获取个人信息，不得非法出售或者非法向他人提供个人信息。"《民法总则》第111条规定："自然人的个人信息受法律保护。任何组织和个人需要获取他人个人信息的，应当依法取得并确保信息安全，不得非法收集、使用、加工、传输他人个人信息，不得非法买卖、提供或者公开他人个人信息。"2015年11月1日起施行的《刑法修正案（九）》规定了侵犯公民个人信息的犯罪。上述法律、司法解释，可以作为互联网环境下公民个人信息保护的基本规则。

案例七 上海首例侵犯公民个人信息罪案件

2016年3月，上海市浦东新区法院以侵犯公民个人信息罪判处被告人杨某拘役6个月，罚金人民币1万元；退赔在案的犯罪所得予以没收。法院经审理查明：2015年6月至8月，被告人杨某在担任某银行上海浦东支行零售业务部副经理期间，利用自己的工号或冒用其同事的工号，登录银行个贷查询系统，非法查询并下载他人征信信息共计10000余条。随后，被告人杨某将这些信息以每条25元（人民币，下同）至50元不等的价格出售给他人，非法获利37.4985万元。2015年9月10日，被告人杨某主动向公安机关投案，到案后如实供述了犯罪事实。案发后，被告人杨某退赔了全部犯罪所得。浦东新区法院认为，被告人杨某身为金融机构的工作人员，违反国家有关规定，将本单位提供服务过程中获得的公民个人信息出售给他人，情节严重，其行为已构成侵犯公民个人信息罪。公诉机关指控的事实及罪名成立，予以支持。被告人杨某能自动投案并如实供述自己的犯罪事实，系自首，依法从轻处罚。被告人杨某在案发后退赔了全部的犯罪所得，酌情从轻处罚。[①]

案例评述

侵犯公民个人信息罪是《刑法修正案（九）》中新增设的罪名。浦东法院的这起判决是《刑法修正案（九）》从2015年11月1日起施行以来，上海首例判决的侵犯公民个人信息罪的刑事案件。

第三节 大数据与国家安全

数据的英文表述是date，事实上，数据就是信息的数字化体现，信息在英文中的表述为information，同时，这个英文单词还有“情报”的含义。从文字含义来看，信息与情报具有近似性，只是“信息”一词更为通用和中性，而“情报”一词具有更强的专属性和特定语境。从中文的一般意义理

① 参见上海市浦东新区人民法院（2016）沪0115刑初598号刑事判决书，http://www.hshfy.sh.cn/shfy/gweb2017/flws_ view.jsp? pa = adGFoPaOoMjAxNqOpu6YwMTE10Myz9TU5OLrFJndzeGg9MgPdcss-Pdcssz，2018年8月14日访问。

解，情报通常与军事、商业秘密、国家安全联系更为紧密。但特定的信息，或者信息组合，本身也会与商业、军事、国家安全相联系。作为数字化的信息，数据也必然会与国家安全产生某种联系。只是在传统的信息采集方法下，单一信息很难与其他信息产生关联，但随着信息采集方法的丰富、数据来源的多样以及数据加工方法的完善，数据逐步变得更加敏感，也开始与国家安全产生紧密的联系。

一、传统的国家安全观

国家安全是每个国家立法和社会经济生活首先需要考虑的问题，不同时代、不同经济和技术背景下，有不同的国家安全观。在农耕时代，商品经济不发达，人们的商品交易范围小，大多数生活用品依靠自给自足的生产方式满足，土地以及宗族成为社会秩序的依托，国土疆界以及对疆界内社会秩序的管理成为皇权的主要目标，也是国家安全观的基础。即使是古代连接东西方的丝绸之路，也主要是在陆地上。所以，在农耕时代，人们关注的更多的是陆地领土的安全。无论是中国古代修筑的长城，还是欧洲中世纪封建领主为了保护疆界修筑的城堡，无不体现出这样一种陆地安全观。

欧洲大航海时代和工业革命的到来，使得商品交换的范围、领域得到前所未有扩展。无论是将欧洲工业国家的棉纺制品、机械产品输送到殖民地和东方国家，还是从海外购入原材料和其他产品，都主要依赖海洋航运，保护商船安全，防范海盗和敌对国家的劫掠，成为国家安全战略的重要内容。这一时期，重视海洋安全的国家一般而言是西方的发达国家，从荷兰、西班牙、瑞典、英国、法国等西方国家的崛起也可以看出来，国家崛起往往与航海能力、海军的作战能力紧密相关。到了阿尔弗雷德·塞耶·马汉的海权理论，海洋安全观达到了高峰。事实上，第二次世界大战后，美国、苏联的超级大国之路与其海洋战略也是匹配的。国家海洋法公约、领海概念、海洋专属经济区概念也在这一时期产生，并上升为国际条约。

随着飞机的发明，人们的活动范围得以从陆地、海洋扩展到空中，在空域的穿行成为可能，空域逐步被纳入主权范围。第一次世界大战中飞机的广泛应用，乃至第二次世界大战中飞机成为最主要的作战兵器，都可以看出，对于空域的争夺，已经成为保障国家安全的基础。失去制空权，将可能输掉一场战争，乃至损害国家安全，不列颠空战、柏林大轰炸都是制空权的案例。

外层空间，则是指大气层以外的空间。按照外层空间的相关条约，外层空间并不隶属于任何国家，而是属于人类共有的空间。但外层空间中的人造卫星、空间实验室、探测器、其他飞行器，却无时无刻不在窥探着地面的信息。各个航天发达国家，也始终没有放弃空间武器的研发。在外层空间显示存在，布设自己的航天器，已经成为各大国维护国家安全的必要措施。

电磁领域，相对于上述与空间相关的领域，在国家安全领域并不那么突出，但却影响巨大。

除了上述的安全领域外，经济安全、生物安全等也是国家安全的重要体现。

二、大数据环境下的国家安全观

在互联网发展到一定阶段后，传统的国家安全观显露出很大的局限性。互联网的特点是跨越物理国界，甚至在互联网发展过程中，主张网络空间自由、网络空间不受主权管辖的观点一度盛行。在互联网发展的早期阶段，网络主要作为信息传输工具的背景下，对于网络的管束似乎必要性不大，互联网的作用与长途电话网络没有本质性差异。

但是，随着通信传输技术和算法的进步，互联网的传输带宽和数据传输能力呈几何级数递增，当互联网与海量数据结合后，网络及数据安全就成为影响社会稳定和国家安全的重要因素。

互联网上的数据如果是单一和少量的，那么除了直接的敏感信息外，其他信息并不会有太大的安全价值。但如果具备了海量信息，并将其通过某种规则进行挖去、分析、加工，就可能会得到重要的敏感信息。

比如，我们可以设想这样一个场景：在某一个山区县城，某人经常通过网络购买科技书籍、较高价格的生活消费品、生活居所与办公场地之间的交通出行极有规律，并且经常到外地旅行，显然这样一个样本与当地的居民样本之间的数据组合是完全不同的。而我们刚才所分析的场景，仅仅只是一个人简单的购物数据、出行数据。如果将这一样本的网页浏览记录、音像制品下载记录、订餐记录等综合起来，样本的画像将更加清晰。从这一个案例推演，我们不难看出，一旦数据量足够丰富，数据统计模型足够精确，就可以设计不同的维度，从而对国民经济、军事、政治、文化、科技等各个领域的人群分布、敏感地理信息分布作出分析。

当互联网发展到一定的应用阶段，原有的孤立信息和数据就会聚合形成大数据，在数据量足够大的情况下，数据之间的统计学归类就会产生，从而具有了统计学意义。相同数据出现的场景关联、相异数据出现的关联，都会带来统计学的结论，如果对这些数据设计合理的统计学模型，再将统计学模型的运算通过计算机软件的算法加以实现，就可以在瞬间得到原本无法想象的结论。

从某种意义上说，一个借助互联网获取大数据并实施大数据分析的工程师，就是一个情报分析员。甚至可以说，拥有海量数据的电商机构、互联网金融机构，其所掌握的数据分析能力和提取能力不亚于某些小国的专业情报机关。

因此，对一个国家的国防信息、军事信息、经济信息、科研信息的分析和窃取，在网络时代，可能不需要向 007 那样溜门撬锁，也不需要依靠美色诱惑，而只需要有机会合法地掌握海量数据，就可以获取足够的国家安全信息。

对应互联网和大数据的发展，各个国家均在构建新的国家安全观。

2014 年 2 月 27 日，中央网络安全和信息化领导小组第一次会议召开。习近平主席指出：没有网络安全就没有国家安全，没有信息化就没有现代化。要抓紧制定立法规划，完善互联网信息内容管理、关键信息基础设施保护等法律法规，依法治理网络空间，维护公民合法权益。

2015 年 7 月 1 日，第十二届全国人民代表大会常务委员会第十五次会议通过并颁布了《国家安全法》。在该法律中，首次提出了网络和信息安全，特别强调了“维护国家网络空间主权、安全和发展利益”。该法第 25 条规定：“国家建设网络与信息安全保障体系，提升网络与信息安全保护能力，加强网络和信息技术的创新研究和开发应用，实现网络和信息核心技术、关键基础设施和重要领域信息系统及数据的安全可控；加强网络管理，防范、制止和依法惩治网络攻击、网络入侵、网络窃密、散布违法有害信息等网络违法犯罪行为，维护国家网络空间主权、安全和发展利益。”2016

年 11 月 7 日，第十二届全国人民代表大会常务委员会第二十四次会议通过了《网络安全法》，该法已经于 2017 年 6 月 1 日起施行。

美国作为全球互联网重要的技术提供国和创新引领国，于 2015 年 12 月 18 日通过了《美国网络安全法》。该法成为美国当前规制网络安全信息共享的一部较为完备的法律，其中首次明确了网络安全信息共享的范围包括“网络威胁指标”（Cyber Threat Indicator，CTI）和“防御性措施”（Defensive Measure）两大类，重点关注网络安全信息共享的参与主体、共享方式、实施和审查监督程序、组织机构、责任豁免及隐私保护规定等，并通过修订 2002 年《美国国土安全法》的相关内容，规范国家网络安全、联邦网络安全人事评估及其他网络事项。

三、大数据与国家网络安全

数据是影响国家安全的重要因素，而互联网不仅是数据的重要来源，也是数据的主要传输通道。因此，网络安全是影响国家数据安全的重要因素，而数据安全也是网络安全的体现。从《网络安全法》及相关法律法规、规章对于数据安全的保护规则不难看出，大数据安全是构成网络安全的重要基础。

《网络安全法》第四章全篇是关于网络信息安全的规则，而第三章网络运行安全部分的第二节“关键信息基础设施的运行安全”也涉及信息安全内容。《网络安全法》对于信息的获取，信息的保存，数据的保密，数据的储存、备份、跨境传输，数据的合法使用均做了详细的规定。

《网络安全法》通过后，作为配套规则，国家互联网信息办公室于 2017 年 4 月公布了《个人信息和重要数据出境安全评估办法（征求意见稿）》。该办法在《网络安全法》第三章第二节对关键信息基础设施提供者数据出境限制的基础上，进一步将数据出境限制扩展到所有的网络运营者。该办法第 2 条规定：“网络运营者在中华人民共和国境内运营中收集和产生的个人信息和重要数据，应当在境内存储。因业务需要，确需向境外提供的，应当按照本办法进行安全评估。”

2017 年 7 月，国家互联网信息办公室公布了《关键信息基础设施安全保护条例（征求意见稿）》，该条例对《网络安全法》中规定的关键信息基础设施提供者的定义、保护规则、管理权限、法律责任等作了进一步的规定。

《网络安全法》、《个人信息和重要数据出境安全评估办法（征求意见稿）》、《关键信息基础设施安全保护条例（征求意见稿）》将个人信息、重要数据纳入国家公共权力管制范畴，并将其作为国家互联网安全的重要组成部分。

这与《民法通则》、《民法总则》以及《刑法》将个人信息、企业信息作为个人、企业私权利保护的立法思路是不同的。

第四节　大数据合理运用的法律边界

通过上述分析，我们可以得出一个结论，大数据是战略资源，更关系到公民个人信息安全、企业的信息安全和国家安全。因此，大数据的运用应被置于法律、法规、政策的约束之下。然而，这也带来一个两难的命题，如何在维护数据安全的同时，兼顾企业的大数据战略，则是网络经营者在新的立法背景下需要重点考虑的问题。大数据合理运用的法律边界，主要涉及数据获取方式、数据获取范围、数据授权及合理使用、数据交易等。

一、数据获取的明示原则

如何获取数据，是数字经济需要考虑的首要法律问题。如果将数字金融比作一座大厦的话，那么数据获取方式就是整个大厦的基石。数据获取方式一旦存在缺陷，整座大厦的根基就会动摇，轻则影响金融机构数字化转型的战略，重则将承担严重的法律责任。对于数据获取方式，以《网络安全法》为核心，我国已经建立了较为完善的法律制度，用于规范个人信息、企业商业秘密等各类数据的获取。

《网络安全法》对于信息获取方式确定了两个原则，分别是明示原则（同意）和合法原则。

（一）数据获取的明示性

《网络安全法》第22条第3款规定：“网络产品、服务具有收集用户信息功能的，其提供者应当向用户明示并取得同意；涉及用户个人信息的，还应当遵守本法和有关法律、行政法规关于个人信息保护的规定。”除了《网络安全法》的规定，国务院2013年发布的《征信业管理条例》第13条同样规定，采集个人信息应当经信息主体本人同意，未经本人同意不得采集。也就是说，明示是征得用户同意的前提，而同意他人采集个人信息，则是用户的基本权利。

《移动互联网应用程序信息服务管理规定》第7条规定，建立健全用户信息安全保护机制，收集、使用用户个人信息应当遵循合法、正当、必要的原则，明示收集使用信息的目的、方式和范围，并经用户同意。

作为互联网用户，在信息保护能力方面处于弱势。与线下即时交易中无需获取用户信息不同，线上交易必然涉及用户信息的获取。线下交易中，百货公司如果采用现金收款或者第三方POS机收款，交易流程中无法留存客户信息，在个人信息保护方面，客户具有很强的主导性。而在线上交易中，由于互联网交易的属性，客户必然留存大量的信息在网络运营机构。比如实名注册的身份信息、电话号码、银行卡号码、交易记录、搜索习惯、出行轨迹等。很多情况下，用户根本无从获知其个人信息已经在不知不觉中被网络运营者获取和运用。为了在信息权利方面恢复平衡，法律规则将明示告知和取得用户同意作为互联网用户信息获取的基本原则。

从明示原则的实际操作角度来看，关于网络页面注册信息或其他可能获取信息的功能，应在用户开始注册或使用之前明确告知用户。

1. 与注册信息同步获取的信息

对于需要用户注册方能使用的应用，一般应在注册协议或者用户隐私条款中明确告知。告知的内容应该包括该应用将获取用户信息、获取用户信息的范围、获取用户信息的用途、用户信息将被如何使用、用户信息将以何种方式予以保存和保护等。

2. 无需注册即可获取的信息

对于无需用户注册而可能获取用户信息的应用，也需要在用户使用前明确告知可能获取个人信息。当然，对于无需注册的应用程序，由于特定使用信息与个人身份信息之间的关联度较低，单一信息无法将信息与特定的个人身份联系起来，在明示问题上的危害性也相对较低。但是，如果多个应用程序关联，则可能将此类与身份无关联的信息特定化。比如，如果一个网络运营商既运营需要注册的程序，又运营无需用户注册即可使用的程序，虽然两个程序本身在使用上并无关联，但由于用户使用了同一硬件设备，从而使得网络运营者有条件将无需注册即可获取的用户信息与特定用户的身份关联起来，使其具有特定性。因此，法律并未具体区分无需注册即可获取的信息与需要注册获取的信息之间的区别。

从获得用户同意的操作角度看，如何获取用户有效的同意，是这一环节需要重点予以考虑的。关于同意，首选需要让用户明确知悉信息获取的后果，并给予用户拒绝接受服务的权利。通常，采取的方式有两种：一是用户对注册协议内容以点击方式确认；二是以弹出窗口并点击确认的方式进行确认。

在对用户进行明示并取得同意的环节，需要规范信息获取范围和信息的使用用途等告知内容，以免因显失公平或限制用户权利而被认定为限制对方权利的“格式条款”。

3. 用户特别声明条款的效力

在实际操作中，信息收集通常涉及三方面问题；一是所告知的信息获取范围；二是告知信息使用用途；三是无特殊声明即视为同意的默示同意条款。

以某共享单车的隐私规则为例，我们可以有针对性地对上述问题进行分析，因本文仅作为案例分析，共享单车企业名称以“某”代替。

案例八　某共享单车隐私规则

隐私规则的基本内容：“为某共享单车平台提供相应服务之必须，您以自愿填写的方式提供注册所需的姓名等个人信息，则表明您已经了解并接受您个人信息的用途，同意共享单车平台为实现该特定目的使用您的个人信息。除此个人信息外，其他任何您发给或提供给共享单车平台的材料、信息均被视为非保密的。共享单车平台对这些信息不承担任何义务。同时如果您提交时没有特别声明的，可视为同意共享单车平台及其授权人可以因商业或非商业目的复制、透露、分发、合并或以其他方式利用这些信息和所有数据、图像、声音、文本及其他内容。”

案例评述

上述案例中，可以看到三个方面的问题都得到了体现。

首先，关于信息收集范围的告知。

该平台告知的个人信息收集范围基本比较完整，具体包括姓名、身份证明、联系地址、电话号码、生物特征信息；地理位置及目的地信息；IP 地址、设备型号、设备标识符、操作系统版本信息等操作信息；行程信息；支付金额、支付时间、支付工具、银行账户及支付账户等支付信息；个人信用信息等。信息获取范围的披露比较完整，涵盖了一个单车用户从注册到用车的全部流程。

其次，关于个人信息用途的告知。

该平台告知用户授权使用信息的用途包括提供服务或优化服务；提升和改善产品及服务；开展产品及服务相关的市场活动；提高产品及服务的安全性等。同时，该平台还罗列了允许平台与第三方共享个人信息的范围和用途，如在关联公司内部共享、提供给第三方进行分析和统计等。上述关于用途的告知，基本涵盖了一个平台使用信息的众多场景。

最后，关于默示同意条款。

该平台的表述为：“如果您提交时没有特别声明的，可视为同意共享单车平台及其授权人可以因商业或非商业目的复制、透露、分发、合并或以其他方式利用这些信息和所有数据、图像、声音、文本及其他内容。”这一条款被认定为限制对方正当权利的格式条款的可能性很大。事实上，在网络的服务场景中，多数机构并不会给用户提供所谓的“声明”机会，或者直接将不接受此类条款作为拒绝提供服务的条件。无论哪一种情况，此种条款都存在以默示即为同意的方式剥夺用户正当选择权的嫌疑。

（二）数据获取方法的合法性

互联网上个人信息、企业商业信息等数据的获取应符合相关法律、法规的规定，法律、法规禁止收集的信息不应收集。此外，以不正当方法、窃取方式、侵入计算机信息系统等方法，都被视为违反了合法性原则。

早在2000年，全国人大常委会即发布了《全国人民代表大会常务委员会关于维护互联网安全的决定》，第4条规定："为了保护个人、法人和其他组织的人身、财产等合法权利，对有下列行为之一，构成犯罪的，依照刑法有关规定追究刑事责任：……（二）非法截获、篡改、删除他人电子邮件或者其他数据资料，侵犯公民通信自由和通信秘密……"

2012年12月28日，全国人大常委会通过了《全国人民代表大会常务委员会关于加强网络信息保护的决定》，第1条规定："国家保护能够识别公民个人身份和涉及公民个人隐私的电子信息。任何组织和个人不得窃取或者以其他非法方式获取公民个人电子信息，不得出售或者非法向他人提供公民个人电子信息。"

对于非法获取公民信息，《刑法》第253条之一规定了"侵犯公民个人信息罪"，即"违反国家有关规定，向他人出售或者提供公民个人信息，情节严重的，处三年以下有期徒刑或者拘役，并处或者单处罚金；情节特别严重的，处三年以上七年以下有期徒刑，并处罚金。违反国家有关规定，将在履行职责或者提供服务过程中获得的公民个人信息，出售或者提供给他人的，依照前款的规定从重处罚。窃取或者以其他方法非法获取公民个人信息的，依照第一款的规定处罚。"

《网络安全法》第41条规定了网络运营者获取个人信息应遵循合法原则。但《网络安全法》对于什么是"非法"，规定并不明确。仅在第44条规定："任何个人和组织不得窃取或者以其他非法方式获取个人信息，不得非法出售或者非法向他人提供个人信息。"在该条款中，"窃取"明确被列为非法的表现形式之一，与"非法出售"对应的是"非法购买"，以购买方式获取个人信息也属于《网络安全法》所禁止的非法方式。

对于禁止收集的数据类型，分散于不同的法律、法规中。《征信业管理条例》第14条规定："禁止征信机构采集个人的宗教信仰、基因、指纹、血型、疾病和病史信息以及法律、行政法规规定禁止采集的其他个人信息。征信机构不得采集个人的收入、存款、有价证券、商业保险、不动产的信息和纳税数额信息。但是，征信机构明确告知信息主体提供该信息可能产生的不利后果，并取得其书面同意的除外。"

虽然《网络安全法》中没有明确列示禁止收集的数据类型，但根据

《征信业管理条例》所体现的原则，宗教信仰、基因、指纹、血型、疾病等信息，金融机构通过互联网提供服务过程中，也不能予以收集。

此外，对于个人的人脸识别信息、虹膜信息、声音特征等，当前在《网络安全法》和其他法律文件中并没有明确的规则，但由于人脸识别信息、虹膜信息与指纹信息一样，都属于个人的生物特征，一旦发生泄露，将对自然人造成无法挽回的损失。因此，笔者认为，即使当前法律没有明文禁止，但是此类信息与金融机构的信用审核并无关联，从信息收集的必要性角度看，此类信息也是不应进行收集的。

《治安管理处罚法》第42条规定："有下列行为之一的，处五日以下拘留或者五百元以下罚款；情节较重的，处五日以上十日以下拘留，可以并处五百元以下罚款：……（六）偷窥、偷拍、窃听、散布他人隐私的。"

2016年12月，《中国人民银行关于印发〈中国人民银行金融消费者权益保护实施办法〉的通知》发布。该通知的第27条规定："本办法所称个人金融信息，是指金融机构通过开展业务或者其他渠道获取、加工和保存的个人信息，包括个人身份信息、财产信息、账户信息、信用信息、金融交易信息及其他反映特定个人某些情况的信息。"第28条还规定："金融机构应当严格落实国家网络安全和信息技术安全有关规定，采取有效措施确保个人金融信息安全，至少每半年排查一次个人金融信息安全隐患。收集个人金融信息时，应当遵循合法、合理、必要原则，按照法律法规要求和业务需要收集个人金融信息，不得收集与业务无关的信息或者采取不正当方式收集信息，不得非法存储个人金融信息；应当采取符合国家档案管理和电子数据管理规定的措施，妥善保管所收集的个人金融信息，防止信息遗失、毁损、泄露或者篡改。在发生或者可能发生个人金融信息遗失、毁损、泄露或者篡改等情况时，应当立即采取补救措施，及时告知用户并向有关主管部门报告。金融机构及其相关工作人员应当对业务过程中知悉的个人金融信息予以保密，不得非法复制、非法存储、非法使用、向他人出售或者以其他非法形式泄露个人金融信息。"

二、数据获取范围的必要性

部分网络运营者为了数据营销和风控的需要，存在过度收集用户信息的倾向。在信息收集范围问题上，法律确定了必要性原则。《网络安全法》第41条规定：“网络运营者收集、使用个人信息，应当遵循合法、正当、必要的原则……网络运营者不得收集与其提供的服务无关的个人信息……”

什么是与所提供服务无关的个人信息，这一问题在实践操作中确实存在一些理解上容易混淆的地方，甚至可能为了获取个人信息而恶意扩大解释“收集信息与服务的关联性”。对此，可以借鉴法律上的“近因”理论，即服务提供者所获取的信息应直接与所提供服务相关联。

案例九　某网络借贷机构信息收集范围

某网络借贷平台，因向借款人的多位亲戚朋友发送短信告知借款人拖欠借款一事，被借款人投诉至监管机构。经过调查，该平台在用户注册及借款过程中，除了获取姓名、身份证号码、联系电话、银行卡信息、联系地址外，还要求用户提供亲属姓名及联系电话，此外通过获取手机通讯录内容的方式获得了借款人大量社会关系的联系方法。在借款人逾期时，通过给借款人的亲友发送短信方式，给借款人施加精神压力，从而达到催收目的。

案例评述

这一案例中，除了不当获取手机通讯录内容外，获取信息的必要性也受到质疑。按照行业内部人士的观点，如果获取借款人的亲友信息已经明示并取得借款人同意，似乎符合信息收集的自愿与同意原则。但是，这一信息收集范围是否必要，却值得商榷。按照“近因”理论，借款人自身具有还款义务，而出借方行使权利或者网络借贷机构代为催收，必须获悉借款人的身份证号码、电话号码、家庭地址等信息，这些信息是提供服务或催收必需的，与借贷活动具有直接相关。但借款人的亲友与借款人是独立的法律主体，法律上既没有义务为借款人还款，更没有义务因为借款人的逾期还款而受到打扰，亲友与借贷关系并不具有法律上的相关性。因此，在本案例中，获取借款人身份、地址等相关的信息是必要的，而获取其亲友信息则超出了必要性范围，违反了《网络安全法》的必要性原则。

从上述案例我们可以看出，对于金融机构而言，能够直接判断一个人信用状况的信息或者有利于直接防范信用违约损失的信息是必要的信息，除此之外，收集更多的用户信息将面临超范围的问题。

信用信息包括姓名、身份证号码、家庭地址、婚姻状况、性别、收入、工作单位、工作岗位、学历、职业履历、收入状况、不动产情况、金融资产状况、投资偏好、诉讼状况、负债情况、违法记录、车辆状况等。而与判定信用状况无关的信息包括身高、疾病、病史记录、宗教信仰、指纹、虹膜、面部识别特征、声音特征、血型、基因、亲友姓名及电话等信息，这些信息与判定个人信用无直接联系，因而不应被纳入信息收集的合理范围。

三、数据获取的渠道

数据合法获取的渠道是金融机构运用数据的前提，总体而言，金融机构获得数据的主要来源包括：

（一）用户自主填写

用户自主填写是各类金融机构通过线下或者在线获取数据的重要方式，此种方式通常由用户填写纸质的文件，或者在线填写有关的注册文件，或线下通过多媒体终端填写。用户自主填写信息的方式需要用户的直接参与，并且获取的用户数据量有限，但最大的优势在于通过用户的填写，可以推定金融机构已经将收集信息这一行为告知了用户，并已经取得用户同意。因此，这一途径获得的用户信息，通常在获取环节的瑕疵较少，企业获取用户信息的法律风险也会容易控制。

（二）金融机构直接获取

金融机构主动获取用户信息，通过包括查询其征信资料，或者通过一些互联网的应用程序直接获取用户的信息和行为数据。这两种方式，都是由金融机构直接获取用户信息，用户本身并不直接填写或提供信息。根据《网络安全法》及其他相关法律、法规的规定，获取个人信息需要告知并征得本人同意，因此，金融机构直接获取个人信息需要明示告知其获取信息的行为，并取得其同意或授权。

比如，《征信业管理条例》第 18 条第 1 款规定：“向征信机构查询个人信息的，应当取得信息主体本人的书面同意并约定用途。但是，法律规定可以不经同意查询的除外。”也就是说，在获取个人征信报告的时候，金融机构应获得个人的授权，方可向征信中心查询和获取个人征信报告。还有就是各种具有收集和获取个人信息的互联网应用程序，如一些支付软件的客户端、一些具有消费场景的其他应用，都具有获取用户位置信息的功能，在用户使用前，应以明显的方式提示用户该应用具有收集信息的功能，并经用户点击确认。金融机构直接获取用户信息，主要的问题在于是否能够取得用户的授权或同意。

（三）与第三方进行数据交换

与第三方进行数据交换，是各种数据获取渠道中法律风险最大的一种。因为与第三方数据交换在形式上与信息的不当授权或买卖有近似之处。对于金融机构而言，出于正当的目的，与第三方进行数据互换的场景主要有以下两个方面：一是为了给用户提供更好的金融服务，而将用户的数据提交给第三方进行分析、加工或者利用；二是为了更好地提供服务或进行风控，而从第三方处交换数据。无论是哪一种情况，都会涉及到未经用户授权将数据给他人使用的问题。根据《网络安全法》及其他法律法规确定的原则，网络运营者将获取的用户信息授权第三方使用，需获得用户的同意和授权。对于这一原则，也需要区分两种情况：其一，用于为用户服务的直接目的，经用户事先授权，个人信息可授权第三方使用；其二，非用于为用户服务的目的，建议提供脱敏后的信息。否则，即使获得授权，依然存在被认定“格式条款”的可能性。

四、数据授权及合理使用

数据授权及合理使用，与信息获取具有相关性，可以理解为是信息获取的延伸。通过明示并取得对方同意后，金融机构将可以在互联网服务过程中获取用户的信息，并在本次服务及后续的服务中使用上述个人信息。在数据的授权和使用过程中，有一个问题值得特别关注，那就是授权之后的使用范围问题。如果将个人信息范畴的数据视为个人隐私和人格权利的延伸，那么后续的每次使用，如果没有其个人授权，在法理上都是有瑕疵的。但对于通过互联网提供服务的金融机构而言，收集信息是有成本的，所收集的信息也是金融机构重要的业务资源。如何平衡两种权利的关系，是金融大数据运用中的重要问题。

笔者认为，应采用“两分法”解决这一问题。所谓两分法，是指将数据的权利分层，个人隐私层面的权利归属于服务接受者，能够直接与个人身份对应的信息专属于个人；而无法与个人信息对应的数据属于服务提供者，形成金融机构的数据积淀。基于“两分法”的原则，金融服务提供者的数据授权及合理使用需要从以下三个方面加以规范。

（一）金融数据授权和使用的脱敏原则

金融机构在用户注册所申请的服务内容之外，如果因金融机构自身需求使用上述信息，是否属于超授权范围使用呢？笔者认为，根据“两分法”，金融机构可以将脱敏后的信息用于数据分析，通过数据分析得到的数据模型及分析结论，属于金融机构的无形资产。比如，某个用户的姓名等信息专属于用户，但用户的人群特征、年龄特征、地域分布特征、服务需求特征等信息，则可以脱离具体的个体而成为群体性的特征，从而不受隐私或人格权法律的约束。因此，金融机构获取的个人信息，如果信息中的某些内容是可以脱离个人身份的，则可以由金融机构自主分析使用。

（二）信息使用的直接相关原则

所谓直接相关，就是指金融机构使用个人信息时，使用用途应与用户注册时所接受的服务内容直接相关。比如，用户在注册时，寻求的服务内容仅为借贷服务，且注册服务协议中也没有明确告知金融机构将根据个人信息为用户提供其他服务，此时用户信息使用的授权范围将被视为仅能应用于借贷活动，如分析用户的信用状况、评估用户的还款能力、量身定制个性化的利率政策等，而不能被用于其他服务领域。如果需要在其他服务领域使用这些信息，则应在用户注册协议或隐私条款中予以特别说明，并征得用户同意。

在直接相关原则下，还有一种情况也值得关注，就是本次服务结束或者约定服务延续中，金融机构通过移动互联应用端软件向用户推送新服务或者广告。笔者认为，如果在用户注册协议或者隐私政策中，没有就新服务或广告推送得到用户的特别授权，则此种推介也将构成对直接相关原则的违反。

（三）用户信息的删除权

如前所述，如果将个人信息理解为隐私权和人格权的范畴，用户有权授权金融机构使用其个人信息，那么就同样有权在服务完成后要求收回个人信息或删除个人信息。对此，虽然法律并无明文规定，但从立法的本意和隐私保护的法律制度可以得出用户有这样的资格要求删除其个人信息。

《网络安全法》对于用户要求网络运营者删除其个人信息，仅限定于特定情况。该法第 43 条规定："个人发现网络运营者违反法律、行政法规的规定或者双方的约定收集、使用其个人信息的，有权要求网络运营者删除其个人信息；发现网络运营者收集、存储的其个人信息有错误的，有权要求网络运营者予以更正。网络运营者应当采取措施予以删除或者更正。"

五、数据的交换与共享

（一）数据交换与共享的政策支持

大数据的交换与共享，可以推进金融大数据发挥其最大效能，但数据的交换与共享应在法律规定的框架内进行。数据共享，是网络经济与数字经济发展到一定程度后都将面临的问题，也是新经济重大的发展机遇。对于数据的共享问题，早在 2012 年 5 月，联合国就对外发布了《大数据促发展：挑战与机遇》白皮书，探讨如何利用互联网数据推动全球发展。我国则在 2015 年，由国务院发布了《促进大数据发展行动纲要》（以下简称"行动纲要"）。该行动纲要从战略上高度总结和规划了大数据在我国经济增长方式转变、经济结构调整、万众创新中的巨大作用，并将数据共享作为大数据经济发展的重要推动力。

在公共数据资源向社会开放和公共部门间共享方面，行动纲要指出：要形成公共数据资源合理适度开放共享的法规制度和政策体系，2018 年年底前建成国家政府数据统一开放平台，率先在信用、交通、医疗、卫生、就业、社保、地理、文化、教育、科技、资源、农业、环境、安监、金融、质量、统计、气象、海洋、企业登记监管等重要领域实现公共数据资源合理适度向社会开放，带动社会公众开展大数据增值性、公益性开发和创新应用，充分释放数据红利，激发大众创业、万众创新活力。稳步推动公共数据资源开放。在依法加强安全保障和隐私保护的前提下，稳步推动公共数据资源开放。制定公共机构数据开放计划，落实数据开放和维护责任，推进公共机构数据资源统一汇聚和集中向社会开放，提升政府数据开放共享标准化程度。

在鼓励社会机构数据资源共享方面，行动纲要指出：建立政府和社会互动的大数据采集形成机制，制定政府数据共享开放目录。通过政务数据公开共享，引导企业、行业协会、科研机构、社会组织等主动采集并开放数据。

培育数据应用新业态。积极推动不同行业大数据的聚合、大数据与其他行业的融合，大力培育互联网金融、数据服务、数据处理分析、数据影视、数据探矿、数据化学、数据材料、数据制药等新业态。

（二）数据交换与共享的法律规制

对于数据交换及共享，法律方面的规制主要包括《民法总则》、《刑法》、《消费者权益保护法》、《网络安全法》、《全国人民代表大会常务委员会关于加强网络信息保护的决定》等法律或法律性文件。

2017 年 10 月 1 日起施行的《民法总则》，对于隐私权及个人信息保护作了明确的规定。该法第 110 条第 1 款规定："自然人享有生命权、身体权、健康权、姓名权、肖像权、名誉权、荣誉权、隐私权、婚姻自主权等权利。"同时在第 111 条规定："自然人的个人信息受法律保护。任何组织和个人需要获取他人个人信息的，应当依法取得并确保信息安全，不得非法收集、使用、加工、传输他人个人信息，不得非法买卖、提供或者公开他人个人信息。"《民法总则》对于个人隐私权和个人信息保护的界定，是作为重要数据来源的个人信息交换或规制的基本规则。其中，不得非法买卖、提供或公开他人个人信息，是规制的重点。

在 2015 年 8 月通过的《刑法修正案（九）》中，对《刑法》第 253 条之一修改为："违反国家有关规定，向他人出售或者提供公民个人信息，情节严重的，处三年以下有期徒刑或者拘役，并处或者单处罚金；情节特别严重的，处三年以上七年以下有期徒刑，并处罚金。违反国家有关规定，将在履行职责或者提供服务过程中获得的公民个人信息，出售或者提供给他人的，依照前款的规定从重处罚。窃取或者以其他方法非法获取公民个人信息的，依照第一款的规定处罚。”

《治安管理处罚法》第42条规定：“有下列行为之一的，处五日以下拘留或者五百元以下罚款；情节较重的，处五日以上十日以下拘留，可以并处五百元以下罚款：……（六）偷窥、偷拍、窃听、散布他人隐私的。”

《网络安全法》第44条规定：“任何个人和组织不得窃取或者以其他非法方式获取个人信息，不得非法出售或者非法向他人提供个人信息。”

通过上述法律、法规可以看出，我国法律制度中并无关于数据交换与共享的规则，法律、法规对于个人信息保护的基本原则是用户同意原则，即任何合法获取公民个人信息的机构，如果将其所获取的个人信息授权第三方使用，或者将个人信息提供给第三方使用，无论是有偿的买卖或者互惠的交换，还是无偿提供，均应征得该个人信息主体的同意。

六、个人信息的概念、外延

个人信息是个比较抽象的概念，对于个人信息的外延和内涵，事实上，相关法律、法规、规章、司法解释的界定也不完全相同，法律并没有给出一个非常准确和统一的界定。

个人信息采取的立法思路，与企业信息完全不同。企业的信息保护采用的是排除法，即排除部分信息的公开，其余信息并不进行保护。比如，在《反不正当竞争法》中，明确了企业的商业秘密受法律保护，但是对于企业的其他信息，则因各种商事法律、法规的规定予以公开。以企业的工商登记信息为例，此类信息不仅可以通过国家市场监督管理总局的网络系统进行公开查询，在委托律师的情况下，还可以进行复制。上市公司则需要根据《证券法》及中国证监会、证券交易所的规则实施更为细致的信息公开，从而使得投资者可以公开获知企业的经营信息。

从上述对比可以看出，个人信息与企业信息保护的立法思路完全不同，之所以有如此大的差异，最主要原因在于以下两点：其一，企业是拟制人格，个人则是自然人格，企业的信息除商业价值外，并无其他隐私、人格尊严、生命安全的考虑，而个人信息则涉及人格尊严和生命安全；其二，企业的目的是营商，信息披露是保护交易对手的需要，而个人的首要目标是人身安全和人格尊严，信息保密是常态。

在开始对个人信息分析之前，我们可以通过一个案例对个人信息的外延有个初步了解。

案例十 百度cookie案件

原告朱烨在家中和单位上网浏览相关网站过程中，发现利用百度搜索引擎搜索相关关键词后，会在百度广告联盟的特定网站上出现与关键词相关的广告。例如，朱烨在通过百度网站搜索“减肥”、“人工流产”、“隆胸”等关键字后，再进入“4816”网站和“500看影视”网站时，就会分别出现有关减肥、流产和隆胸的广告。朱烨认为，百度公司未经其知情和选择，利用网络技术记录和跟踪朱烨所搜索的关键词，将其兴趣爱好、个人需求等显露在相关网站上，并利用记录的关键词对其浏览的网页进行广告投放，侵害了其隐私权，使其感到恐惧，精神高度紧张，影响了正常的工作和生活。2013年5月6日，朱烨向南京市鼓楼区人民法院起诉百度公司，请求判令立即停止侵害，赔偿精神损害抚慰金10000元，承担公证费1000元。一审法院认为，百度公司利用上网记录推送广告的行为构成侵犯个人隐私，并作出相应的判决。二审法院则认为，收集网上浏览信息，该信息的匿名化特征，不符合个人信息的“可识别性”要求，推送信息的终端是浏览器，而不是具体个人。据此，2015年5月6日，南京市中级人民法院对“北京百度网讯科技公司与朱烨隐私权纠纷案”作出终审判决，撤销南京市鼓楼区人民法院一审判决，认定“百度的个性化推荐行为不构成侵犯朱烨的隐私权”。[①] 本案是互联网利用cookie记录精准营销的第一案，具有重要的标杆意义。

案例评述

本案最核心的争议焦点为上网浏览记录是否构成个人信息，是否无法直接对应到个人的信息就不是个人信息？或者说，如果本案中的上网浏览记录构成个人信息，那么信息的使用是否存在侵犯他人隐私权的情况？这一情况

---

① 参见江苏省南京市中级人民法院（2014）宁民终字第5028号民事判决书，http：//221.226.175.76：8038/webapp/cpws/cpws_ view. jsp? lsh = 115100001431022&xh = 0035，2018年8月14日访问。

是个人信息相关立法中不够清晰的地方，也是立法与司法亟待解决的问题。随着《网络安全法》的生效以及相关配套法规、司法解释的出台，百度cookie案确定的审判原则也发生了相应的改变。如果按照新法规来评判，该案件或许会有新的裁判结论。

（一）个人信息的法律界定

我国法律对于个人信息的界定并不明确，不同法律、法规和规章、司法解释界定存在一定的差异。

《网络安全法》第76条第5款规定："个人信息，是指以电子或者其他方式记录的能够单独或者与其他信息结合识别自然人个人身份的各种信息，包括但不限于自然人的姓名、出生日期、身份证件号码、个人生物识别信息、住址、电话号码等。"《网络安全法》对于个人信息采用了列举的方式，所列举的内容均与个人产生直接联系，如姓名、出生日期、身份证件号码、个人生物识别信息、住址、电话号码，同时，加入了"不限于"的表述，但对于什么信息应被放入这个开口条款中，《网络安全法》并未给出答案。

工业和信息化部于2013年7月16日发布的《电信和互联网用户个人信息保护规定》第4条对于个人信息的界定更为明确：用户个人信息，是指电信业务经营者和互联网信息服务提供者在提供服务的过程中收集的用户姓名、出生日期、身份证件号码、住址、电话号码、账号和密码等能够单独或者与其他信息结合识别用户的信息以及用户使用服务的时间、地点等信息。这一界定，除了将与公民身份直接联系的信息作为个人信息进行列举外，还将用户使用服务的时间、地点作为用户个人信息进行保护。不过，这一规定的效力层级仅为部门规章，法律保护效果有限。

作为《网络安全法》的配套，最高人民法院、最高人民检察院于2017年5月联合颁布了《关于办理侵犯公民个人信息刑事案件适用法律若干问题的解释》，该解释第1条对《刑法》中的公民个人信息作了进一步解释：《刑法》第253条之一规定的"公民个人信息"，是指以电子或者其他方式记录的能够单独或者与其他信息结合识别特定自然人身份或者反映特定自然人活动情况的各种信息，包括姓名、身份证件号码、通信通讯联系方式、住址、账号密码、财产状况、行踪轨迹等。从列举的完整性和信息类型的概括来看，该解释对于个人信息的归纳较为完整，而且将自然人活动情况与身份并列为个人信息的重要组成部分。据此，行为轨迹、地理位置信息、上网浏览痕迹等都将被视为个人信息的范畴。

在国家标准化委员会发布的《信息安全技术－个人信息安全规范》中，除了沿用这一概念外，还采取列举方式对个人信息进行了表述，其中，个人上网记录（网络日志储存的用户操作记录，包括网站浏览记录、软件使用记录、点击记录等）和个人常用设备信息（包括硬件序列号、设备 MAC 地址、软件列表、唯一设备识别码（如 IMEI/android ID/IDFA/OPENUDID/GUID、SIM 卡 IMSI 信息等）均被纳入个人信息范围。

从上述分析可以看出，如果按照《关于办理侵犯公民个人信息刑事案件适用法律若干问题的解释》与《信息安全技术－个人信息安全规范》确定的原则，百度 cookie 案件所确定的个人信息判定原则已经被改变。

（二）个人信息的认定

通过上述法律、司法解释及部门规章，基本上将姓名、身份证件号码、联系方式、住址等直接与身份相关的信息归入身份信息；同时，对于行为信息和其他信息则采取了不同的归纳方法。但是从最高人民法院和最高人民检察院的司法解释来看，由于司法解释具有法律效力，至少可以看出，将活动信息纳入个人信息范围是得到法律认可的，账号密码及财产情况也可以理解为社会活动的信息。

在个人信息认定方面，还有一个基本的考量原则，即“单独或与其他信息结合识别自然人身份或反映特定自然人活动情况”。什么是单独？什么是与其他信息结合？笔者认为，从这一原则可以看出，立法对于个人信息采用的是“最大外延”的立法原则，因为立法对于“与其他信息结合”并未规定信息的种类和数量。比如，身份证是单独可以追溯到个人身份的信息，属于个人信息；而姓名由于存在重名，未必能够直接追溯到个人，但是姓名加身份证就可以锁定个人；同样的类推原则也可以用于行为轨迹，单独的行为轨迹没有意义，但是行为轨迹加家庭住址就具有锁定具体个人身份的意义；还有其他一些个人的行为信息，单独根本无法识别到个人身份，但是附加其他一个、两个或者更多信息，就可能识别到具体的自然人身份。因此，只要是与个人的身份或行为关联的信息，都可能被认定为个人信息。

七、个人信息的合法获取

《民法总则》第111条规定：“自然人的个人信息受法律保护。任何组织和个人需要获取他人个人信息的，应当依法取得并确保信息安全，不得非法收集、使用、加工、传输他人个人信息，不得非法买卖、提供或者公开他人个人信息。”

上述规定明确了合法获取个人信息的原则，而关于合法获取他人个人信息的途径包括如下几种：

（一）法律规定

依据法律明确规定获取个人信息系合法取得，如根据《居民身份证法》第2条：“居住在中华人民共和国境内的年满十六周岁的中国公民，应当依照本法的规定申请领取居民身份证；未满十六周岁的中国公民，可以依照本法的规定申请领取居民身份证。”第3条第1款：“居民身份证登记的项目包括：姓名、性别、民族、出生日期、常住户口所在地住址、公民身份号码、本人相片、指纹信息、证件的有效期和签发机关。”年满16周岁的公民应当为申领居民身份证的需要登记相关个人信息，《居民身份证法》规定的有权机关——公安机关属于具有法定采集该等个人信息的主体。

又如，《反洗钱法》第16条第2款规定：“金融机构在与客户建立业务关系或者为客户提供规定金额以上的现金汇款、现钞兑换、票据兑付等一次性金融服务时，应当要求客户出示真实有效的身份证件或者其他身份证明文件，进行核对并登记。”第7款规定：“任何单位和个人在与金融机构建立业务关系或者要求金融机构为其提供一次性金融服务时，都应当提供真实有效的身份证件或者其他身份证明文件。”因此，金融机构在与个人建立业务关系或提供特定金融服务时，可以并且应当采集相关个人信息。

此类规定均属于法律规定的合法获取个人信息的方式。

（二）个人同意

《网络安全法》第22条第3款规定：“网络产品、服务具有收集用户信息功能的，其提供者应当向用户明示并取得同意；涉及用户个人信息的，还应当遵守本法和有关法律、行政法规关于个人信息保护的规定。”

《网络安全法》第 41 条第 1 款规定：“网络运营者收集、使用个人信息，应当遵循合法、正当、必要的原则，公开收集、使用规则，明示收集、使用信息的目的、方式和范围，并经被收集者同意。”

《消费者权益保护法》第 29 条第 1 款规定：“经营者收集、使用消费者个人信息，应当遵循合法、正当、必要的原则，明示收集、使用信息的目的、方式和范围，并经消费者同意。经营者收集、使用消费者个人信息，应当公开其收集、使用规则，不得违反法律、法规的规定和双方的约定收集、使用信息。”

以上规则均明确收集个人信息时应当明示收集并取得同意，针对的对象依次包括用户、被收集者、消费者。其中，被收集者仅须满足收集者存在收集行为即可确定；而用户、消费者以收集者向被收集者提供了服务或其他消费品为前提。

根据上述规定，如要收集被收集者的个人信息，应当向被收集者明示收集的目的、方式和范围，并经被收集者同意。满足前述收集条件即为合法获取个人信息的方式。

（三）获取经过特定处理后无法识别特定个人的信息

《网络安全法》第 42 条第 1 款规定：“网络运营者不得泄露、篡改、毁损其收集的个人信息；未经被收集者同意，不得向他人提供个人信息。但是，经过处理无法识别特定个人且不能复原的除外。”《关于办理侵犯公民个人信息刑事案件适用法律若干问题的解释》第 3 条第 2 款规定：“未经被收集者同意，将合法收集的公民个人信息向他人提供的，属于刑法第二百五十三条之一规定的‘提供公民个人信息’，但是经过处理无法识别特定个人且不能复原的除外。”而《刑法》第 253 条之一规定的“提供公民个人信息”即属于非法提供公民个人信息。

其中，《网络安全法》第 42 条第 1 款及《关于办理侵犯公民个人信息刑事案件适用法律若干问题的解释》第 3 条第 2 款的“但书”明确了以下规则：除个人同意原则以外，满足以下三个条件，即可以向他人提供个人信息：（1）经过处理；（2）无法识别特定个人；（3）不能复原。

相对地，获取经过特定处理后无法识别特定个人的个人信息这种方式应当属于合法的途径。

（四）公开渠道

进入公开渠道的个人信息，不特定的主体均存在获取可能，但因进入公开渠道的原因不同，通过公开渠道可以获取的信息主要分为以下两类：

其一，依个人意愿公开的个人信息。

该种情形下，仍应按照个人同意原则处理：如个人同意该个人信息进入公开渠道，则应认定符合个人同意原则，他人基于个人同意的收集目的、规则和范围，可以获取该等信息；如非经个人同意，系他人非法获取后未经个人同意进入公开渠道的，则不应获取该等信息。

应当特别注意的是，根据司法实践中出现的个案，通过搜索引擎获取个人信息在特定情况下亦存在被认定为非法获取的可能。

其二，属于公共信息及通过公共信息推导得出的个人信息。

此处的公共信息，系指如科学发现及研究成果、公开的智力活动及信息排列规则等。

八、数据的脱敏与清洗

（一）金融数据脱敏的常用方式

数据脱敏是指通过技术处理，使得数据中的个人信息无法识别到特定个人且数据无法复原。在金融数据行业中，还有一个类似的特定名词——“数据清洗”，其本意也是将数据中的敏感信息进行过滤和加工，使数据达到脱敏的效果。

金融数据脱敏过程中，有两个要点值得注意，一是无法识别到具体个人，二是无法复原。

无法识别到具体个人，比较容易理解，即对于大量的个人信息，抽取其人群特征、地域特征、消费习惯特征、网络行为特征、收入特征等，形成类别化的数据。比如，对于某写字楼中的人群，可以根据其性别、职业特点、消费习惯进行不同维度的分类，形成类似于“白领女性消费习惯、某行业人群的投资倾向”等类别化信息。这些分类后的数据，可以提供给金融机构或其他商家，作为市场开发和产品研发过程中的数据参考。这些类别化信息虽然是从每个具体的个人信息中抽取产生，但仅能看某个人群的特征，而无法识别到个人。同时，由于提供上诉信息过程中并未将类别化数据来源的群体同步提供，因此这一类信息并不能还原到具体的个人。

（二）个人信息泄露的危害性

对于个人信息脱敏，《网络安全法》规定得非常笼统，仅规定了“经过处理无法识别特定个人且不能复原的除外”，对于什么是“无法识别特定个人”却并无规定。我们可以从数据泄露的危害角度来看这一问题。如果我们把一个人的个人信息看作一组具有复杂维度的数据组合，那么本人与相关信息的关系就是数据组合所反映出的信息，最终标定了一个人的位置（这种位置可以是物理空间的位置，也可以是电磁空间的位置，还可以是虚拟网络空间的位置）。比如，根据家庭地址可以找到个体的居住地，根据电话号码可以找到电磁空间的位置（接通），根据电脑的 IP 地址可以找到网络空间的地址。但是，上述单一信息并不足以让信息的使用人产生寻找的动机。信息只有与其他信息结合之后，才产生统计学意义上的分析价值，从而具备了使他人不当利用信息的动因。

我们可以通过下面的例子来说明这一问题，某个地区的电话号段、电脑的硬盘编码、某个社区的门牌号码、某地所有居民的姓名，这些信息都来自于个体，但并无任何价值，获得此类信息的人既不会用这些信息去推销产品，也不会利用这些信息进行“诈骗”，因为上述信息本身没有与任何个人的属性联系在一起，信息的利用成本过高，而个人失去上述信息后受到伤害的概率极低，信息失窃与个人受到侵害之间的因果关系并不明显。但是，如果上述信息相互之间形成匹配，或者说当一组非特定信息匹配了其他标签的时候，信息的价值即开始显现，而信息所有者遭受损失的可能性就会上升。

案例十一　杨某个人信息泄露案

杨某，出身于贫困家庭，通过自己的艰苦求学，终于考上名牌大学。为支付学费，家庭在外举债，凑足了其上学的费用。在入学前，杨某接到诈骗电话。诈骗者拨通电话后，直接说出了受害者姓名和被大学录取的信息，以此骗取了受害人的信任。对方还声称受害者获得了某项奖学金，以此诱骗受害者将学费转至诈骗集团的账号。得知受骗后，受害者因过度悲痛而猝死。

案例评述

这一案例说明了信息标签组合的危害性，对于判别什么是个人信息脱敏的边界具有很好的借鉴意义。案件中，受害人之所以相信加害者，是因为加害者接通电话可以报出受害者姓名、大学录取情况，加害者在实施诈骗行为前，可能至少同时获取了如下信息（信息标签）：其一，电话号码；其二，姓名；其三，被大学录取；其四，大学名称；其五，受害者家庭贫困（否则不易上当）。从大数据分析角度看，上述五个标签，共同标定了受害者的“位置”，即受害者的经济地位、社会地位、心理状况、社会身份等。上述标签，不仅可以精准定位受害者，更使得受害者因轻信而遭致损害。

也就是说，单一信息（如电话），即使是能够与本人直接联系，也可能因为没有价值而无法产生具体危害。组合信息，特别是将姓名、家庭地址、财产状况、职业、健康等信息结合后所构成的个人信息组合，对于个人存在潜在的巨大风险。

第五章　金融电子合同体系的法律问题

案例十二　P2P 电子合同效力确认案

2014 年 9 月，上海点荣金融信息服务有限公司（点融网）诉李某等借款合同纠纷案由上海市浦东区人民法院审结。2013 年 7 月 8 日，李某作为借款人，通过该公司运营的点融网与 80 多人达成了借款协议，约定以 21.99% 的年利率、等额本息的还款方式，由 80 多人借款给李某共 50 万元。支付了 2 个月的本息后，李某就开始拒绝还款。依据点融网与李某之间的《居间协议》，在必要时出借人可以把债权转让给点融网。之后，在进行持续催收无效之后，点融网将李某告上法庭。人民法院最终支持了原告的诉讼请求。①

案例评述

这一案例中，事实上有两个方面的问题：一是网络借贷关系的效力以及债权转让是否应该得到法律支持，二是电子合同本身的效力是否应该得到法律支持。

关于电子合同效力，我国《合同法》及《电子签名法》已经有了明确的规定，法院在裁决案件时，需要考虑的是，合同的签约过程及数据存储过程是否可能发生篡改，合同内容从技术上是否可以置信。当然，在近期的类似案件中，被告方对于合同效力的抗辩并未作为案件抗辩的主要方面。因此，电子合同如何成立，以及如何证明内容的不可篡改性，既是金融机构在合同管理流程中需要考虑的问题，也是法院在相关纠纷案件审理中需要重点考虑的。

---

① 参见陶光辉：《“点融网”诉李某借款合同纠纷案》，http://www.100ec.cn/detail——6324382.html，2018 年 8 月 14 日访问。

本章引言

互联网和信息技术的发展在无形之中改变着我们的日常生活和交易行为，也给市场交易带来了诸多便利，这其中就包括实现合同无纸化的电子合同。但我们也应注意到，电子合同给网络交易带来便捷的同时，也引发了诸多问题。

就金融机构而言，虽然人们对于网购和实物电子商务已经不再陌生，但通过互联网平台直接购买金融产品或进行借贷并直接支付大额资金的行为，对于互联网用户而言，还需要一个逐步接受和习惯的过程。当然，由于近些年互联网金融和电子支付的逐步普及，人们对于通过数据化的电子合同方式达成金融交易也在逐步适应。

对于金融机构而言，其交易的产品是金融服务活动，从银行的存款贷款、支付结算到证券发行、承销、交易、结算，再到保险产品的创设、保险销售、保险理赔，乃至其他各类金融机构，其产品或服务体现为资金的收付、流转以及金融记账单位的变化。由于金融产品最终体现为虚拟的账务变化，金融产品或服务的交付无须依赖运输和物流，这使得金融比任何产品或服务都可以更加依赖网络和数据完成，而这一切都需要依赖金融电子合同。

第一节　电子合同概述

一、电子合同的概念与特征

电子合同是指，在互联网条件下，当事人之间为明确相互之间的权利义务关系，通过电子邮件、电子数据交换或其他电子方式达成的协议。在商务部《电子合同在线订立流程规范》中，对于电子合同定义为：电子合同是平等主体的自然人、法人、其他组织之间以数据电文为载体，并利用电子通信手段设立、变更、终止民事权利义务关系的协议。

电子合同不同于传统的书面合同，电子合同具有如下特征：

首先，订立合同的双方采用电子数据交换的方式签订合同，合同的存在介质由纸张和油墨（墨水）等变为计算机磁盘或光盘中记录的数据。

其次，协议的双方无需面对面，而是通过在线的方式达成合同内容的谈判和修改；电子合同的签约地规则也带来相应的改变。

再次，电子合同的电子数据具有易消失和易改动性，需要特殊技术手段加以存储和传输。

最后，用于证明纸张合同效力和完整性的签名或骑缝章被电子签名替代，以不对称加密的方法来实现合同文本传输和存储的不可篡改性。

二、电子合同的应用场景

电子合同的应用场景非常丰富，可以说，只要有互联网的场景，就有电子合同的应用场景。这与纸质合同不同，纸质合同虽然与交易伴随，但纸质合同的制作、谈判、签约却可能与交易本身脱离甚至滞后。比如，双方在产生交易意向后，需要各自制作、审核合同并约定签约地点，然后才是合同的缔结，由于签约与交易场景的脱离，使得纸质合同效率低下，甚至有时各方因为情绪化的原因无法商定签约地点，也会导致合同无法签订，从而影响交易的达成。

（一）电子商务场景

电子商务购物网站上的场景，卖家展示商品，买家以点击购买的方式签订电子合同，从而完成交易，电子商务场景是电子合同最常见的场景之一。

（二）网络金融场景

金融机构以网页或APP方式展示金融产品和服务，金融消费者以点击方式购买金融产品或服务，从而达成交易。网络金融场景可以说是最为丰富的交易场景，包括证券、银行、信托、基金、保险、P2P、股权众筹等各个领域。

（三）混合场景

主要体现在消费金融和供应链金融领域。以消费金融领域的分期为例，消费者在电商网站上购买商品，选择分期支付，一个点击动作将可能同时完成多个合同的签订行为。如果分期消费是以银行或其他金融机构提供消费信贷为基础，则这一个点击行为将至少产生两个合同：一是在消费者与卖家之间的买卖合同，二是消费者作为借款人与金融机构签订的消费分期借款合同。

(四) 其他应用场景

如共享单车、网络约车等其他服务场景，通过点击或者扫描二维码的方式，都可以在消费者与服务提供方之间订立电子合同。

三、电子合同的效力

电子合同与纸质合同具有同样的法律效力，经过合法签署的电子合同，也被视为以书面形式签订的合同。我国《合同法》第 10 条第 1 款规定，当事人订立合同，有书面形式、口头形式和其他形式。第 11 条则对书面形式做了进一步界定：书面形式是指合同书、信件和数据电文（包括电报、电传、传真、电子数据交换和电子邮件）等可以有形地表现所载内容的形式。也就是说，电子合同也被视为以书面形式签订，因而成为一种规范的合同签署形式。

对于电子合同效力，《电子签名法》进一步加以确认。该法第 3 条规定，民事活动中的合同或者其他文件、单证等文书，当事人可以约定使用或者不使用电子签名、数据电文。当事人使用电子签名、数据电文的文书，不得仅因为其采用电子签名、数据电文的形式而否定其法律效力。

第二节　金融电子合同的概念与特征

金融电子合同是电子合同的重要分支，也是成交量最大的电子合同类型。由于金融电子合同的成交金额往往较大，因此金融电子合同的签订、履行对于社会经济秩序的稳定有重大的影响。

一、金融电子合同的概念

金融电子合同，顾名思义，就是金融服务的提供者相互之间或其与金融消费者之间订立的以金融产品交易或金融服务提供为内容的电子合同。《中国证券登记结算有限责任公司资产管理产品电子合同业务指引》中，对于该类金融电子合同具体定义为：本指引所称电子合同，是指资产管理产品委托人、管理人、托管人之间通过电子信息网络以电子形式达成的，规定当事人之间基本权利义务的法律文件。

二、金融电子合同的特征

金融电子合同除具有普通电子合同的特征外，还有如下重要的特征：

（一）主体的特定性

我国施行较为严格的金融牌照核准制或登记备案制度，金融电子合同的一方通常为具有金融牌照的金融机构或准金融机构。如银行、证券、保险、公募基金、信托、期货等领域，采用的是金融许可证制度。而私募基金采用的是管理人登记制，根据《网络借贷信息中介机构业务活动管理暂行办法》，P2P 机构采用的是备案制。未取得牌照机构签订的电子合同，将存在被认定无效的法律风险。

（二）交易全程线上化

不同于电子商务过程中的合同，金融电子合同的交付标的具有无形性，无需交付有形的商品或服务，交付的是电子化支付的资金或与资金结算、资金管理相关的服务，因而合同的签订、履行可以全程在线上完成。

第三节　金融电子合同价值的经济分析

对于金融电子合同的价值，不能仅从法律视角分析，而应将其置于经济分析的视角之下，而金融电子合同的交易成本是研究的基点。亚当·斯密在论述引起社会分工的原因时指出："分工最初并不是人类智慧预见到分工会产生普遍富裕的结果……如果能够刺激他人的利己之心，并告诉对方，帮助他对他们自己是有利的，他就很容易如愿以偿了。"① 按照亚当·斯密的理性人假设，人是自身利益最大化的追求者，而在追求利益最大化的过程中，交易成本无疑是一个需要考虑的因素。将交易成本引入金融电子合同法律经济分析是理性人假设的具体应用，行为人对交易成本的大小有着足够的计算

① 参见［英］亚当·斯密著：《论国家与国民财富》，焦妹译，光明日报出版社 2006 年版，第 6－8 页。

能力，交易成本影响着人的行为选择。不同的法律制度对交易成本有不同的影响，交易成本分析方法实际上就是成本—收益方法在制度分析中的应用。从个人利益最大化出发而实现的行为人之间的均衡，对于制度选择更具有重要意义。只有这样的制度才是实现了资源配置帕累托最优的制度，也是交易成本最小的制度。“在现实交易成本存在的情况下，能使交易成本影响最小化的法律是最适当的法律”。① 事实上，交易成本理论是理性人假设从抽象走向具体分析的重要路径，也是在现实社会中衡量利益最大化的前提。波斯纳认为：“如果市场是资源配置的唯一手段，那么毫无疑问，资源配置的最优仍可以达到，只不过引入市场交易成本的最优点会低于无市场交易成本的最优点。由于已知的市场交易成本不可避免，前者当然是实际上可行的最优点。”② 在交易成本现实存在的情况下，理性人假设的另一层现实解读是，人们都有追求交易成本最小化的倾向。所以，我们对金融电子合同进行分析时，以交易成本作为分析的起点。

一、金融电子合同各个环节的交易成本分析

对于交易成本，威廉姆森将其分为事前的交易成本和事后的交易成本③。也有学者持如下的观点，“使用市场的费用可以更为详细地分类如下：（1）合约的准备费用（搜寻和信息费用），（2）决定签约的费用（谈判和决策费用），（3）监督费用和合约义务履行费用。”④ 本书在研究中将金融电子合同的交易成本分为订立合同的成本、履行合同的成本、违约的救济成本。

（一）订立合同的成本

订立合同的成本，又称为缔约成本。之所以将缔约成本首先进行研究，

---

① 参见冯玉军：“法律的交易成本分析”，载《法制与社会发展》2001 年第 6 期。

② 参见［美］理查德·A. 波斯纳著：《法律的经济分析》，蒋兆康译，中国大百科全书出版社 1997 年版，第 18 页。

③ 事前的交易成本包括起草、谈判和维护一项协议的成本。事后的交易成本则包括：（1）当交易偏离了所要求的准则而引起的不适应成本；（2）倘若为了纠正事后的偏离准则而作出了双边的努力，由此而引起的争论不休的成本；（3）伴随着建立和运作管理机构而来的成本，管理机构也负责解决交易纠纷；（4）使安全保证生效的抵押成本。

④ 参见［美］埃里克·弗鲁博顿、［德］鲁道夫·芮切特著：《新制度经济学：一个交易费用的分析范式》，姜建强、罗长远译，上海人民出版社 2006 年版，第 61 页。

是因为：一方面缔约是金融电子合同活动的第一阶段，另一方面缔约阶段必然要对合同的履行、违约的法律救济作出考虑。具体到金融电子合同的实践而言，缔约成本包含以下内容：

其一，搜寻成本。

搜寻成本即为寻找交易对象而需要支付的费用。在传统合同中，搜寻成本包括交易各方将产品（服务）供求的信息传播出去所需要的费用或者是获取他人产品（服务）供求的信息而需要付出的成本，这些成本有显性的，也有隐性的，比如在传统人情社会中，为获取信息进行的社会交往费用，在专门性的交易场所发布、收集信息花费的费用，将产品进行展示需要的样品制作费用和展示的场地租金等，或者是通过报纸、杂志、电视、广播等各种形式打广告而支出的费用。而在网络环境下，网页的制作费用、通过网站发布广告费用、电子邮件广告的费用、服务器租用费、人工费用等也属于信息搜寻的费用。从《合同法》的角度来看，信息搜寻过程中的当事人行为最终的法律界定可以表示为要约邀请[①]与要约邀请的发现。通过这一过程，产生交易动因，是进入正式谈判的基础。信息的搜寻成本，与交易倾向之间呈负相关。

其二，谈判与签约成本。

谈判成本即交易双（各）方在发现交易的对象后，为达成交易而进行谈判所支出的成本。具体而言，包括发出交易条件的成本与发出同意交易条件（承诺）的成本（发出要约和承诺的邮寄费用、交通费用等）；包括为会谈而准备的谈判场地费用等；还包括为谈判准备必要的专业知识或雇佣专业人员的费用，如技术专家、律师等的费用；除直接的成本外，由于进行谈判而丧失其他交易机会的成本也需考虑在内。在互联网上，谈判的成本将明显降低。通常情况下，谈判与签约是一个紧密联系的过程。特别是在网络金融环境下，谈判过程中的要约与承诺是在互不见面的情况下进行的，一方的承诺即表示合同的成立，而不必像传统合同那样由双方在同一份纸面文件上签字盖章。谈判成本也可以认为是形成要约和承诺的成本，这一成本与交易倾

---

① 要约邀请：又称为要约引诱，指一方当事人要求对方当事人向自己发出要约。要约邀请没有法律上的约束力，仅仅表明发出人有进行交易的可能。

向呈负相关。谈判是形成合同内容的阶段，根据不完全契约理论，合同总是无法预见未来的一切情况，而必要的谈判成本花费将在一定程度上降低合同的不完全性。

其三，担保成本。

合同担保成本一方或者双方为了确保合同得到履行，而支付一定的成本，以特定的财产或者特定的第三方来进行担保。合同担保与合同的履行直接相关，事实上，也可以纳入合同履行的费用之中。但考虑到现实操作中，担保条款往往是与合同同时签署的，担保人往往是作为合同一方参与合同签署的。因此，我们将寻找担保人、与担保人商谈担保条件、为担保支付一定费用或提供反担保的成本也纳入到缔约成本的范围之内。

综上所述，缔约成本与缔约倾向之间具有很强的关联关系。交易创造合作剩余，增加社会福利，而缔约的倾向则是这种合作剩余能否产生的基础。

（二）履行合同的成本

履行合同的成本，以下简称履约成本，是指按照合同的要求，向对方完成约定给付行为的成本。通常，履约成本包含以下几方面的内容：

其一，合同履行的准备成本。

合同履行的准备成本是指为了履行合同，在给付期限以前安排自己的工作计划、资金计划等，并按照给付的要求进行资金准备、员工招聘等支出的成本，或者是一方为了配合另一方履行而产生的相关费用。如果在合同签订阶段，双方经过较为详尽的协商，则在履约的准备阶段，双方的准备内容往往比较明确，因而履约准备阶段的成本与缔约谈判成本负相关（暂不考虑外界其他因素），即谈判越明确，履约时准备工作越顺利。

其二，履行中的协商成本。

由于契约的不完全性，双方在遇到契约没有完全约定，但又需要继续交易的情况时，或者双方在遇到签约时无法预料的重大外部环境变化（情势变更）影响履约目的时，须通过进一步的协商和谈判来解决问题。此过程中发生的成本，即为履行中的协商成本。履行中的协商是契约进行完善的过程，也是促进契约自行履行的一种机制，履行中协商成本与缔约阶段的谈判成本负相关。

其三，合同履行的支出。

履行的费用主要是指为完成交付行为发生的直接费用，即运输费用、产品运输保险费用、资金通过结算系统支付的手续费等。总体而言，履行的费用与缔约阶段的成本没有直接联系，但如果履行中出现意外的情况，而最初谈判没有作出约定，则此阶段也将产生新的费用。因此，履行的支出与缔约的谈判成本呈弱负相关。

（三）违约的救济成本

违约的救济成本是指当一方没有按照合同的约定完成给付行为，另一方通过各种渠道维护自身合同权利所支出的成本。该成本包括以下几方面：

其一，解决纠纷的协商成本。

这是指当一方违反合同的约定，没有进行相应的给付时，双方以谈判的方式解决纠纷的成本。通过谈判的方式解决纠纷，关键在于双方对于争议解决条款的约定程度。如果争议解决条款和违约制裁条款约定非常清楚（比较清楚），则通过协商的方式解决纠纷的成本较低；如果争议解决条款和违约制裁条款约定不太清楚，则通过协商方式解决纠纷的成本将很高，甚至根本无法通过协商解决纠纷。因而，解决纠纷的协商成本与缔约阶段的谈判成本呈负相关。

其二，诉讼或仲裁成本。

在通过协商无法解决合同履行的争议时，双方通过诉讼或者仲裁方式解决纠纷的成本。通过诉讼或者仲裁解决争议是双方最后的救济手段。诉讼或者仲裁的实质是双方自己无法解决问题时，通过具有强制裁决效力的第三方对权利进行界定。因此，诉讼或者仲裁的成本归根结底是一种权利界定成本。我们知道，合同本身就是一种权利的约定，合同订立时权利界定越清楚，在诉讼或仲裁中界定权利的成本就越低。

诉讼或仲裁中的成本分为固定成本与可变成本，固定成本包括律师费用、诉讼或仲裁费用、财产保全费用等①；而可变的成本为因时间不确定②

---

① 通常情况下，诉讼费、律师费、财产保全费可以占到案件争议总金额的2%至10%（律师依据案件代理结果而采取风险收费除外）。

② 按照我国《民事诉讼法》及有关司法解释的规定，民事案件的一审期限为6个月，二审期限为3个月。如果遇到特殊情况，法院的审限可以延长。

而带来的机会成本、司法或仲裁机构廉洁程度不同而带来不同的额外成本、以及因诉讼拖沓冗长而带来的额外人工成本等。但总体而言，诉讼或仲裁成本与缔约环节的谈判成本负相关。

其三，执行的成本。

执行法院生效判决或者仲裁裁决过程中发生的费用，称为执行成本。执行成本中的显性成本包括律师费用、法院收取的执行费、查找财产线索而支出的费用等；而执行中，隐性成本则包括因执行不到位而损失的利益（这一比例平均水平较低）和由于执行机构廉洁程度而带来的额外费用。法院对于生效判决或仲裁裁决的执行成本通常影响到交易双方所采取的争议解决方案，同时由于执行成本的存在，许多交易当事方会在谈判中设置更多的利益保护条款和措施，比如交付程序上的保障、担保的保障等。而事前的约定和保障性条款，将在一定程度上降低事后的执行成本。因此，执行成本与签约阶段的谈判成本呈一定的负相关。

二、电子合同对金融活动的推进作用

（一）金融电子合同不同阶段成本的关系模式

按照上述关于金融电子合同各个阶段成本的分析，合同履行成本、违约的救济成本与合同的缔约成本之间为负相关（由于履约与违约救济成本均与缔约成本负相关，故将这两阶段的成本视为一个变量进行研究），即如果在合同缔约阶段多花费一定的成本对未来作出尽可能周全的安排，则在履约阶段和违约救济阶段将少支出一定的成本。但这一关系需要有以下几方面的限定：

首先，履约成本和违约救济成本具有一定的刚性，到达一定限度后将不可能再降低，如履约中的固定费用、违约救济中的诉讼费等；

其次，缔约成本中增加成本的绝对值应小于履约及违约救济中减少的成本，这一命题才有意义，如果是增加的缔约成本大于减少的履约和救济成本，则人们宁可选择粗糙的合同；

最后，当缔约成本中增加成本的绝对值小于履约及违约救济中减少的成本时，契约活动总的交易成本降低。

（二）模型表示

为了更加清晰地表述，我们构建如下的模型：

假定金融合同的缔约成本为 X，履约及违约的救济成本用 Y1 表示，金融合同活动的总成本用 Y2 表示；履约及违约的救济成本与 X 的变换关系用 $Y^1 = f(x)^1$ 曲线表示，契约活动的总成本与 X 的变换关系用 $Y^2 = f(x)^2$ 曲线表示。

1. 对缔约成本与履约和违约救济成本变化的分析

我们在前面的论述已经分析，当 X↑，Y1↓；但仅仅有负相关是不具有现实分析意义的，只有当 X 在某一点的增量 X 小于 Y1 在该点的变化量 Y^1 时（即 X 增加的绝对值小于 Y1 减少的绝对值），这种在缔约环节的努力才是有意义的，即此种情况下合同成本中的缔约成本的增加值小于履约成本及违约救济成本中的减少值，合同总的交易成本是下降的；否则缔约环节的努力将不会导致合同总的交易成本的降低，而只会降低合同的履约成本和违约救济成本。

2. 缔约成本与合同总成本变化的分析

我们知道，Y2 = Y1 + X，所以当 $|X| < |Y1|$ 时，X↑，Y2↓；如果 $|X| = |Y1|$，则 Y2 达到最小值；此时，如果继续加大缔约成本 X，合同的总交易成本将上升。

3. 图形表示

假定在 E 点，$|X| = |Y1|$；则从上面的分析可以看出，在 E 点的左边部分，Y^1 与 Y^2 均是 X 的减函数，而在 E 点的右边，在到达拐点之前，Y^1 仍表现为 X 的减函数；当到达拐点右边时，Y^1 表现为一条平行于 X 轴的直线；而在 E 点的右边部分，Y^2 则为 X 的增函数（见图 5－1）。

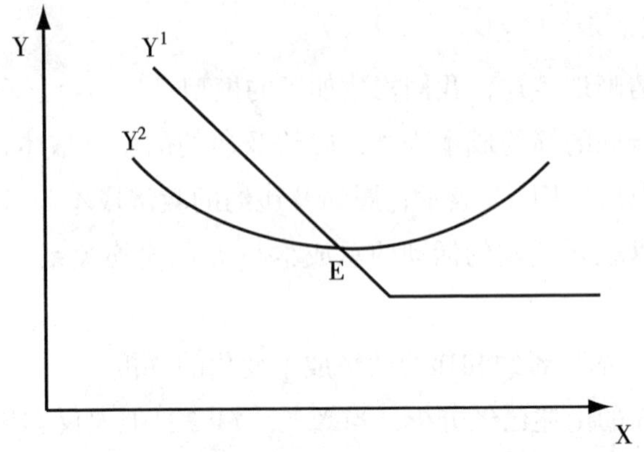

图 5－1　缔约成本与契约交易成本的关系

说明：在图 5－1 中可以看出，在 E 点的左边，降低金融电子合同交易总成本可以通过在谈判上多花成本解决。但谈判的成本达到 E 点后，增加谈判成本对于降低合同活动总的交易成本将失去作用。尽管履约成本和违约救济成本仍有一定的降低空间，但由于不足以抵消缔约成本增加的部分，合同总成本仍将增加。

（三）启示

如上模型分析，金融电子合同通过降低合同缔结阶段的交易成本，增加合同签约意向，方便金融交易，促进社会经济发展。金融交易中，由于存在大量小额即时的交易，并且对交易的效率要求极高，因而对缔结合同的成本也更为敏感。如果在缔结合同的阶段交易成本较高，则可能会影响金融交易参与者的意向。

金融电子合同的特点是信息充分展示，各方无需面对面商谈即可签订合同，相关合同条款为格式化条款而无需进一步洽谈与协商。上述机制大大降低了金融活动中缔结合同的成本，从而降低了整个金融活动的交易成本，这是金融电子合同之所以能够推进金融业发展的核心价值。

第四节　金融电子合同的相关法律问题

金融电子合同作为电子合同的重要分支，既有常规电子合同的特点，受相关法律、法规约束，也有其自身的特点和需要重点关注的法律问题。

一、金融电子合同的签订

金融电子合同的订立，除了受到《合同法》的约束外，还需要受到相关金融行业监管规则的约束。此外，商务部制定的《电子合同在线订立流程规范》以及当前正在审议中的《电子商务法》对于金融电子合同的签订也具有一定的参考意义。

（一）金融电子合同的主体

金融电子合同的主体为金融机构和金融消费者。其中，既有金融机构与金融机构之间的金融服务或金融同业合同，也有金融机构与金融服务消费者之间的金融服务合同，还包括投资人与借款人、被投资人之间的金融交易合同。

不同主体之间的金融电子合同，受到的法律约束通常也有差异。比如，金融同业之间的电子合同，由于主体地位比较平等，法律或监管规则规制的重点在于是否通过金融电子合同规避宏观审慎管理或规避行为监管规则，或者该金融同业合同是否违反了金融分业经营原则等。对于金融机构与金融消费者之间的合同，兼顾的重点则在于是否有损害相对方利益的格式条款或者提供的服务是否符合法律、法规的规定。而对于发生在投资人与借款人、接受投资方之间 P2P 金融电子合同，监管的重点则在于行为的规范性、信息披露的充分、撮合交易平台的信息中介属性等。应该说，不同主体之间的金融电子合同，除了《合同法》的关注点以外，其行业监管规则对于合同的效力和可执行性也有很大的影响。

（二）金融电子合同的订立系统

商务部发布的于 2013 年 12 月 1 日起实施的《电子合同在线订立流程规范》，电子合同订立系统是指具备缔约人身份认证、谈判磋商、合同电子签名、合同存储与调用等功能以实现在线订立电子合同及处理的信息系统。电子合同的订立系统也是金融电子合同与传统金融合同重要的区分。传统金融合同以书面形式为基本形式要件，书面形式加盖印章或签名，合同即具有可置信的法律效力。而金融电子合同除了合法签署这一条件外，还需要通过合同签订系统有效而可靠的证明签署行为的可信性以及电子合同文档数据保存的完整和不可篡改性。此外，合同订立系统与电子合同的签订地、合同争议解决地规则等具有紧密联系。

中国银行业监督管理委员会发布并于2006年3月1日起施行的《电子银行业务管理办法》中，对于银行的电子合同订立体系也做了相应的规定。2016年颁布的《网络借贷信息中介机构业务活动管理暂行办法》则对P2P金融电子合同的订立、存储等做了详细的规定。按照《电子合同在线订立流程规范》的规定，电子合同订立系统应当具备如下功能：允许使用人引入合同范本，能够按照使用人要求的格式生成符合法律要求的合同文本；允许进行在线谈判和合同文本修改；能够实现多媒体通讯（文字、视频、音频、移动通信）方式的交流互动；实现合同信息和谈判信息的实时传输、实时备份，备份的信息数据可追溯、可复制；合同文本应使用电子签名或其他方式以查验合同内容是否完整及改动；具有在线存储和允许第三方存储功能的技术接入和实现；具有符合国家有关安全和保密标准的技术、设备和管理制度。

（三）金融电子合同的签订方式

金融电子合同的签订方式分为纯线上签订方式和线上线下结合的签订方式。纯线上签订是指合同双方的意思表示均以在线电子化的方式体现，即合同的要约和承诺均在线上完成。纯线上方式签订电子合同具体包含以下方式：一方在网页展示合同内容，另一方点击完成；一方以电子邮件方式发送合同内容，另一方以邮件方式回复确认；一方在微信、QQ等即时通信工具中发出合同内容，另一方表示同意；一方以短信方式发送合同内容，另一方以短信回复确认；其他以数据交换方式完成合同签订的方式。

而线上线下结合，是指合同一方的意思表示在线下完成，而另一方通过在线确认合同的方式与对方签署合同。在金融领域，线上线下结合的合同比较常见。比如在一些金融产品中介平台操作中，金融产品的提供方与中介平台通常是在线下签订协议，金融机构在金融产品合同上预先加盖公章，并由中介网络平台将金融产品的销售合同以电子合同形式在网站或APP平台上进行展示，然后由投资人点击购买。这个流程中，金融机构对于文本的签署动作往往是在线下完成的，而投资人的签署动作则是通过在线点击完成的。

（四）金融电子合同的签订过程

金融电子合同的签约流程与一般的电子合同并无大的差异，也分为合同的谈判发起阶段、合同的谈判阶段（包括合同的邀约和承诺）。但不同的是，金融电子合同通常表现为格式合同，双方谈判的空间和余地不大。这主要是因为，金融领域中，最主要的交易条款即价格条款，通常是采用政府定价，而主要的金融产品在其流程、产品标准方面也主要是依据相关监管法律、监管规则确定，合同条款留给金融机构的余地不大。以借款合同为例，借款合同的利率仅能围绕基准利率做一定幅度的上浮或下调，而借款用途、违约责任等，也都是在贷款相关监管规则框架下实施。即使是新型金融产品，由于国家监管的不断深化，留给金融机构的空间也在不断缩小。因而，其合同讨价还价的空间不大。

（五）金融电子合同的表现形式

金融电子合同的表现形式为存储在服务器中的一组数据，只要这些数据足以证明合同的签约过程以及合同内容，合同的外在表现形式并不是电子合同的实质要件。比如，为了完成签约，用户在登录某个网站后，可能首先看到网站上对于金融产品的要素介绍，然后是风险提示和免责声明，最后出现电子化的文本和点击确认按钮。在这一个合同签约过程中，网页公告、网页记载内容、弹出窗口的文本文档、点击按钮的点击动作等，共同构成了一个电子合同。与传统纸质合同采用装订、蜡封、骑缝章等方式确立一个文本的完备性不同，一个电子合同可能是由一系列相互联系的文本、公告、点击动作等共同构成，而无需完整的外在表现形态。

二、金融电子合同的效力

如前所述，我国的《合同法》、《电子签名法》等法律均认可电子合同的效力。但是，对于电子合同的效力，《合同法》规定了例外条款。《合同法》第52条规定了合同无效的五种情况，包括：（1）一方以欺诈、胁迫的手段订立合同，损害国家利益；（2）恶意串通，损害国家、集团或者第三人利益；

(3) 以合法形式掩盖非法目的; (4) 损害社会公共利益; (5) 违反法律、行政法规的强制性规定。

在金融电子合同的订立过程中，由于我国对金融机构施行较为严格的机构准入审核制度和许可证制度，因此，特定的金融电子合同，只能由特定主体签订。如果不具备签订相关金融电子合同的主体资格，将可能导致合同因违反法律、法规的强制性规定或因以合法形式掩盖非法目的而被司法机关或仲裁机构认定无效。比如，在互联网金融的发展过程中，因非法吸收公众存款而被司法机关追究的案例，实施非法吸收公众存款的机构与投资人签订的各类“理财”、“投资”电子合同，因违反了《商业银行法》、《刑法》等法律的强制性规定，通常被认定无效，投资人有权要求返还财产。

三、金融电子合同的保存及证据效力

电子合同被法律视为“书面”合同，作为书面合同的一种，电子合同也将面对书面合同的共性问题，即合同的原件认定和保存问题。从争议解决的角度看，原件或者能够证明与原件内容一致的复制件可以作为证据使用，以便在合同履行发生争议时，能够判断双方的权利义务安排。

（一）金融电子合同的“原件”认定

对于电子合同是否能够成为“原件”，我国《电子签名法》作了规定。该法第5条给出了两个条件，如果两个条件同时满足，即可以视为满足法律、法规规定的原件形式要求：其一，能够有效地表现所载内容，并可供随时调取查用；其二，能够可靠地保证自最终形成时起，内容保持完整、未被更改。但是，在数据电文上增加背书以及数据交换、储存和显示过程中发生的形式变化不影响数据电文的完整性。与纸质合同不同的是，电子合同以数据电文的形式存在，这意味着电子合同可能会以不同的形式存在，甚至在保存、传输过程中被改变形式，只要这种形式改变能够证明其内容保持完整、未被更改即可。事实上，在数据电文的传输过程中，通过加密方式传输已经成为常用的安全保障措施，加密过程通过私钥对数据电文的哈希值进行加密运算，并采用公钥实施解密，只要这种改变在技术上可验证为内容完整和未经更改，即符合原件要求。

（二）电子合同的保存

我国的法律法规已经对电子合同的保存与保管提出了相关要求，根据《电子签名法》，符合下列条件的数据电文，视为满足法律、法规规定的文件保存要求：

1. 能够有效地表现所载内容并可供随时调取查用。这条规定是为了确保合同内容完整，可以被交易主体或相关监管部门所获取，这样在纠纷发生时能够将电子合同调取出来，并依据相关内容进行纠纷解决。

2. 数据电文的格式与其生成、发送或者接收时的格式相同，或者格式不相同但是能够准确表现原来生成、发送或者接收的内容。此条目的主要是为了保证合同保存的过程中没有变更合同内容，平台不能利用自己在合同生成保存中的优势地位擅自更改合同内容。虽然电子合同不能与传统纸质合同采取相同的认证方式，但可以通过信息技术手段，利用专业方法判断合同的生成时间和生成方式，或者采用加载数字证书、时间戳等手段保证合同无法进行更改。

3. 能够识别数据电文的发件人、收件人以及发送、接收的时间。此条规定主要是为了确认合同主体在合同保存的过程中没有发生变更。借款人及投资人接收、发送交易文本的时间，关系到借款合同要约及承诺生效的时间，也关系到交易主体是否能够进行要约、承诺的撤回或要约的撤销。如果合同本身没有约定生效时间，那么电子签名数据的生成时间将作为判断合同签订时间的重要依据。

合同被依法保存之后，金融机构或受托第三方主体应当对合同进行妥善保管，保证在需要时交易主体能够通过合法途径获得电子合同的全部内容。这对金融机构计算机系统及数据存储环境提出比较高的要求，金融机构应当建立单独的存储系统进行电子合同的保存，确保其他因素不会对已经生成的电子合同进行影响。同时，金融机构要保证具有足够强大的管理和搜索功能，保证在有需求的时候利用较短的时间能获取相关电子合同。相比于传统的纸质合同，电子合同的保管对空间和人员的成本要求并不大，但是对技术和安全的要求更高。

商务部《电子合同在线订立流程规范》中对电子合同的保管做出规定，

要求合同订立与合同保管系统分离。而对于电子合同的存储期限则规定不得晚于合同订立之日起5年，合同当事人另有约定的除外。

《电子签名法》对于合同的保存提出了原则性的要求，网络借贷信息中介机构监管的过程中则对电子合同的保管提出了进一步的要求。如《上海市网络借贷信息中介机构业务管理实施办法（征求意见稿）》对于网络借贷信息中介机构备案提交的材料，明确规定了要具备“与第三方电子数据存证平台签订的委托合同存证的协议复印件”。这一规则对于存证机构进行了专门规定，并作为备案的必备条件之一。

（三）金融电子合同的证据效力

金融电子合同作为证据使用，法律上是予以认可的。我国《民事诉讼法》第63条将电子数据作为诉讼证据类型之一加以列举，从诉讼法律的角度确认了电子合同的证据效力。《民事诉讼法》将数据电文单列为一种证据形态，与书证、物证、证人证言等方式并列。如果从证据学的理论来看，数字电文证据与书证有相似之处，即以记载内容来证明案件的事实。并且，《合同法》等法律也将以数据电文等方式签订的电子合同作为“书面”合同对待，这使得电子合同在证据属性上更容易被理解为是书证的一种。《民事诉讼法》之所以将数据电文单列为一种证据形态，一方面是因为数据电文与书证在表现形式上存在一定的差异，另一方面，更为重要的原因在于，数据电文作为网络时代新兴的证据形式，将其单列为一种证据形态，体现了法律顺应社会发展的趋势。

对于电子合同的证据效力，《电子签名法》第7条规定，数据电文不得仅因为其是以电子、光学、磁或者类似手段生成、发送、接收或者储存的而被拒绝作为证据使用。同时，对于数据电文证据的真实性，该法的第8条还从四个方面给出了认定需要考虑的因素：（1）生成、储存或者传递数据电文方法的可靠性；（2）保持内容完整性方法的可靠性；（3）用以鉴别发件人方法的可靠性；（4）其他相关因素。

由此可见，依照法定流程签署的电子合同具有当然的证据效力。

四、金融电子合同的不可篡改性

（一）纸质合同的不可篡改性证明

对于纸质合同而言，通常以手写签名或加盖印章，或者签名加印章的方式来证明签署人对于合同内容的认可，同时来证明合同未被篡改。但签名或印章只能证明签名页的真实与未被篡改，而无法证明其他页上的内容未被篡改。为了强化这一目的，在交易习惯中，有的地方习惯于通过骑缝章或骑缝签名的方式来证明整个文件的真实与完整，有的地方则习惯于在文件的装订线上加封火漆来达到证明目的。

但是，无论是何种方式，合同依然面临套印或事后添加、变造的可能性。在传统的司法鉴定领域，常见的方式是做笔迹鉴定，虽然笔迹鉴定理论本身并无大数据的支撑，但似乎这是唯一可行的办法。此外，对于套印，鉴定方法则更不具有说服力。总体而言，对于传统纸质文件而言，不可篡改性的鉴定更多依赖于人们的感官，缺乏可靠的技术保障措施。

（二）金融电子合同的不可篡改性

金融电子合同以电子数据的方式传输、签署和保存，对于金融电子合同而言，不可能采用传统的签名或盖章方式来证明合同的真实性和传输中的不可篡改性，而只能通过一系列的技术方式加以解决。《电子签名法》第 8 条所规定的四个条件中，“保持内容完整性方法的可靠性”以及“用以鉴别发件人方法的可靠性”这两个要件成为关键。

（三）非对称加密与电子签名

对此，数学家和密码学家想到了通过数字加密技术来解决互联网上电子合同的真实性与完整性。最初的算法是采用对称加密技术，这种技术的基本原理可以用一个直观的例子来表示，那就是密码本。加密的一方通过密钥对数据和文本进行加密，对于文件的接收方，需要通过同一组密钥进行反向运算，即可对文件进行解密。对称加密技术的前提是加密方与解密方拥有同一套密钥，这就犹如谍战电影中的密码本原理一样，双方只有拥有同一套密码本，才可能完成加密通信。在对称加密技术中，需要将加密的密钥传递给对方，否则加密的文件将无法解密。但是，传输密钥恰恰是对称加密技术致命的缺陷。一旦通过互联网传输的密钥被第三方截获，文本的安全性也会受到影响。

正是因为对称加密技术的局限，密码学家发明了非对称加密技术，即进行通信的双方各自拥有一对密钥，其中一个是私钥，即只有自己才知道的密钥；另一个是公钥，是对方可以调取或可以发送给对方的密钥。通过对方的公钥加密，数据电文被传输给对方后，对方可以用私钥解密。或者通过自己的私钥加密，对方通过自己的公钥进行解密。这一过程省去了密钥的传输过程，也可以防范密钥被第三方截获或窃取。

由于加密需要对整个数据电文进行运算，为了提高效率，通常对数据电文进行哈希函数的运算，对数据电文进行压缩，然后再通过文件发送方的私钥进行加密，并将加密后的哈希数值附加在传输的数据电文上。收件人通过发件人的公钥对哈希数值进行解密，并与原文的正常哈希数值比对，即可得出数据电文是否被篡改的结论。这一加密过程有些类似于给数据电文增加了一个“签名”过程，从而可以防范数据电文被篡改。

为了解决发送文件一方身份的真实性，需要对公钥本身进行证明，数字证书也就应运而生。认证中心对用户的身份进行严格的审核后，为用户颁发数字证书。它通过公钥加密技术对用户的公钥信息和用户的身份信息作了数字签名，把用户所宣称的身份信息与公钥绑定在一起。于是，包含有用户个人身份信息、公钥和数字签名的一个特殊的电子文件就形成了数字证书。数字证书可以存储在硬盘里，也可以存储在软盘或 USB Key 里。

我国金融支付领域使用最多的数字证书是中国金融认证中心（CFCA）所颁发的数字证书。

五、金融电子合同的诉讼争议解决

（一）管辖法院确定的基本规则

按照我国《民事诉讼法》对于诉讼管辖确定的基本规则，因合同纠纷提起的诉讼，由被告住所地或者合同履行地人民法院管辖。当然，金融电子合同的各方也可以约定法院管辖，合同或者其他财产权益纠纷的当事人可以书面协议选择被告住所地、合同履行地、合同签订地、原告住所地、标的物所在地等与争议有实际联系的地点的人民法院管辖。被告住所地、原告住所地、标的物所在地较为容易确认。在网络环境下，合同签订地和合同履行地在确认方面存在一定的争议。对此，法律也规定了相应的规则。

（二）电子合同签订地的确定规则

《合同法》第 34 条第 2 款规定，采用数据电文形式订立合同的，收件人的主营业地为合同成立的地点；没有主营业地的，其经常居住地为合同成立的地点。当事人另有约定的，按照其约定。我国《电子签名法》第 12 条规定，发件人的主营业地为数据电文的发送地点，收件人的主营业地为数据电文的接收地点。没有主营业地的，其经常居住地为发送或者接收地点。当事人对数据电文的发送地点、接收地点另有约定的，从其约定。也就是说，我国《合同法》与《电子签名法》对于合同签订地点均采用了主营业地和经常居住地的规则。

（三）电子合同履行地的确定规则

《合同法》第 62 条第 3 项规定，履行地点不明确，给付货币的，在接受货币一方所在地履行；交付不动产的，在不动产所在地履行；其他标的，在履行义务一方所在地履行。《最高人民法院关于审理民间借贷案件适用法律若干问题的规定》（以下简称"《民间借贷司法解释》"）第 3 条也规定，借贷双方就合同履行地未约定或者约定不明确，事后未达成补充协议，按照合同有关条款或者交易习惯仍不能确定的，以接受货币一方所在地为合同履行地。

《最高人民法院关于适用〈中华人民共和国民事诉讼法〉的解释》第 20 条规定，以信息网络方式订立的合同，通过信息网络交付标的的，以买受人住所地为合同履行地；通过其他方式交付标的的，收货地为合同履行地。合同对履行地有约定的，从其约定。

第六章　金融用户实名与身份识别法律问题

案例十三　网络谣言与网络暴力

2008年9月13日，某网站贴吧出现一则消息：“比三鹿牛奶更恐怖的费县某镇的剧毒花生，当地人姜某吃花生后十指溃烂，生不如死。”还传闻：“全家四口，收花生时吃了一些，结果全部中毒而死。”该网络谣言引发网民热议，并在社会上造成一定恐慌。针对该传言，山东省农业厅组织相关人员到费县进行调查，调查结果显示，“毒花生”纯属捏造。公安机关对上述在网上散布和传播谣言的犯罪嫌疑人展开调查，最终抓获王某、闵某等4名犯罪嫌疑人。

无独有偶，2008年，在韩国发生了一件影响互联网立法并助推韩国网络实名制的事件，那就是韩国女影星崔真实自杀事件。对于崔真实的自杀，人们推测是因为其无法忍受网络暴力和诋毁，从而选择自杀。

案例评述

网络欺诈、网络侵权、网络暴力，是实行网络实名制的基本动因。对于无所不在的网络欺诈、人肉搜索等网络暴力、网络侵权行为，人们往往容易将其原因归结于网络实名问题，并认为，因为没有实行上网用户的实名注册制度，导致上网用户缺乏为自己行为负责的意识；而且，一旦发生上述网络诋毁和侵权，执法机关和司法机关对违法和侵权行为进行调查的成本也会非常巨大。据此，网络实名制也就是顺理成章的。

然而，在网络实名制实行过程中，效果是否有如支持者所预想的那样，尚有待检验。韩国在实行网络实名制后，由于部分大型电子商务网站用户信息泄露，导致韩国身份证体系受到巨大冲击，这是后话。

本章引言

金融用户的实名制，事实上早于互联网实名制的实施。在中国人民银行发布的《人民币银行结算账户管理办法》第24条中规定：“单位开立银行结算账户的名称应与其提供的申请开户的证明文件的名称全称相一致。有字号的个体工商户开立银行结算账户的名称应与其营业执照的字号相一致；无字号的个体工商户开立银行结算账户的名称，由‘个体户’字样和营业执照记载的经营者姓名组成。自然人开立银行结算账户的名称应与其提供的有效身份证件中的名称全称相一致。”证券开户，支付机构的用户开户，各自都有自己的实名注册规则。可以说，实名制是金融机构的基本要求。

金融机构的用户实名注册，主要是因为金融消费者保护和反洗钱的需要。随着金融机构的业务逐步从线下转为线上，对于金融机构用户的实名制要求也得到了扩展。

第一节　网络实名制概述

一、网络实名制的含义

网络用户实名制，是指网络用户在通过互联网、电话等方式接入网络过程中，应采用其真实身份信息实施注册，以保障其在互联网上所实施的行为最终可以追溯到本人。

《网络安全法》第24条规定：“网络运营者为用户办理网络接入、域名注册服务，办理固定电话、移动电话等入网手续，或者为用户提供信息发布、即时通讯等服务，在与用户签订协议或者确认提供服务时，应当要求用户提供真实身份信息。用户不提供真实身份信息的，网络运营者不得为其提供相关服务。”这可以视作法律对于网络实名制的一种界定。

对于网络实名制，也有网友认为，实名制会影响言论自由。比如，某人喜欢在论坛中发言，但并不希望别人知道自己的真实身份，如果其发表的言论不违反法律、法规或相关规则，也不影响社会公共利益、国家安全和第三方的利益，则法律应允许其在发表观点时隐藏身份。

事实上，对于这一问题，立法时已经预留了空间。比如，国家互联网信息办公室 2015 年 2 月 4 日颁布并于 2015 年 3 月 1 日生效的《互联网用户账号名称管理规定》对此已经作出了界定。该规定第 5 条对此的表述为：“互联网信息服务提供者应当按照‘后台实名、前台自愿’的原则，要求互联网信息服务使用者通过真实身份信息认证后注册账号。”而《移动互联网应用程序信息服务管理规定》第 7 条同样规定，移动互联网应用程序提供者应当按照“后台实名、前台自愿”的原则，对注册用户进行基于移动电话号码等真实身份信息认证。

总结上述规则，可以看出，网络实名制具有如下特征：

1. 后台必须实名。即保留在网络运营者后台的用户身份信息必须是实名信息，而且需要经过必要的身份认证。

2. 前台可以自愿。即用户在互联网论坛、网页、邮箱、微博、博客等各种应用场景下，可以不用显示实名而只显示昵称或其他称呼。

3. 前台名称不能违反法律、法规的强制性规定。虽然法律不禁止在前台采用昵称，但该称呼不能违反法律、法规的禁止性规定。

4. 身份可追溯。根据用户实名注册信息，用户在前台的所有行为，最终都可以追溯到具体的真实用户。

二、实名制的意义

曾经有一句流行语：“在网络上，你无法知道和自己聊天的是不是一条狗?”这句话形象地描述了互联网上因为身份问题带来的信任危机。网络实名制的目的在于让每个互联网上的参与者能够最终落实到现实社会中真实存在的“人”，从而增进互信。网络实名制的意义如下：

（一）有利于遏制网络侵权和网络暴力

互联网发展早期阶段，“匿名”带来了网络自由，因而极大地推进了互联网的应用。但网络发展到一定阶段后，匿名的弊端开始显现。互联网上的人肉搜索、网络暴力、侵权行为时有发生。在各类公告板（BBS）和论坛中，经常可以看到对他人的人身攻击、谩骂、诋毁，或者动辄对他人实施人肉搜索，将他人隐私暴露于公众视野。这些行为，从法律层面来讲，已经构成了对他人隐私和人格权的侵犯，应当承担民事赔偿责任，甚至需要承担刑事责任。

然而，遗憾的是，发生这样的侵权事件后，被侵害者的维权成本却非常高昂。由于有些论坛未采用实名注册，受害者、网站本身，乃至人民法院，并无能力追溯到实施侵权行为的个人。此种情况只能借助公安机关的刑事侦查和技术侦查手段查找加害者，但是，由于大量的网络侵权并未达到刑事的追诉标准，因此公安机关也无权限介入调查。网络非实名注册，导致被害者无法有效维权，从而在一定程度上放任了网络侵权等行为的发生，给公民正常生活造成巨大影响。

实行网络实名制，有利于遏制网络侵权和各种各样的网络暴力。

（二）有利于遏制网络犯罪

匿名带来的另一个弊端是网络上的各种违法犯罪活动，比如对计算机信息系统的非法入侵、在互联网上制造谣言和引起社会恐慌、煽动社会公众情绪，制造社会不稳定等，网络实名制有利于遏制上述犯罪活动。

（三）有利于国家安全和社会稳定

互联网的匿名特征，使得很多影响国家安全和社会稳定的活动在互联网上发生，比如，近些年发生在一些国家的社会事件，就是通过互联网进行的扩散。网络实名制可以让行为人对于自己在互联网上的各种行为负责，维护国家安全和社会稳定。

（四）有利于保护未成年人

网络实名制可以营造风清气正的上网氛围，减少互联网上的各种不文明行为，从而有利于未成年人的健康成长，保护未成年人的身心健康。

三、实名制的隐忧

网络实名制给社会带来上述好处的同时，也会带来新的问题，其中最为突出的是对言论自由和身份信息泄露的担忧。

（一）关于言论自由

反对网络实名制的人认为，实名制会导致网民不敢发表真实的言论，从而影响言论自由。事实上，这一观点并不成立。首先，我国宪法所规定的言论自由，其前提条件是言论不能违反法律、法规的强制性规定，不能侵害国家安全和违反社会公共利益。因此，如果是在法律规定的限度内发表言论，即使是实名，发表言论的人也不应受到追究；而如果是言论本身违法，即便没有实名，发表言论的人也应受到法律追究。

（二）身份信息泄露

身份信息泄露影响社会公共利益，是网络实名制的真正隐忧。韩国因知名影星崔真实自杀事件加快推进了网络实名制度，但随后的用户信息泄露事件却使得韩国社会为网络实名制付出了巨大的代价。2011 年 7 月，韩国门户网站 Nate 以及社交网站“赛我网”遭黑客攻击，导致约 3500 万名用户的个人信息外泄（约占当时韩国总人口的 70%）。被泄露的资料包括姓名、生日、电话、住址、邮箱、密码和身份证号码。同年 11 月，韩国游戏运营商 Nexon 公司服务器被黑客入侵，导致 1300 万名用户的个人信息被泄露。

上述信息的泄露，将使得消费者面临侵犯隐私、骚扰短信、骚扰电话、电话诈骗、账号盗用等风险。事发后不久，韩国政府首次表态将逐步废止网络实名制。同年年底，韩国广播通信委员会向总统李明博提交 2012 年业务计划，明确表示将“重新检讨”网络实名制。

不仅在韩国，其他国家也发生过网络用户信息泄密事件。2011 年 4 月 17 日，索尼公司的 PlayStation 游戏网络遭黑客入侵，7700 万客户的资料被盗，包括姓名、地址、出生日期和信用卡号码等。2012 年 1 月份，亚马逊网上鞋店表示，黑客已窃取了其 2400 万客户的个人信息，包括顾客姓名、电邮地址、收货地址、电话号码和信用卡的最后 4 位数字。而在 2014 年 8 月份，又曝出摩根大通及最少 4 家美国银行遭受黑客攻击，导致大量客户资料被盗的消息。

网络实名制如何实施？这是公共管理秩序与公民隐私之间的一种平衡，本章后面部分会对网络实名的实施方法以及金融机构的免责路径进行论述。

第二节　金融用户实名制的基本规则

金融行业历来受到各个国家的严厉监管，而用户实名制是金融行业监督管理的重要内容。我国相关的金融法律、法规均规定了用户实名制的原则。

一、对传统金融机构的实名制要求

《人民币银行结算账户管理办法》第 24 条规定："单位开立银行结算账户的名称应与其提供的申请开户的证明文件的名称全称相一致。有字号的个体工商户开立银行结算账户的名称应与其营业执照的字号相一致；无字号的个体工商户开立银行结算账户的名称，由'个体户'字样和营业执照记载的经营者姓名组成。自然人开立银行结算账户的名称应与其提供的有效身份证件中的名称全称相一致。"这是商业银行业务中关于实名制的具体体现之一。

中国证监会颁发的《证券公司开立客户账户规范》第 3 条规定，证券公司为客户办理开户，应当遵循合法、自愿、审慎原则，审核客户身份的真实性，确保客户资料真实、准确和完整。

《反洗钱法》第 16 条规定，金融机构应当按照规定建立客户身份识别制度。金融机构在与客户建立业务关系或者为客户提供规定金额以上的现金汇款、现钞兑换、票据兑付等一次性金融服务时，应当要求客户出示真实有效的身份证件或者其他身份证明文件，进行核对并登记。任何单位和个人在与金融机构建立业务关系或者要求金融机构为其提供一次性金融服务时，都应当提供真实有效的身份证件或者其他身份证明文件。

二、对新类型网络金融机构的实名制要求

对于新类型的网络金融机构，监管机构也制定了严格的实名认证规则。

《非银行支付机构网络支付业务管理办法》第 6 条规定，支付机构应当遵循"了解你的客户"原则，建立健全客户身份识别机制。支付机构为客户开立支付账户的，应当对客户实行实名制管理，登记并采取有效措施验证客户身份基本信息，按规定核对有效身份证件并留存有效身份证件复印件或者影印件，建立客户唯一识别编码，并在与客户业务关系存续期间采取持续的身份识别措施，确保有效核实客户身份及其真实意愿，不得开立匿名、假名支付账户。

《网络借贷信息中介机构业务活动管理暂行办法》第 11 条规定，参与网络借贷的出借人与借款人应当为网络借贷信息中介机构核实的实名注册用户。

第三节　网络金融用户实名制的实现路径

在传统的线下交易中，金融机构做到用户实名开户并非难事。但在数字金融的在线交易环境下，核实用户身份却是一件复杂的事。总体而言，有五种主要的路径，分别介绍如下：

一、形式审核加交叉验证路径

即通过对身份证进行形式审核，并辅以第三方机构的信息交叉完成实名注册的身份认证。有的机构会要求提供身份证号码，有的则会要求手持身份证上传照片。根据身份证号码与公安人口信息库数据的比对，可以确认确实有这一自然人主体存在。但由于远程操作中无法确定身份证的真伪，或者无法确认操作者是否本人，因此，一般在实施网上实名注册时还需要用户提供电话号码、电子邮箱、银行卡卡号等信息。在手机和电子邮箱均为实名注册的情况下，通过发送手机短信验证码、邮箱验证链接等方式进行实名注册的身份核实。有的网络金融机构会进一步要求用户绑定银行卡，并保证银行卡所载的身份信息与身份证相同。

客户在办理银行卡时，依据有关法律、法规及监管部门的规定，需要以实名方式办理，银行卡往往意味着商业银行已经对客户的身份进行了核实。为了证明银行卡是真实有效的，有的机构在进行认证时会要求用户利用绑定的银行卡支付小额资金以完成验证，通过这种方法基本可以确认信息的真实性。

但是，上述方法均为间接的身份认证方式，需要通过繁琐、复杂的证据链条锁定主体身份，在实务操作中成本较高且效力有限。

二、借用第三方注册信息实施实名注册

借用第三方注册信息实施实名注册，是较为直接且成本很低的一种实名注册认证路径。网络金融服务提供者在用户注册时，直接给予用户选择以其他网络平台用户名登录的权利，用户一旦点击确认，服务提供者根据与第三方网络平台的协议，直接调用用户在第三方的注册信息，为用户在本平台完

成注册的实名认证。借用第三方注册信息实施实名注册，最大的制约因素是第三方进行实名注册时是否进行了准确的身份验证。如果第三方的实名注册验证标准较低，在借用第三方注册信息的结果也会一样。

三、生物特征注册路径

在使用身份证注册的同时，通过电脑或手机摄像头扫描获取用户的面部特征数字模型，并将其与公安人口数据库中的照片进行比对，以人工智能的算法确定持有身份证实施注册行为的是否就是身份信息库中登记的本人。此外，虹膜信息的识别、指纹信息识别等生物识别方法也可以发挥同样的作用。生物特征作为与人体相关性极强的一种特征，具有识别准确率高等特点。

但是，生物特征识别也具有巨大的危险性和潜在的社会危害性。生物特征识别的基础是对用户的生物特征实施扫描并建立数字模型，以数字模型与现有的生物特征比对，从而完成身份的认证。一旦生物识别的数据丢失，意味着按照丢失的数据，通过3D打印的方式可以重构一个生物特征体，比如面具、手指、具有虹膜特征的隐形眼镜等。而且，由于生物体的不可复制性，人体生物识别特征泄露并遭受仿冒后，改变自身的生物识别特征（整容）付出的成本将是极其高昂的。如果是某个大型金融机构或电商网站保存的巨量生物识别数据被窃取，则对于整个社会秩序造成的危害将是难以估量的。生物特征识别对于个体的威胁还包括人身伤害，如同电影《达·芬奇密码》中的情节那样，不排除犯罪分子为了获取生物识别特征而伤害到用户的身体。

四、数字证书路径

用户在实名注册的同时，通过数字证书的方式完成身份认证，也是一种可行的方法。数字证书的认证系统主要是采用PKI建立的，PKI（Public Key Infrastructure）是一种利用公钥加密技术为安全通信提供支持的技术和规范。现代的密码技术强度很大，可以充分地保证密码信息的安全。在现有的技术条件下，其所采用的不对称加密技术被公认具有很高的安全性、不可篡改性和不可抵赖性。数字证书由国家特许的认证中心颁发，认证中心对用户的身份进行严格的审核后，为用户颁发数字证书。通过公钥加密技术对用户的公钥信息和用户的身份信息作了数字签名，把用户的身份信息与公钥绑定在一起。包含有用户个人身份信息、公钥和数字签名的一个特殊的电子文件就形成了数字证书。

数字证书认证的最大问题是，金融机构所认可的证书授权中心（CA 机构）与为用户颁发证书的 CA 机构不是同一机构。不过，这一问题通过不同 CA 机构之间的认证数据互认的方式可以解决。

五、电子身份证（eID）路径

电子身份证是公安部第三研究所开发的一套身份验证标准体系，eID 是以密码技术为基础、以智能安全芯片为载体、由“公安部公民网络身份识别系统”签发给公民的网络电子身份标识，能够在不泄露身份信息的前提下在线远程识别身份。

根据载体类型的不同，eID 目前主要有通用 eID 与 SIMeID 两种，其中通用 eID 常加载于银行金融 IC 卡、社保卡、USBkey 等，SIMeID 主要加载于 SIM 卡。“公安部公民网络身份识别系统”向用户签发 eID 时，会以用户个人身份信息和随机数计算出一个唯一代表用户身份的编码，即用户的网络身份标识编码（eIDcode）。该编码不含任何个人身份信息，且不可逆推出个人身份信息。用户使用 eID 通过网络向应用方自证身份时，应用方会通过连接“公安部公民网络身份识别系统”的运营和服务机构，请求验证核实用户网络身份的真实性和有效性。一旦用户网络身份通过验证，应用方会得到一个与该应用相对应的用户网络身份应用标识编码（appeIDcode）。因此，虽然用户拥有唯一的网络身份标识编码（eIDcode），但在不同的应用机构可以得到不同的网络身份应用标识编码（appeIDcode），从而避免用户在不同网络应用中的行为数据被汇聚、分析和追踪，最大限度地保护个人身份和隐私信息。

eID 事实上是一种将用户真实身份掩藏在代码背后的身份识别体系，商家可以通过比对获悉用户身份的真实性，但并不能直接获取用户的具体姓名等身份信息。这一体系可以最大限度保护用户的隐私，并且可以防范用户信息泄露带来的社会成本。

以上各种实名注册的身份认证路径各有利弊，金融机构可以根据自身的特点以及金融监管机构的特殊规则，合理确定自身的身份认证路径。

第四节 身份识别问题

身份识别是实名注册环节完成身份认证之后，用户在后续登录并作出金融交易行为时，金融机构对用户身份进行识别，以确认实施交易行为的人就是已经实名注册的用户。身份识别问题是注册的延伸，识别的路径也与注册环节的身份认证大同小异。

一、“用户名+密码”的形式一致性识别

用户在金融机构完成实名认证和实名注册后，会取得相应的用户名和密码，“用户名+密码”将作为用户下次实施登录的身份识别标示。通常，有的机构也会在登录时设置手机短信验证环节，通过给用户预留在金融机构的手机号码发送验证短信，用户填写验证码的方式，进一步确保使用该账户密码的操作者为用户本人。

“用户名+密码”的方式最为简便易行，但安全性也较低。一旦用户在不安全的网络中，如公共场所的WIFI，实施了登录操作，则用户名和密码很可能被他人非法获取，从而影响交易的安全性。

二、数字证书识别

在这一模式下，通常会根据用户所需要提供金融服务的不同而设置不同的识别标准。如果用户仅仅是登录金融机构网站，实施账户查询、产品查询、服务查询，则通常仅需要通过“用户名+密码”的形式一致性识别即可登录和操作。如果在同一账户中，实现用户的不同财产形态转换，通常也无需进一步的身份识别，如购买理财产品、申购公募基金等实行了资金封闭存管的金融产品。但如果涉及用户的资金划转，则需要增加数字证书识别的环节和手机短信验证码。

三、动态口令识别

采用此种方式的金融机构，通常会给用户发放专用的动态口令卡。动态口令卡是一种集成了芯片和算法的硬件设备。口令卡内置电源、密码生成芯

片和显示屏，根据专门的算法，每隔一定时间会自动更新动态口令并在显示屏上显示一组数字。用户将数字填入金融机构的提示对话框中，金融机构将该数字与金融机构系统的数据进行比对，如果匹配，就证明操作者是本人。

动态口令通常也与“用户名＋密码”的形式一致性识别结合使用，两种识别方式的作用分工与上述关于数字证书识别的论述类似。

四、生物特征识别

生物特征识别，简单地说，就是“刷脸”。2017 年是中国电子商务和网路金融的“刷脸”元年，机场、高铁站、酒店都用上了人脸识别比对系统，金融系统自然也不例外。2017 年 9 月 1 日，支付宝宣布在杭州万象城店的肯德基 KPRO 餐厅正式上线“刷脸”支付，这也是“刷脸”支付在全球范围内的首个商用试点。

与用户实名注册环节的“刷脸”不同，在实名注册环节，“刷脸”的主要用途是与公安人口信息库中的人脸数据比对，如果仅仅是比对作用，金融机构可以不用留存用户的面部特征数据。但是在后续的识别环节，则可能存在两种识别路径。一是与注册环节一样，将“刷脸”的数据发送到公安人口数据库做比对；二是将“刷脸”的数据与注册环节留存的面部特征数据做比对。如果是第二种情况，金融机构将不得不留存用户的面部识别数据。

由于人脸识别数据的不可更改性，数据一旦泄露，对于特定个人生活的影响将是持续的，而对于社会秩序来说，更是会造成难以弥补的损害。因此，对于人脸识别数据，不排除将来国家制定相应规则加以规制或限制的可能性。

网络实名制是大势所趋，实现网络实名需要金融机构按照相应的规则对用户的身份进行验证或认证。但网络实名制也是把双刃剑，在带来好处的同时，如果实名制的信息泄露，也会增大社会的风险和网络经营者的风险。当然，对于网络实名制的缺点，也可以通过电子身份证等验证方式，将用户的真实信息掩藏于电子身份证的后面，而仅通过对电子身份证的比对来证明金融用户为实名注册用户。

第二部分

分　　则

第七章　数字化银行及其法律问题

案例十四　有个女孩叫“小微”

2013年，中国建设银行就通过其官方微信公众号推出了智能化的服务平台“小微”，利用人工智能技术为客户解答咨询并办理业务。根据建设银行官方网站的表述，截至目前，“小微”已覆盖建设银行微信公众号、手机银行、短信、互联网网站、网上银行及物理网点等多种服务渠道，累计服务用户超过19亿人次，每天服务用户400万人次，每秒服务46人次，处理问题90条，有力地推动了建设银行金融服务的智慧转型。该服务平台以自然语言处理、人机交互等人工智能技术为基础，识别用户以文字、语音形式提出的问题，通过语义分析理解用户意图，并以自然语言与用户沟通，为用户提供智能自动应答服务。[①]

案例评述

商业银行传统客户服务以电话为主，面临着服务形式单一、成本高、效率低等问题，AI（Artificial Intelligence，人工智能）技术的发展与应用为其服务转型提供了新的思路，建行“小微”就是其中的一个应用。小微由交互前端、智能引擎和管理后台三部分组成。交互前端，可以说是小微的“感觉器官”，负责为用户提供微信、手机银行、短信等各渠道的服务窗口。智能引擎是小微的“思考器官”，负责对用户提出的文本或语音需求进行语义分析和处理。管理后台是小微的“运动器官”，负责分析用户服务需求后，从后台快速索引至对应服务内容。

① 参见李迁迁、黄小迅、朱放：《有个女孩叫“小微”》，http://www.ccb.com/cn/ccbtoday/ccbpaper/20170411_1491894262.html，2018年8月14日访问。

本章引言

商业银行，尤其是四大国有银行，一直给人以保守和创新不足的印象。在本轮互联网金融的发展浪潮中，由于监管政策的限制以及银行自身的原因，商业银行在业务模式的创新方面略显保守。随着互联网金融监管尘埃落定，诸多创新最终被法律及监管政策实施了合理的约束。银行作为金融体系的最主要参与者，在金融创新过程中依然不可获取。虽然在规避监管的创新领域，银行作为不大，但是在金融科技布局、大数据金融的生态和技术储备、智能金融领域，商业银行长期以来积淀的技术优势、人才优势、安全优势却发挥了更大的作用。甚至可以说，商业银行在金融科技和大数据金融领域采取了高举高打的竞争策略。经过多年的准备，正在逐步发力，其优势也在逐渐显现。

第一节　数字化银行概述

一、数字化银行的概念

数字化银行，是指商业银行利用互联网、云计算、大数据等数字化的技术和方法，将原有的服务流程、服务内容转化为计算机可以识别、分析、处理的数据，并依此进行产品创新和服务创新的商业银行。数字化银行是互联网技术发展到一定程度，计算机算法进步以及数据足够丰富条件下的产物。

银行业务相比证券和保险业务而言，其标准化程度更高，也更加适合进行数字化转型。证券公司的业务结构中，最标准化的业务是经纪业务，但这一业务的收入占比越来越低，投资银行和资产管理的业务收入早已超过经纪业务，而投资银行和资产管理恰恰是需要大量人力资源投入且短期难以标准化的业务。保险公司产品设计已经高度标准化，但在保险查勘和理赔环节，依然需要大量的线下人员投入。

对于银行而言，主要的几大块业务，存款、贷款、中间业务，还有近些年蓬勃发展的资产管理业务，由于业务流程和原理的不同，数字化的进程也有差异。其中存款业务标准化程度极高，与存款相关的现金业务，绝大多数也已经通过自动柜员机为用户提供服务。在无现金社会的趋势下，与存款相关的业务标准化程度只会越来越高。贷款业务给人的印象往往较为传统，需要跑银行，与业务员沟通交流，提交各种材料，最终还需要审贷会通过，标准化程度似乎很低。但是，随着大数据风控技术的日渐成熟，以及国家大数据战略的实施，当前在小额信贷领域，已经具有很高程度的标准化和自动化审贷。比如建设银行的“e贷”，用户只需要通过网银申请即可获得一定额度的授信。而大量的现金贷产品，更是将贷款审核完全实现了机器化。可以预见的是，对于大额信贷，借助大数据，自动化审贷并非天方夜谭。票据业务，由于电子票据的实施和普及，未来标准化和自动化程度只会不断提高。中间业务，银行柜台的电汇和贷记凭证汇款早已成为罕见的做法，企业、个人更习惯于通过电子支付、电子汇款、扫码支付等更为便捷的方式实施资金支付结算行为，支付结算的自动化程度已经足以使银行将这一业务板块建立在机器自动操作之上。对于资产管理而言，其中的标准化债券投资可以通过机器智能投顾解决，标准化和自动化程度也可以非常高。非标资产的投资管理，也许是商业银行未来业务中标准化相对滞后的业务。综上，不难看出，商业银行业务的高度标准化时代已经到来。在此基础上，商业银行的数字化转型进程仍会加速，数字化银行雏形已经具备。

二、数字化银行的特征

（一）服务远程化

数字化银行是互联网发展到一定阶段的产物，因此，数字化银行的首要特征就是远程化，或者称为“在线化”。银行通过互联网，在线上为用户提供各种银行服务。远程化是与面对面服务相对应的，远程化意味着银行的用户开户、支付结算、存款贷款不再通过营业厅完成，而是通过手机银行、网上银行甚至是未来出现的其他远程接入方式完成。

在各种交叉认证方式逐步完善、数字证书日渐普及以及生物特征识别逐渐推广的大背景下，原先阻碍银行远程化的安全因素、反洗钱因素逐渐淡化。我们以远程开户为例，监管机构对于远程开户的态度一直是相对谨慎的，主要原因在于远程开户的用户真实性识别问题，并且在此基础上会衍生出洗钱和其他利用银行账户实施违反交易的风险。值得注意的是，2017 年开始，监管机构已经允许商业银行以生物识别等方式提供支付等在线银行服务，这一动向说明监管机构对于远程的身份识别问题已经开始放宽管制。生物特征辅以活体识别，加上其他的辅助识别方法，已经可以取得不亚于柜台当面识别的效果。可以预期的是，不久的将来，相关的个人结算账户管理办法也会迎来修改，从而为远程银行服务扫清法律障碍。

（二）服务自动化

所谓服务自动化，是指银行的诸多服务脱离人工的介入，依据电脑程序安排，自动给予应答，从而满足客户的基本需求。我们以支付结算为例，这一服务内容已经做到了高度程序化，用户只需要输入收款人的账号和汇款金额，银行的支付系统和跨行清算系统就会自动完成资金的转移和记账的变更。在理财产品申购、银行代理销售的基金产品申购过程中，用户只需要选择相应的金融产品和申购数额，系统就会自动化完成产品的申购。在产品赎回过程中，同样是自动化程序帮助用户完成服务。随着金融产品标准化程度的提高，自动化服务的范围也会不断扩大。

（三）服务数据化

服务数据化是指将所有的产品信息、用户行为信息、与产品有关的宏观经纪信息和微观信息、其他相关信息，变成机器可以分析的数据，通过数据挖掘和数字化建模的方式进行分析和运用，并将数据分析的结果用于为客户服务的过程。

服务的数据化，是数字化银行深度发展阶段的产物。理论上讲，一切信息都可以数据化。无论是结构化数据，还是非结构化数据，都能够被计算机识别和分析。不同的是，结构化数据由于数据相互之间存在一定的逻辑一致性，从而可以通过数据库进行分析；非结构化数据的分析则更为复杂。

金融数据工程师根据用户的需求或产品的属性，构建相应的数据模型，并根据已经获取的数据进行深度分析，从而得出相应的结论。以大数据风控为例，在银行信贷活动中，根据用户的信用状况，判断用户的授信额度以及是否应该获得授信，这是传统金融中最为常见的场景。传统金融的做法是取得征信报告，然后再根据资产状况、还款来源调查等方法，确定是否给予贷款或给予多少额度的贷款。传统金融的贷款审核，重在定性分析，缺乏更加精细化的定量分析。

在数据化的金融服务中，贷款申请人的身份信息、财产信息、信用信息、消费信息、行为轨迹信息、阅读信息等各个维度的信息，都被转化成可以计量的数据，根据不同数据对于信用和还款能力、还款意愿的影响度，进行定量化的分析，并根据不同人群做出不同的数据模型，最终判别贷款申请人是否应该获得贷款、贷款的金额以及匹配的利率。对于信用分值高的贷款申请人，可以给予利率优惠，从而争夺优质客户；对于信用分值低的贷款申请人，则适当抬高利率，从而对冲风险。采用大数据的贷款审核系统，甚至可以做到贷款利率一人一议，实行差别化利率政策和差异化竞争策略。在数字化银行的服务过程中，数据是服务创新的基础。

（四）服务智能化

服务智能化，是数字化银行的本质特征之一。本章案例中提到的客服机器人，只是服务智能化的一个案例，也是服务智能化的表象。服务智能化是指商业银行以人工智能的算法为辅助，给客户提供金融服务。

服务智能化与服务自动化有一定的联系，都是以计算机程序自动对用户需求做出应答。不同之处在于，智能化依靠的是人工智能的算法，通常应用于非标准化的领域，而自动化依赖的虽然也是电脑程序，但通常应用于更为标准化和程序化的领域。以工商银行的“AI投”为例，该产品将目标池子中的投资基金分成了不同的投资周期、不同的风险等级以及若干种组合。客户选定能承受的投资风险等级及投资期限后，“AI投”就可以通过智能投资模型，分析股市、债市等各类市场形势，为客户量身推荐基金投资组合方案。当基金组合不符合市场投资形势时，“AI投”将重新计算并建议客户调整基金组合，客户可通过“一键调仓”完成基金组合调整。

服务智能化是数字化金融发展的最高境界，对金融机构数据分析能力和算法都有很高的要求。

第二节　数字化银行的具体路径

一、从吃息差到资产管理转型

传统商业银行最核心的业务是存贷款业务，获取息差是商业银行的重要的收入来源。随着网上银行的普及，用户在商业银行的互联网平台中可以获取的信息日益丰富，除了银行自身存贷款业务、支付结算业务外，商业银行代理业务信息也是客户非常关注的信息。在居民理财需求日益丰富的大背景下，商业银行除了提供自身的资产管理业务外，还可以为用户提供配置不同其他资产管理产品的建议和资产组合。

商业银行可以通过对用户存款情况、支付结算信息、支付结算场景分析、其他财产信息和行为信息的分析，对用户进行精准的风险测评，从而给予用户精准的投资分析和投资建议，并在此基础上，将资产配置组合的建议提供给用户。用户根据投资组合的建议，可以通过商业银行购买基金产品、保险产品及其他资产管理产品，从而在商业银行的网站上完成“一站式”资产配置。

二、进一步介入供应链和消费金融场景

对于商业银行而言，供应链金融和消费金融一直是银行的常规业务，虽然每家银行的操作思路不尽相同，但产品的操作路径大同小异。

对于传统的商业银行供应链金融来说，主要是票据贴现、仓单质押贷款、应收账款保理等方式，商业银行通过对企业需求和供应链上下游企业的信用状况分析，给予企业供应链金融支持。

以票据贴现为例，企业在取得远期兑付的汇票后，由于汇票的兑付与企业的用款需求之间存在时间差，企业往往需要将票据的价值变现，银行的票据贴现成为企业进行供应链融资的重要选择。银行在收到用户的票据后，根据票据的出票人或承兑机构的不同，采取不同的策略。如果是银行承兑汇票或者是具有良好商业信誉的商业汇票，银行更愿意提供贴现服务。应收账款保理也具有类似的运作机制，银行关注的是应收账款的债务人信用状况，如

果债务人信用良好，银行将通过债权受让的方式给予应收账款的权利人保理服务。

在传统的供应链金融操作流程中，商业银行的地位是被动的，银行能够获取的数据有限，且效率低下。传统的消费金融也面临这一问题，用户向银行申请消费贷款，银行根据用户的信用状况和所申请的贷款用途发放贷款。但是，对于用户是否将贷款用于指定的消费场景，商业银行缺乏必要的监控手段。

在网络金融和大数据金融的流程中，上述问题将得到解决。银行通过对企业供应链上下游的数据分析，动态地掌控相关机构的信用状况，以及供应链上交易的真实性与可靠性，在此基础上提供金融支持，不仅效率更高，而且能够降低银行自身的风险。对于消费金融而言，通过对合作场景中消费数据的随时掌控和分析以及资金支付结算数据的掌控，一方面提高了消费金融的效率，另一方面也可以确保资金被用于指定的消费用途。

三、商业银行从事 P2P 业务的现状及趋势

随着银监会对于网络借贷信息中介机构监管政策的出台，以及十四部委的清理整顿文件发布，非持牌机构从事 P2P 业务受到了诸多限制。与此同时，我们注意到，对于商业银行等持牌金融机构从事 P2P 业务，《网络借贷信息中介机构业务活动管理暂行办法》并没有直接约束，而是规定了由监管另行制定办法。事实上，部分商业银行已经进入网络借贷信息中介服务市场，因此，有必要对银行从事 P2P 业务的必要性和现状做出分析。

（一）P2P 对商业银行业务的影响分析

首先，P2P 将分流部分银行存贷业务。我们知道，在一个稳定的市场中，资金需求方和资金供给方是相对均衡的。P2P 模式解决了部分借款人与出借人之间的直接交易问题，这势必会分流商业银行的存款和贷款业务。当然，由于存款人的风险偏好不同，P2P 模式对不同存款人的吸引力也不同。

对于部分风险偏好型的投资者而言，如果通过 P2P 平台出借资金，所获得的收益高于银行存款利率，则会选择 P2P 金融。但是，对于风险厌恶型的投资人而言，则会继续通过银行的存贷模式获取利息。

其次，商业银行存贷模式仍有优势。银行存贷模式对于投资人的吸引力在于，存款人将存款交给银行，无论银行的对外贷款是否逾期、是否坏账，均与存款人无关。存款人可以在到期（定期）或者随时（活期）要求银行还本付息。并且，由于商业银行受制于资本充足率和存款准备金率的制约，以及存款保险制度的支撑，将资金存在商业银行，不仅信用更有保证，而且能够对借款的坏账风险进行分摊。而在 P2P 网贷模式下，出借人通过网贷平台出借的资金，与 P2P 平台之间并不形成存款关系，到期兑付的义务人为借款人，一旦出现坏账，只能由出借人自行承担风险。

虽然 P2P 不能取代银行存贷模式，但是至少会分流部分风险偏好型的客户。而随着社会信用体系与互联网征信体系的建设以及大数据征信手段的运用，借款方的信用状况会更加完整地展现在投资人面前。在此前提下，不排除会有部分风险厌恶型投资者参与 P2P 投资。因此，P2P 客观上会分流银行的客户，银行也须积极谋求转型。

（二）P2P 与银行存贷的差异

P2P 与银行存贷交易模式最大的区别在于，P2P 是资金的直接交易，而银行是资金的间接交易。其差异包括：其一，P2P 是出借方与贷款方直接交易，而银行存贷模式是间接融资。其二，P2P 出借方自行承担坏账风险。而银行存贷模式下，存款人将存款交给银行，银行承担贷款不能收回的坏账风险，银行对存款人有兑付义务。其三，P2P 交易主要借助互联网完成。当然，随着银行的互联网化进程，商业银行业务也会逐渐迁移到线上，这一差异将来会逐渐消除。

（三）商业银行应顺势而为，构建银行 P2P 模式

P2P 模式与银行存贷会形成竞争，银行应顺势而为，发展自身的 P2P 业务，并作为传统中间业务的补充。P2P 模式对于银行具有积极的意义，具体如下：

首先，P2P 有利于构建“轻资产”银行模式。

商业银行吸收存款，形成资产，同时形成负债。因此，传统商业银行模式属于一种“重资产”金融模式。

虽然 P2P 平台在形式上仅仅是完成了资金交易的中介，但这一过程中，

P2P平台会收取一定比例的服务费。如果我们将服务费看作是利息差的替代方式，则对于P2P机构而言，这一过程并未增加平台的资产和负债，但却得到了事实上的“息差”。这种轻资产模式带来的是，远远超出传统银行的“净资本回报率”。

其次，减轻了银行资产“出表”压力。

商业银行为了赚取息差，会形成大量缺乏流动性的应收账款资产。为了实现流动性，商业银行通常会借助资产证券化等手段实现资产出表。而如果商业银行引入P2P模式，则可以在资产未“入表”的情况下，赚取中间业务（资金中介）收入，其效率远远高于“贷款+资产证券化”路径。

再次，不受存款准备金和资本充足率的限制。

由于出借人（放贷人）不是银行业金融机构，而商业银行仅仅是为借贷交易提供了渠道和信息。这种业务模式，不受巴赛尔协议资本充足率的约束，也不受人民银行存款准备金率的约束。对商业银行而言，获取利润的空间更大。

最后，增加支付结算等中间业务收入。

P2P模式下，投资者与借款人的交易通过P2P平台及支付机构的网络实施。对于商业银行而言，由于支付结算本来就是商业银行业务的重要组成部分，商业银行在进行P2P业务撮合过程中，也可以承担交易的支付、结算、资金监管等职能，这些功能，可以为商业银行带来额外的中间业务收入。

不难看出，主动选择P2P模式，对于商业银行而言，具有两方面的意义：一方面，是商业银行应对P2P金融模式冲击的一种措施；另一方面，也是银行降低自身风险的理性选择。

第三节 数字化银行的法律问题

一、远程开户的法律问题

远程开户的法律问题分为通用问题和专属问题。通用问题是任何互联网企业远程服务都需要面对的问题，即了解你的客户和识别你的客户，也就是我们所说的远程身份识别和指令的识别问题。对于远程身份识别和指令识别，本书在前面章节已经专门做了论述，在分论部分不再赘述。本章部分对于远程开户环节的主要法律问题论述，主要针对行业监管的相关问题。远程开户已经日益成为商业银行互联网化转型过程中的重大趋势，而远程开户的普及，也必将成为商业银行的一次“端口革命”，对于这一趋势，需要研究其法律现状和规则限制。

（一）商业银行开户的基本规则

中国人民银行颁布的《人民币银行结算账户管理办法》规定，存款人申请开立个人银行结算账户，中国居民应向银行出具居民身份证或临时身份证，存款人需要在异地开立个人银行结算账户的，同样需要出具身份证明文件。按照现有的监管规定，开立银行结算账户中的一类账户只能通过柜台或以视频方式进行“面签”，即由个人携其本人身份证件亲自办理，当面或通过视频与银行确立权利与义务关系，不得代理。按照这一开户规则，商业银行办理远程开户受到了诸多限制。当然，近年来，随着银行在线业务的发展，监管也有放松当面开户限制的趋势。

（二）远程开户的规则限制

值得注意的是，中国人民银行 2015 年 12 月 25 日发布了《关于改进个人银行账户服务　加强账户管理的通知》，该通知对于账户开户的免签问题有了一定的松动，该通知将个人银行账户分为Ⅰ类户、Ⅱ类户或Ⅲ类户。其中，Ⅰ类户可以通过柜面受理提交开户申请，对于通过远程视频柜员机和智能柜员机等自助机具受理银行账户开户申请的，银行工作人员现场核验开户申请人身份信息的，也可以开立Ⅰ类户。如果通过自助机具申请，但银行工作人员未现场核验开户申请人身份信息的，则无法开立Ⅰ类户，但可以开立Ⅱ类户。对于通过网上银行和手机银行等电子渠道受理银行账户开户申请的，银行可为开户申请人开立Ⅱ类户或Ⅲ类户。从上面的规则可以看出，对于Ⅰ类户的开立规则仍比较严格，但是已经允许通过自助机具进行开户申请，银行工作人员为此需要进行现场身份信息核验。这意味着，商业银行的Ⅰ类户开户具备离开商业银行营业场所的可能性，只是现阶段还需要工作人员进行现场核验身份。而Ⅱ类户或Ⅲ类户已经完全具备在远程进行开户的条件。

对于三类账户的划分，人民银行也给出了相应的标准。银行可通过Ⅰ类户为存款人提供存款、购买投资理财产品等金融产品、转账、消费和缴费支付、支取现金等服务。银行可通过Ⅱ类户为存款人提供存款、购买投资理财产品等金融产品、限定金额的消费和缴费支付等服务。银行可通过Ⅲ类户为存款人提供限定金额的消费和缴费支付服务。银行不得通过Ⅱ类户和Ⅲ类户为存款人提供存取现金服务，不得为Ⅱ类户和Ⅲ类户发放实体介质。也就是说，Ⅰ类户可以视为用户的全能账户，而且有实体银行卡配置。Ⅱ类户和Ⅲ类户功能受到限制，并且不能发放实体银行卡。

二、银行网络支付法律问题

随着网银支付功能的完善，网络支付已经成为商业银行业务中最为常见的中间业务。对于客户通过银行支付系统直接实施网络支付业务而言，商业银行面临的主要法律问题是用户支付指令的真实性判断和支付指令与用户本人的对应问题。对于这一问题，通过实名注册与可信的电子签名验证方法已经得到解决。

除了商业银行直接接受用户指令进行网络支付外，当前还有一种常见的网络支付方式，即用户通过第三方支付机构代为扣划资金，完成支付结算。随着第三方支付机构的兴起，这一方式在网络支付中已经成为占据主导地位的一种支付方式。我们日常使用的支付宝、微信支付，都属于授权第三方支付机构实施资金扣划的支付方式。在互联网消费、互联网金融场景下，一系列的充值行为、还款行为，事实上也是通过第三方支付机构实施的代扣划资金行为。与银行直接实施网络支付不同的是，通过第三方支付机构代扣划资金的支付行为，事实上对于每一笔支付指令，银行并未直接收到账户所有者的指令。在网银直接支付的环境下，商业银行可以通过验证数字证书的方式确定支付指令发出主体为账户所有者，从而规避自身的风险。但在第三方支付机构代扣划资金的环境下，商业银行事实上无法直接获取账户所有者发出的划款指令，但却要承担非本人发出支付指令的风险。

通常而言，通过第三方支付机构事实划款，付款方会通过第三方支付的网关进入到银行的网关中进行转账。银行根据指令所包含的信息，确认银行卡、客户预留信息等内容，按照账户所有人的指令将相应的资金转入第三方支付机构在银行开设的虚拟账户中，然后由第三方支付机构将资金转入收款方账户中。

通过上述流程可以看出，由于第三方支付机构的介入，使得用户与银行之间的直接信息沟通渠道被阻断，用户无须登录银行的网银系统，也无须使用银行提供的数字证书，也无法与银行之间建立直接的数据传输。为了支付结算的便利，第三方支付机构往往会整合各家银行的网络接口，集成网关，从而隔绝了用户与银行的直接联系。这一模式会给银行带来新的风险，我们知道，按照银行与用户的开户协议，银行作为用户资金的保管者，有责任保障用户资金安全。银行与用户之间基于资金保管协议产生的权利义务关系并未发生变化。

银行的主要风险包括以下几个方面：

其一，第三方支付机构系统不安全带来的风险。

如黑客通过网络系统侵入第三方支付的系统，并发送了不正确的支付指令，将账户所有者的资金转移，造成用户损失。

其二，第三方支付机构在获取用户支付授权方面未能审慎核查，用户不承认支付的结果。

无论是上述哪一种情况，由于用户的账户开设在商业银行，与商业银行之间构成存款关系，即资金的保管和结算服务法律关系，银行是用户账户资金安全的首要责任人，一旦用户账户资金发生损失，如果不是用户的责任且银行不能证明自身无过错，银行就有可能被追究法律责任并赔偿用户的损失。

对于商业银行而言，可以通过如下措施防范第三方支付机构介入支付结算流程带来的法律风险。

首先，需要加强对用户授权的审核。银行可以通过第三方支付机构的承诺和预留信息的方式核实用户授权，如通过验证预留手机号码收到的验证码来确认用户授权的真实性。用户通过第三方支付机构进行支付时，银行可以要求第三方支付机构核实用户的手机验证码，以此加强对用户授权行为的识别。

其次，加强第三方支付机构的认证和准入。由于获取用户授权，核对指令发出者与账户所有者一致性的关键在于第三方支付机构的实名验证和授权行为认证的责任是否得到落实。因此，第三方支付机构的流程管理、风险防控措施应成为银行选择第三方支付机构的重要标准。

三、银行从事 P2P 业务的法律问题

（一）银行系 P2P 运营主体的法律地位

由于商业银行从事 P2P 业务并无明确的法律规定，也没有明确的监管规则，所以银行在开展此项业务时，采用了不同的法律主体。

一类是采用独立主体运营，通常是银行的关联企业运营。如民生易贷，该平台的运营主体并非民生银行，而是民生电子商务有限公司。

另一类是由银行内设部门直接运营，如“小马 bank”（包商银行）、“齐乐融融 E”（齐商银行）、“白领融”（宁波银行）等。以宁波银行的白领融为例，宁波银行将该业务模式作为“直销银行”进行管理。具体而言，是银行为借贷双方提供信息中介服务。从借款人一端来说，“白领融”是一款网络信用借款产品，最高额度为人民币 50 万元，3 年有效。在有效期和额度范围内，客户可以通过该平台发布项目。借款人一般包括公务员、事业单位在编人员、八大行业（金融、电信、电力、烟草、炼化、港务、水务和航空企业正式编制员工），并包括律师事务所、会计师事务所、税务师事务所、审计师事务所和公证处持证人员。借款人在宁波银行直销银行平台发布借款信息后，投资人根据信息披露的情况，选择对特定借款人出借资金。

（二）银行系 P2P 的监管规则

根据上述分析，我们可以看出，虽然两类主体都被视为银行系 P2P，但是由于其主体的法律地位不同，适用的监管规则业务也不一样。对于独立主体运营的 P2P 机构而言，应适用《网络借贷信息中介机构业务活动管理暂行办法》，并按照监管规则和省级地方金融监管机构制定的网络借贷信息中介机构备案管理规则实施 P2P 备案。如果未能按照国家相关规则实施备案，将面临非法经营的法律风险。

对于银行自身内部部门运营的 P2P 业务而言，由于其属于银行自身的业务组成，按照《网络借贷信息中介机构业务活动管理暂行办法》的规定，应由监管机构另行制定管理办法，因而并不适用《网络借贷信息中介机构业

务活动管理暂行办法》的规定。

相比较而言，银行自身运营的网络借贷信息中介平台，合规性方面压力较小。主要原因在于：

其一，银行自身有放贷资质，所以可以针对不同的用户，给予直接放贷或提供借贷信息中介的多种服务，但不会发生 P2P 机构禁令中所规制的无牌照发放贷款的情况；

其二，银行有吸收存款的功能，所以不会发生 P2P 机构监管中防范的非法吸收公众存款问题；

其三，银行具有支付结算的牌照，因而不会因为代收代付资金而产生临时的资金归集问题，也不会发生违规提供支付结算服务的问题。

综上，我们认为，银行开展 P2P 业务虽然监管规则不明确，但作为一项中介业务，法律或监管规则也没有禁止。由于银行的业务属性，银行从事 P2P 业务，违法或违规的风险更小。

四、银行开展 P2P 资金存管的法律问题

网络借贷信息中介机构资金存管，是随着网络借贷信息中介机构的监管而产生的新业务。根据十部委《关于促进互联网金融健康发展的指导意见》（银发〔2015〕221 号）的规定："客户资金第三方存管制度。除另有规定外，从业机构应当选择符合条件的银行业金融机构作为资金存管机构，对客户资金进行管理和监督，实现客户资金与从业机构自身资金分账管理。"这是关于网络借贷信息中介业务需要实行资金银行存管的最早文件。此后，国务院办公厅印发的《互联网金融风险专项整治工作实施方案》（国办发〔2016〕21 号）再次强调："严格要求互联网金融从业机构落实客户资金第三方存管制度，存管银行要加强对相关资金账户的监督。"在中国银行业监督管理委员会、工业和信息化部、公安部、国家互联网信息办公室联合发布的《网络借贷信息中介机构业务活动管理暂行办法》中，以部门规章的方式明确规定："网络借贷信息中介机构应当实行自身资金与出借人和借款人资金的隔离管理，并选择符合条件的银行业金融机构作为出借人与借款人的资金存管机构。"

上述规则，更多地是从网贷机构的义务上来进行规制，但对于商业银行

而言，由于对存管的业务定性、法律责任等缺乏必要的规则，加上 P2P 业务的小额化，银行在责任和收益、成本之间权衡后，对于此项业务往往缺乏热情，从而使得 P2P 资金存管成为“鸡肋”业务，大型商业银行或股份制商业银行积极性不高，地方商业银行为了拓展业务，开展此项业务较为积极。

（一）P2P 资金存管的基本规则

为了规范 P2P 资金存管业务，同时区分商业银行与网络借贷信息中介机构的法律责任，中国银监会 2017 年颁布了《网络借贷资金存管业务指引》（以下简称《存管指引》），与上述几个规则相比，《存管指引》是一部专门针对商业银行的业务规则，其主要内容如下：

首先，对网络借贷资金存管业务进行了明确的界定。该指引第 2 条规定：“本指引所称网络借贷资金存管业务，是指商业银行作为存管人接受委托人的委托，按照法律法规规定和合同约定，履行网络借贷资金存管专用账户的开立与销户、资金保管、资金清算、账务核对、提供信息报告等职责的业务。”

其次，对银行、网络借贷信息中介机构、借款人、投资人等各方在资金的充值、提现、划转、对账等方面的权利义务做了明确界定。

再次，对于存管账户的性质和功能做了界定。

最后，对于商业银行和网络借贷信息中介机构各自的法律责任做了界定。

（二）资金划付的表面一致性审核责任

在《存管指引》中，对于银行的责任有了非常清晰的排除性规定。为了排除银行责任，鼓励银行进入网络借贷资金存管，在《网络借贷信息中介机构业务活动管理暂行办法》中也对银行的责任作了较为宽松的规定。比如，该暂行办法第 35 条规定：“借款人、出借人、网络借贷信息中介机构、资金存管机构、担保人等应当签订资金存管协议，明确各自权利义务和违约责任……资金存管机构承担实名开户和履行合同约定及借贷交易指令表面一致性的形式审核责任，但不承担融资项目及借贷交易信息真实性的实质审核责任……”

在《存管指引》中，对于表面一致性的原则进行了沿用。《存管指引》

第11条规定："具备完整的业务管理和交易校验功能，存管人应在充值、提现、缴费等资金清算环节设置交易密码或其他有效的指令验证方式，通过履行表面一致性的形式审核义务对客户资金及业务授权指令的真实性进行认证，防止委托人非法挪用客户资金。"

按照上述规定，开展存管业务的商业银行，仅需根据各方的指令与借贷合同做简单比对，只要指令的收款人与合同的收款人形式上一致，银行就可以免除资金支付过程中的法律责任。

对于银行而言，应建立相应的信息系统，与网络借贷信息中介机构的系统实施对接，并对网贷机构发送的指令与合同约定的收款人姓名做形式比对。

（三）项目真实性审核的法律责任

商业银行开展存管业务的另一顾虑是，投资人是否会因为银行的介入，而在发生项目违约或项目不真实的时候，将银行连带作为被告，并要求赔偿。

对此，《存管指引》第2条规定："存管人开展网络借贷资金存管业务，不对网络借贷交易行为提供保证或担保，不承担借贷违约责任。"这一规定，基本排除了银行对于网络借贷业务本身的责任。

而《存管指引》第20条对这一原则做了更为具体的界定："委托人需向存管人提供真实准确的交易信息数据及有关法律文件，包括并不限于网络借贷信息中介机构当事人信息、交易指令、借贷信息、收费服务信息、借贷合同等。存管人不承担借款项目及借贷交易信息真实性的审核责任，不对网络借贷信息数据的真实性、准确性和完整性负责，因委托人故意欺诈、伪造数据或数据发生错误导致的业务风险和损失，由委托人承担相应责任。"

对于银行而言，借贷项目是否真实、是否违约，均与银行无关，这一规定为商业银行进入网络借贷资金存管市场扫清了障碍。

（四）开户实名问题

网络借贷资金存管的另一个问题是实名开户问题，根据人民银行关于个人资金账户开户的规则，商业银行应对用户开户实施实名制审查。作为开户的基本原则，在传统的金融交易中，实名审核不会成为一个突出的问题。

但在网络借贷信息中介业务中，用户数量众多，并且都是小额交易，投资人与借款人通过互联网开展业务，银行实施实名审核的成本较高，但与此对应的收益有限，这也成为商业银行不愿进入存管市场的重要制约因素。

《网络借贷信息中介机构业务活动管理暂行办法》也对银行的开户审核做了规定。该暂行办法第35条第3款规定："资金存管机构承担实名开户和履行合同约定及借贷交易指令表面一致性的形式审核责任。"对于什么是实名审核义务，该暂行办法并未界定。

对于实名审核问题，《存管指引》采取了淡化处理，将开户行为界定为银行为网贷机构实施开户。《存管指引》第6条规定："本指引所称网络借贷资金存管专用账户，是指委托人在存管人处开立的资金存管汇总账户，包括为出借人、借款人及担保人等在资金存管汇总账户下所开立的子账户。"这里强调的是"委托人开立账户"，但并未对存管机构的实名审核提出特殊的责任。

从《存管指引》可以看出，在实名开户的审核问题上，银行承担的也只是表面一致性的审核，即银行根据网络借贷信息中介机构提供的用户信息，为投资人和借款人开立存管子账户，但银行并不需要对投资人和借款人的真实身份审核承担责任，这一责任由网络借贷信息中介机构承担。

（五）银行存管账户的法律属性

对于网络借贷信息中介机构名下为投资人和借款人开立的存管子账户性质，一般认为属于虚拟账户。《存管指引》第12条规定了存管人的职责，其中包括"为委托人开立网络借贷资金存管专用账户和自有资金账户，为出借人、借款人和担保人等在网络借贷资金存管专用账户下分别开立子账户，确保客户网络借贷资金和网络借贷信息中介机构自有资金分账管理，安全保管客户交易结算资金"。

由于存管子账户并不进入人民银行的结算账户管理体系，且存管子账户也没有对应的独立账号，因此将其界定为虚拟账户更为合适。

（六）银行的准入问题

《网络借贷资金存管业务指引》对于商业银行并未设置其他的准入门槛，但2017年12月，P2P网络借贷风险专项整治工作领导小组办公室发出的《关于做好 P2P 网络借贷风险专项整治整改验收工作的通知》（网贷整治办函〔2017〕57 号）则提出，网贷机构应当与通过网络借贷风险专项整治工作领导小组办公室组织开展的网络借贷资金存管业务测评的银行业金融机构开展资金存管业务合作。通过这一问题，为银行业金融机构开展资金存管业务设置了前置的资格认证条件。此外，部分地区的整改验收文件中还提出了存管的属地化，即网络借贷资金存管银行应当在网贷机构所在地有实体分支机构。

综上，《网络借贷资金存管业务指引》是一部对商业银行较为有利的规则，将存管银行的法律责任降到了最低限度，有利于银行进入这一市场。

五、银行对接互联网助贷平台的法律问题

商业银行对接第三方互联网助贷平台，是近年来在银行信贷领域出现的一种做法。对于商业银行而言，通过第三方互联网助贷平台有如下好处：

其一，第三方互联网助贷平台的大数据风控优势突出，有利于商业银行防范贷款风险。其二，第三方互联网助贷平台对接的客户小额分散，降低了银行信贷风险集中爆发的可能性。通常，此类助贷平台对接的绝大多数借款人单次借款额度介于 500 元至几千元之间，也有少量借款区间达到数千元到数万元，甚至十几万元。由于借款极度分散，借款人的风险相对可控。其三，第三方助贷平台提供坏账兜底，银行资金安全。通常的做法是，借款人一旦出现逾期，助贷平台会即刻把坏账买走，银行坏账率可以有效控制。虽然银行对接互联网助贷平台是个不错的选择，但由于助贷平台单笔借款金额小，所以助贷平台收取的服务费折算成资金成本后的费率往往很高。这一问题引发了社会的关注，也引起了监管机构的关注。

2017 年 12 月 1 日，监管机构出台了《关于规范整顿“现金贷”业务的通知》，这一规则针对“现金贷”，但是对于银行与互联网助贷机构的合作也产生了巨大的影响。

（一）与第三方互联网平台的分工问题

按照以前的通常做法，在与第三方互联网平台合作过程中，商业银行仅掌握最终的贷款审批环节。在《关于规范整顿“现金贷”业务的通知》中，

针对此种现象，监管特别规定，银行业金融机构与第三方机构合作开展贷款业务的，不得将授信审查、风险控制等核心业务外包。对于什么构成授信审查、风险控制等核心业务外包，监管文件中并没有说明。按照银行业的相关规则和惯例，风险控制是指商业银行确定何种产品、如何控制风险以及如何确定风险控制指标的一个体系，风险控制是银行的核心能力之一；而授信审查，则是在风控体系基础上，具体审核某个借款人是否应该获得借款以及借款资金成本的程序，授信审查同样是商业银行的核心能力。

银行业的本质是资金风险管理，在商业银行将核心风控外包的情况下，银行的作用仅仅成为吸收公众存款的通道和资金发放的来源，而资金风险管理则成为第三方互联网机构的职责，这一做法从长远来看，会削弱商业银行的竞争力，甚至使得第三方网络平台事实上成为银行贷款业务的实际经营者。

按照这一规则要求，银行与第三方合作中，需要针对网络借贷小额用户的特点，开发专门的风险控制系统和贷款审核标准，从而适应线上业务的需求。

（二）担保问题

针对银行与第三方互联网机构合作过程中的兜底或担保问题，《关于规范整顿“现金贷”业务的通知》专门规定了“助贷业务应当回归本源，银行业金融机构不得接受无担保资质的第三方机构提供增信服务以及兜底承诺等变相增信服务”。

这一规定也是针对银行业务的实质进行的规范，对于银行而言，独立风控意味着独立承担责任。如果由第三方互联网平台承担坏账的担保或者兜底，从正常逻辑来看，意味着第三方互联网平台对于银行放贷的风险有更为明确和清晰的认知，而银行对于自身贷款的风险则无法掌控或判断。因此，监管对于合作的第三方互联网平台提供担保，采取了明确的禁止性规定。

当然，这一规定并未排除有担保资质的融资性担保公司和保险公司的担保，银行和第三方互联网平台合作过程中，仍可寻找持牌的担保机构提供担保。

（三）第三方互联网平台的收费问题

通知还要求，银行保证第三方合作机构不得向借款人收取息费。这一规定涵盖了利息和费用，不允许第三方向借款人收取利息，完全符合借贷关系的逻辑。不允许第三方向借款人收取费用，则对这一商业模式影响巨大。对于第三方而言，从借款人处获得收费，是其基本的盈利模式。如果改向银行收费，则涉及到银行的利率问题。银行向借款人收取的所有费用，一般只能以利息的名义收取。但由于我国当前对于利率仍采取严格的限制，如果银行收取利息，再将其中的部分收入作为服务费支付给第三方互联网机构，则费用空间不大。如果银行为了第三方合作机构的利益，既向借款人收取利息，又收取服务费，则该收费行为将可能依然被认定为收取的利息，从而可能导致银行收取的利息高于法定的利率水平。

商业银行受制于《商业银行法》及中国人民银行和银监会的各种监管规则，在金融数字化进程中，将面临带有行业特点的诸多法律问题。

第八章　数字化证券及其法律问题

案例十五　光大乌龙指事件

2013年8月16日11时05分，上证指数出现大幅拉升，大盘一分钟内涨超5%，最高涨幅5.62%，工行、中行、中石油、中国联通等蓝筹股快速封在涨停，指数最高报2198.85点，盘中逼近2200点。11时44分，上交所称系统运行正常。14时，光大证券公告称策略投资部门自营业务在使用其独立的套利系统时出现问题。普通投资者被盘面迷惑，故而有大量散户在看到市场“大好”行情时高位买入股票。当天下午，光大证券发现问题并进行了一定的逆转处理，消息开始明朗后，股指逐步回落到正常范围，这使得跟风高位买入的投资者大多发生资金损失。股指的非正常波动对衍生品市场产生了严重影响，期货指数在当天上午迅速飙高，创出当日最高点，到了下午一开盘就大幅下跌，当日交割点位足足较最高点低了70点，这使得大量高位做多者遭受了严重的损失。同样受到影响的还有商品期货，各个品种都出现了大幅度“跳空低开”的情形，使得多头遭到了较大的亏损。[①] 这一“乌龙指案”造成了市场数以万计投资者的资金损失，最终给整个资本市场带来巨大的影响。有媒体将此次事件称为“光大乌龙指事件”。

案例评述

“光大乌龙指事件”是证券经营机构数字化转型中的典型案例。据悉，触发本次错误交易的原因是量化交易系统的程序缺陷。光大证券的套利策略系统设计时存在缺陷，该系统包含订单生成系统和订单执行系统两个部分。

① 参见和讯股票：《股市有时“逗你玩”　回顾那些“乌龙指”》，http://stock.hexun.com/2013-08-19/157216633.html，2018年6月24日访问。

核查中发现，订单执行系统针对高频交易在市价委托时，对可用资金额度未能进行有效校验控制，而订单生成系统存在的缺陷，会导致特定情况下生成预期外的订单。这是11时05分08秒之后的2秒内，瞬间重复生成26082笔预期外的市价委托订单的根本原因。

“光大乌龙指事件”引申出两个主要的法律问题：一是证券公司是否违反了法律及监管规则中的风控规则；二是光大证券实施的逆转行为是否构成内幕交易。

关于风控规则的问题，《证券法》第124条中规定了证券公司的设立条件，其中包括“完善的风险管理与内部控制制度”，但《证券法》对于违反这一条款的法律责任却没有明确规定。而中国证监会颁布的《证券公司投资银行类业务内部控制指引》对于证券公司的风险控制和管理也做了详细的规定，但同样没有规定明确的法律责任。所以，在这一问题上，光大主要是以经济损失为风控的失当承担了责任。

关于内幕交易问题，主要的争议在于，当日13时开市后，光大证券公司在未公开披露上述错单交易信息的情况下通过卖空股指期货、卖出交易型开放式指数基金（ETF）对冲风险的行为是否构成内幕交易。监管机关认为，光大在当日14时22分才公告称“公司策略投资部自营业务在使用其独立套利系统时出现问题”，在此之前，这一信息是内幕信息，光大在内幕信息公开之前据此做出的交易应属于内幕交易。同年11月，中国证监会对光大证券公司作出行政处罚决定，认定光大证券公司在内幕信息公开前将所持股票转换为ETF卖出和卖出股指期货空头合约的行为构成内幕交易行为，作出没收违法所得及罚款合计5.2亿元等处罚。[①]

本章引言

证券经营机构的互联网化乃至数字化，可以大大提升证券经营机构的用户体验，提升服务能力和投资管理水平。但另一方面，也会带来新的问题，值得业界人士和法律界人士共同关注和研究。

---

① 参见中国证券监督管理委员会：《中国证监会行政处罚决定书（光大证券股份有限公司、徐浩明、杨赤忠等5名责任人）》（〔2013〕59号），http://www.csrc.gov.cn/pub/zjhpublic/G00306212/201311/t20131115_238363.htm，2018年8月14日访问。

1990年11月26日，上海证券交易所宣告成立；1991年7月3日，深圳证券交易所开始营业，我国的证券市场正式启动。与证券市场起步的同时，我国互联网行业正开启蓬勃发展的序幕。1994年4月20日，中国国家计算与网络设施NCFC工程连入Internet的64K国际专线，中国真正实现与Internet的全功能连接，由于沪深两大证券交易所设立之时即采用了电子化的股票，我国的证券业天然具有数字化、创新性的互联网基因。在最近的20年内，得益于现代信息技术的快速发展、网络平台分析和处理数据能力的逐步提升等，证券公司、证券交易所、主管机构等证券业参与主体对数字技术的运用一直处于金融行业中的先导地位。

当前，金融业已全面步入数字化时代。国际知名咨询机构麦肯锡在一份行业报告中提出：利用数字化渠道获取金融服务已成为当前的行业发展主流，而大数据、云计算、人工智能、生物识别及移动互联等金融科技（Fintech）技术也正在引领金融创新。智能金融的最大价值在于整合了用户与机构、机构与机构、用户与用户的数据和需求，并以此为基础，为金融机构提供智能化的风控，为用户提供个性化的金融产品。

例如，2017年6月，国信证券的集中交易数据系统全面升级到了SQL Server 2014，负载的Always on功能继承数据库镜像和故障转移群集的优点，大大提升了运行能力，同时，以微软智能云Azure为云平台，顺利部署了“金太阳”移动端和PC端的行情系统，帮助用户通过移动或PC设备随时随地掌握证券行情、了解财经资讯。自动对盘交易系统全面取代场内交易后，2017年10月27日，港股市场的标志性场所——港交所的交易大堂宣告关闭，香港影视作品《大时代》中人声鼎沸的盛况一去复返，交易大堂将以“香港金融大会堂”的名字“重出江湖”①。毕马威中国证券基金主管合伙人王国蓓表示：“数字化发展正越来越受到证券公司重视。探索业务创新，改善收入结构，实现‘多点开花’，是目前身处这个时代的券商们亟须解决的问题。差异化的发展战略将是保持行业竞争力的关键。”②

① 参见袁东：《场内交易时代终结 港交所关闭交易大堂》，http：//stock.10jqka.com.cn/hks/20171029/c601247404.shtml，2018年6月24日访问。

② 参见毕马威中国：《KPMG：2017年中国证券业调查报告》，http：//home.kpmg.com/cn/zh/home/insights/2017/09/mainland - china - securities - survey - 2017.html，2018年6月24日访问。

第一节　数字化证券概述

一、数字化证券的概念

（一）广义概念

广义的数字化证券是指通过互联网、区块链、人工智能、云计算、大数据等数字技术的应用，为用户注册、客户服务、行情研究、产品设计、账户管理、投资决策、证券交易、风控合规、信息披露、监管技术等证券业各个环节提供解决方案，直达证券业务的投资决策、信息处理等核心层面，创新证券业务的组织形态和生产方式。

和互联网时代的证券业相比，数字化证券在技术方面更进一步，直达证券业的核心内容。广义的互联网证券是指以证券交易电子化为基础，将产品营销、咨询、交易、结算等证券业务搬到互联网上，在线上完成证券交易流程。①

互联网时代下的证券业可视为数字化证券的基础版，数字化证券是升级版。数字化技术要提高的是金融活动的整体效率，而不仅仅是前台的获客和服务效率。数字化有望推动金融业的整体代际跃迁，而不仅是个别服务的模式创新。

我国证券市场融资体系包括债权融资市场和股权融资市场。其中，债权融资市场包括债券、企业资产证券化等，股权融资市场包括主板市场、新三板、股权众筹市场等股权融资方式。根据中国人民银行金融研究所对股权众筹方案的定位，主板市场主要服务于大型的成熟企业，中小板和创业板服务于大中型企业，新三板服务于科技创新的中小企业，四板服务于管辖范围内的中小企业，股权众筹作为新五板服务通过互联网公司服务于国内小微企业。②（如图 8－1）

---

① 参见林采宜、杨超：《互联网将改变证券业的商业模式》，载《中国证券报》2013 年 7 月 29 日。

② 参见姚余栋：《发展股权众筹可遵循"五四三二一"方案》，http：//www.xinhuanet.com/politics/2015lh/2015－03/13/c_1114633465.htm，2017 年 11 月 1 日访问。

图 8－1　我国证券市场融资体系

全国人大代表、全国人大财政经济委员会委员、中国证券业协会副会长欧阳昌琼在 2017 年 3 月接受《上海证券报》采访时表示，中证协将在新经济，尤其是互联网技术快速发展的背景下，组织推动研讨证券公司传统业务创新发展的路径，研究探讨移动互联在经纪业务中的运用，以及智能投顾、区块链技术、大数据、云计算等在行业中的应用前景等课题。这一思路基本体现了数字化证券的发展方向。

（二）狭义概念

狭义的数字化证券是指证券公司各项业务的数字化进程，是证券公司利用数字化的方法，通过互联网平台为用户提供快捷、高效、定制化和智能化的服务。

业务类型	具体内容
证券经纪	深 A 股、B 股、债券、基金、权证、代办股权转让等场内交易业务；销售银行理财产品、集合信托计划、基金专项资产管理计划等；为个人与机构投资者提供融资、融券以及基于融资融券衍生的金融服务
证券投资咨询	提供资产配置、投资组合、账户分析诊断等投资建议
与证券交易和证券投资活动有关的财务顾问	企业提供 IPO、上市公司再融资等业务的财务顾问；上市公司与非上市公司并购重组的财务顾问；新三板市场的推荐挂牌、再融资、重组、转板业务的财务顾问；提供企业资产证券化、信贷资产证券化、产业基金融资服务在内的结构化融资业务
证券承销与保荐	企业债券和公司债券等债券产品发行与承销工作
证券自营	证券经营机构以自己的名义和资金买卖证券从而获取利润
证券资产管理	集合资产管理；定向资产管理

表 8－1　证券公司的业务类型介绍

证券公司是证券市场的主要参与者，连接了投资者和证券市场（包括一级市场和二级市场）两端。如表 8 -1 所示，根据《证券公司监督管理条例》的规定，证券公司的主要业务包括证券经纪、证券投资咨询、与证券交易和证券投资活动有关的财务顾问；证券承销与保荐；证券自营；证券资产管理。

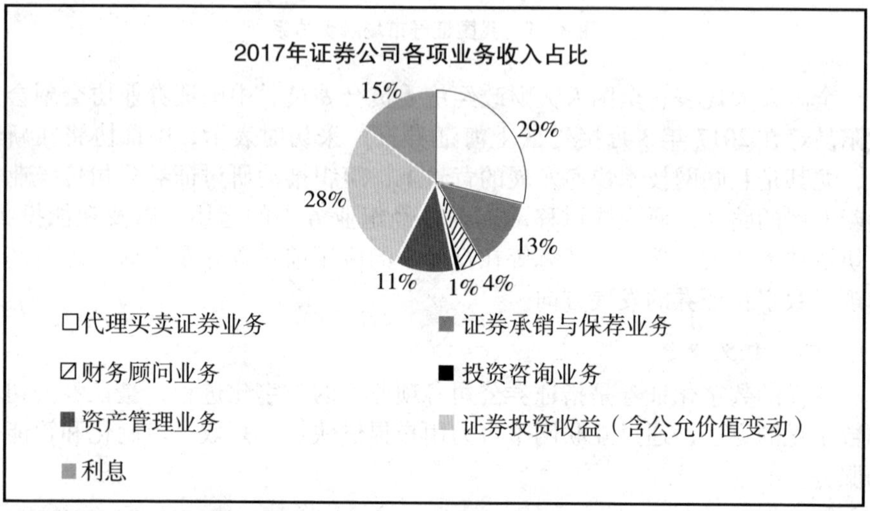

图 8 -2　2017 年证券公司各项业务收入占比①

如图 8 -2 所示，中国证券业协会对证券公司 2017 年上半年经营情况统计数据显示，截至 2017 年 6 月 30 日，国内 129 家证券公司当期实现营业收入 1436. 96 亿元，各主营业务收入分别为代理买卖证券业务净收入 388. 54 亿元、证券承销与保荐业务净收入 169. 23 亿元、财务顾问业务净收入 51. 88 亿元、投资咨询业务净收入 15. 70 亿元、资产管理业务净收入 139. 98 亿元、证券投资收益（含公允价值变动）365. 89 亿元、利息净收入 197. 93 亿元，当期实现净利润 552. 58 亿元，117 家公司实现盈利。

---

① 数据来源：中国证券业协会公开披露的数据。

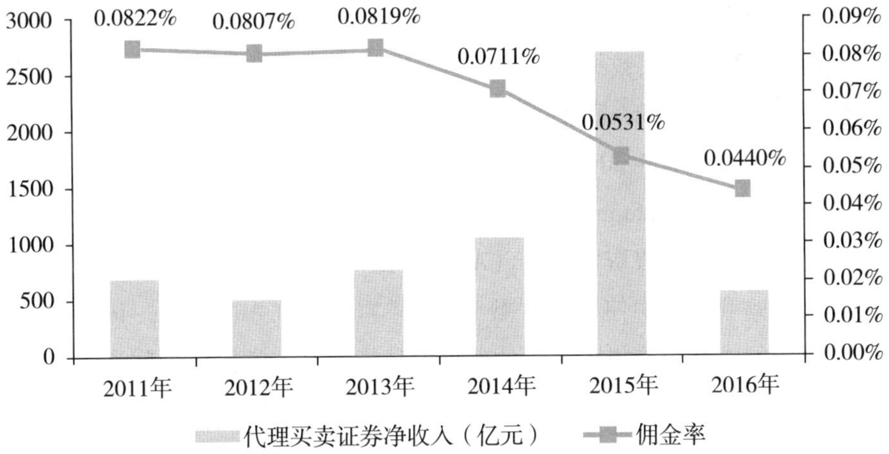

图 8－3　证券公司的佣金率走势①

随着行业竞争态势的加剧，曾经长时间占收入总额50%以上的证券经纪业务萎缩明显，虽然该项业务仍是证券公司的主要赢利点，但已经下降至29%。同时，如图 8－3 所示，在证券经纪业务智能化的发展趋势下，近几年佣金率持续走低，市场逐渐向完全竞争的市场转变，经纪业务引入互联网、大数据、云计算等技术手段，打造自动化、智能化证券互联网平台，是证券公司解决目前经纪业务下滑和未来持续盈利的必然选择，同时也成为各大券商展开差异化竞争的有力武器。根据 Wind 数据显示，东方财富在 2015 年斥巨资收购同信证券后，市场占有率由 2015 年的 0.25% 上升到 2017 年上半年的 1.34%。国金证券的佣金宝、华泰证券的理财专区、招商证券的智能客服以及平安证券的一账通等产品，均是证券公司使用数字化技术谋求业务方式转变以及提升产品服务水平的积极探索。

二、数字化证券的特征

（一）投资决策程序化

由于我国证券市场中的散户比例较高，证券投资市场一直被认为具有较强的投机属性，大多数小股民并未对拟购买上市公司的行业情况以及国家宏观政

① 数据来源：Wind 咨询。

策进行深入分析，就盲目跟风投资，不仅个人遭受损失，还加剧了股市的波动。随着人工智能、大数据、云计算等技术的突破，机器储存、计算、分析、学习能力有了质的飞跃，智能投顾平台开始成为投资者的重要决策依据。

智能投顾（Robo－advisor 或 Robo－advice），又称自动化交易平台（Automated Investment Platforms）、自动化交易工具（Automated Investment Tools）等。澳大利亚证券和投资委员会（ASIC）在 2016 年 8 月 30 日公布一份针对智能投顾的监管指南中使用了“数字建议”（Digital Advice）一词，这里的数字建议指的就是智能投顾提供的建议，是指没有人类投资顾问参与，运用算法（algorithms）和技术（为客户）提供自动化金融产品建议。①

主要的业务流程如下：第一步，调查投资者的风险承受能力，通过投资者注册平台搜集客户的基本信息（如姓名、身份证号码、性别等），投资者注册成功后对其进行问卷调查，了解投资者的风险承受能力、投资经验、收入情况等；第二步，用户画像，智能投顾平台接入了央行、第三方征信机构等机构的个人信息系统，为投资者贴上各种投资相关的属性标签，得出投资者风险承受能力结果；第三步，投资组合选择，运用一系列智能算法、投资组合优化理论等理论模型，给出适合于用户的投资组合建议，从而让投资者实现“专家级”投资组合建议。与个别投资专家的知识储备、投资经验相比，智能投顾平台所囊括的宏观政策、经济指数、公司财务指标、投资理论、网络舆情等数据显然更加丰富和可靠，在一定程度上消除了用户投资决策时的冲动、感性等非理性因素，用户的投资决策更趋于理性。

（二）服务对象普惠化

在传统的证券投资领域，投资顾问主要供职于券商、基金公司、信托公司或者资产管理公司，服务对象主要是高净值客户，而在互联网技术的冲击下，证券行业出现了进一步普惠化的趋势，普通民众投资证券市场的途径日益增加，手机、网上银行发布的理财产品，支付宝、财付通等支付平台导入的货币基金产品，使得更多的投资者得以参与证券市场。

仅以深圳证券交易所的投资者开户数量为例，截至 2016 年 12 月 31 日，

---

① 参见李晴：《互联网证券智能化方向：智能投顾的法律关系、风险与监管》，载《上海金融》2016 年第 11 期。

深圳证券交易所的投资者开户总数为20886.82万，同比增长4009.38万，增长比率为23.76%，其中，机构开户的增长率仅为14.01%。

《推进普惠金融发展规划2016－2020年》提出，到2020年，建立与全面建成小康社会相适应的普惠金融服务和保障体系，有效提高金融服务可得性，明显增强人民群众对金融服务的获得感，显著提升金融服务满意度，满足人民群众日益增长的金融服务需求，特别是要让小微企业、农民、城镇低收入人群、贫困人群和残疾人、老年人等及时获取价格合理、便捷安全的金融服务，使我国普惠金融发展水平居于国际中上游水平。数字化证券技术促使交易方式变得便捷化，让投资者能够以更低的价格获取优质的金融服务。

（三）盈利模式多样化

与实体的证券公司营业部相比，数字技术的推广应用，使投资者可以在客户端完成信息筛选、定价和交易等流程，从而实现对实体网点的部分替代，减少了对人员和设备的占用，大幅度降低了证券公司的经营成本。同时，在解决信息不对称的情况下，投资者可以通过智能投资工具快速比较各家券商的服务内容和服务价格，在更大的范围内选择适合自身的投资产品。证券公司传统的佣金定价策略将不再适用，传统证券公司将进一步分化为折扣经纪商或者全方位经纪商。

以美国网络证券的模式为例，以嘉信理财（Charles Schwab）公司为代表的折扣经纪商，主要服务于高净值潜力的中小客户。由于建立了自动化交易和客户记录保持系统，在线提供证券交易咨询服务，所以，嘉信理财推出的佣金费率更低，目前已经发展成为美国最大的网上经纪商。史考特模式是指以Scottrade公司为代表的全方位经纪商，虽然佣金比折扣经纪商平均高出2美元，但除了可以进行线上交易服务外，投资者还可以通过电话和495家分行网络提供深入的一对一投资支持。客户不仅可以获取各种股市研究、教育和易于使用的交易工具，如即时报价交易系统，以协助任何投资策略，而且可获得线下培训、使用帮助、投资分析等增值服务。

（四）风险管理智能化

在高收益、高风险的证券行业，风险管理部门在公司中的位置非常重要，而IT部门正逐步从后台向前台转移。在本章开篇所提到的光大证券乌龙指事件中，量化系统的缺陷只是引发该事件的因素之一，事件的另一个诱发因素是传统的风控体系未能及时跟上数字化的交易体系。据悉，该策略投资部门系统完全独立于公司其他系统，甚至未置于公司风控系统监控下，因此深层次原因是多级风控体系都未发生作用。无论光大内部针对交易员的开盘限额、止损限额，还是部门的操作限额和公司的操作额度，都没有及时对该异常买单进行预警和限制。探索适应数字化时代和智能交易体系的智能风控体系，对于证券经营机构而言具有重大的现实价值。

相比传统的风控手段，数字化技术为证券市场参与主体提供了更加智能的风险管理手段，证券服务的每个环节均以数据的形式加以存储、分析和运用，风险管理模型系统能够及时发现异常交易，采用基于大数据分析技术的风险警示功能、错误指令中断机制等，将可以减少甚至消除“乌龙指事件”的发生。

同时，数字化技术的应用大大提高了主管机关监管执法的效率和精准度。2013 年下半年开始，中国证监会开发启用了大数据分析系统，通过对历史财务报表、媒体揭披问题、市场关联信息进行数据挖掘、量化拟合，在发现内幕交易、操作市场等违法违规行为线索方面发挥了重大作用。一批多环节泄露内幕信息、交易隐蔽性较强、多种违法行为交织并存、常规手段难以发现的案件线索被挖掘出来。仅在启动大数据分析系统以来的第一年，证监会已调查出内幕交易线索 375 起，立案 142 起，分别比以往同期增长了 21%、33%。[①]

第二节　证券数字化的发展状况

一、A 股主板及中小创市场

（一）A 股市场的互联网化发展现状

相比于境外其他证券市场而言，A 股市场的互联网化发展呈现起步早、

① 参见中国证监会：《证监会通报针对内幕交易的执法工作情况》，http://www.csrc.gov.cn/pub/newsite/zjhxwfb/xwdd/201501/t20150109_266364.html，2018 年 6 月 24 日访问。

发展快、技术较先进的特征。

1990 年 12 月 19 日，上海证券交易所开业，第一笔交易通过计算机自动撮合配对完成；1991 年底，上海、深圳两个证券交易所启动了“登记结算系统”；1992 年 2 月 25 日，深圳证券交易所正式启用电脑自动撮合竞价系统。“自动撮合系统”和“登记结算系统”的投入使用标志着我国证券交易市场由手工竞价到电脑自动撮合、从分散过户到中央登记结算统一管理、从实物交收到电子登记的过渡，实现了证券交易从“有纸化”到“无纸化”的转变。

1993 年底，上海、深圳两个证券交易所相继建成了“卫星证券通信网络”，国内任何一个地方均可实时接收来自于两个交易所的行情信息。1994 年底，全面开通全国双向卫星通信系统，我国证券市场基本实现了股票发行和委托、交易、清算交割的全程无纸化。

1998 年 5 月，上海、深圳两个证券交易所相继实施了“证券资金法人结算”制度，由券商以法人为单位在两地登记公司开户并办理清算，实施法人结算以后，法人券商、证券登记结算公司和结算银行实现了联网运作，证券资金的划转、交割不再使用传统的纸质凭证单据，而改用电子数据交换自动完成。不仅标志着证券清算方式进入全新的“无纸化”时代，而且积极推动了整个金融业的互联网化发展进程。

2000 年，中国证监会发布了《网上证券委托暂行管理办法》和《证券公司网上委托业务核准程序》，监管部门对证券公司网上证券委托进行规范，投资者可以通过互联网接入证券公司的交易系统，并完成证券的买入、卖出委托及其他相应的证券委托业务。

2004 年底，深圳证券交易所推出上市公司股东大会网络投票系统，为广大投资者提供低廉、便捷、有效的参会途径和具有公信力的表决平台，网络投票包括交易系统和互联网两种投票方式，标志着投资者可以通过互联网投票方式行使表决权。

2014 年，为落实国务院办公厅发布的《关于进一步加强资本市场中小投资者合法权益保护工作的意见》中“完善中小投资者投票等机制”、“引导上市公司股东大会全面采用网络投票方式”等要求，上市公司召开股东大会实现了全面采用网络投票方式，为中小投资者行使表决权提供了有效保障。

以上可以看出，当前我国 A 股沪深两大市场已经高度网络化和标准化，这为证券市场的进一步数字化奠定了坚实的基础。可以预想的是，如果未来将税务发票电子系统、物流运单电子系统、企业生产管理电子系统以及其他政府、事业单位的产权登记、诚信记录、公共信息系统与交易所系统、证券公司系统打通，呈现给我们的必然是一个完全不同的证券市场生态。

（二）新三板市场

2013年1月，全国中小企业股份转让系统（以下简称“全国股转系统”，即新三板市场）正式揭牌运营，即原代办股份转让系统和报价转让系统挂牌公司转入全国股转系统。新三板市场形成于互联化证券时代，交易、结算、挂牌审查、信息披露等各个交易环节均实现了电子化操作。由于原挂牌企业数据的系统接入等历史原因，新三板市场的互联网化呈现各项交易系统在新旧主体间同步切换、逐步完善的特点。

2014年5月19日，全国股转系统证券交易及登记结算系统正式投入运行，由深圳证券交易所提供技术支持的原代办股份转让系统同步下线，中国结算运维的登记结算系统也由中国结算深圳分公司切换至中国结算北京分公司，中国结算深圳分公司停止受理挂牌公司权益分派、发行股票新增股份登记、股票限售及解除限售、挂牌股票初始登记业务。

2014年8月4日，全国股转系统业务支持平台挂牌审查系统上线试运行，所有项目必须通过挂牌审查系统进行报送，同时，还应报送纸质版原件一套（单行本）。

2015年1月12日，全国股转系统信息披露系统上线，深圳证券信息有限公司不再承担新三板的信息披露工作，各主办券商应转为通过全国股转系统信息披露系统报送拟披露公告。

2017年9月15日，全国股转系统业务支持平台日常业务系统部分功能正式上线运行，一般事项暂停转让、延期恢复转让、除权除息、证券简称变更、公司全称变更、股票风险警示与撤销、新增股份挂牌等日常业务将全部通过线上申请和办理，全国股转公司不再接受邮件及纸质申请。

2017年12月1日，全国股转系统业务支持平台股票发行电子化报送与审查系统正式上线，挂牌公司股票发行将实现无纸化申报与审查，相关主体无需再向全国中小企业股份转让系统有限责任公司窗口报送纸质版备案文件。

新三板市场与A股沪深两大市场的数字化进程并无大的差异，也已经实现了股票登记、交易、清算的全流程线上化和数字化。

（三）股权众筹市场

股权众筹融资方式是继P2P融资方式之后发展起来的一种互联网融资模式，2014年股权众筹迅猛发展，成为互联网金融市场重要的融资模式之一，被称为“众筹元年”。股权众筹的首要特征即为完全互联网化。

股权众筹模式与《证券法》中规定的“公开发行证券”有相似之处，都向不特定的多数人募集资金，故部分学者认为《证券法》有必要回应股权众筹的合法性、在多层次资本市场体系中的定位等基本问题[①]。2014年12月18日，中国证券业协会发布《私募股权众筹融资管理办法（试行）（征求意见稿)》，拟实行股权众筹平台的备案登记制。所以，股权众筹成为“多层次资本市场有机组成部分”，“股权众筹融资业务由证监会负责监管”。

2015年7月18日，中国人民银行等十部门发布了《关于促进互联网金融健康发展的指导意见》，明确规定了“股权众筹融资”的定义，即“股权众筹融资主要是指通过互联网形式进行公开小额股权融资的活动”，突出了股权众筹的“公开”、“小额”、“互联网”、“服务于创新创业企业”的特征。“公开”是指股权众筹基于互联网的开放性，涉及的融资者和投资者众多。“小额”是指基于投资者的准入门槛较低，投资的投资者只能进行小额投资；“互联网”是指基于社交网络的快速传播性，此种基于社交网络的融资方式较之于传统融资方式的突出优势就是低成本：低启动成本、低营销成本、低交易成本，投融资双方可以通过进度更新和反馈机制频繁交互，显著减少了信息不对称，提高了交易效率[②]；“服务于创新创业企业”是指相对于成熟资本市场服务的融资对象，股权众筹的作用在于解决创新创业企业等的融资难问题。

据“众筹家”旗下人创咨询统计，2017年上半年共有股权型众筹项目688个，其中有434个项目众筹成功，52个项目众筹失败，202个项目仍在

---

① 参见安邦坤：“股权众筹合法化：可能性及进路——兼论互联网金融业态下《证券法》的修订”，载《证券法律评论》2014年卷。

② 参见胡吉祥、吴颖萌：《众筹融资的发展及其监管》，载《证券市场导报》2013年第12期。

众筹中。股权型众筹项目的预期总融资额约47.51亿元，而成功项目实际总融资额约15.50亿元，占预期总融资额的32.62%，成功项目总投资人次约为3.36万人次。①

（四）债券市场

债券市场属于债权融资方式，是证券市场的重要组成部分。由于政策监管的不同，目前我国的债券发行市场（一级市场）分别受财政部、中国证监会、中国人民银行、国家发改委监管；债券交易市场（二级市场）主要包括银行间市场、交易所市场、商业银行柜台市场、自贸区市场，后两者都属于银行间市场的延伸，银行间市场主要受中国人民银行及银行间交易商协会监管，交易所市场则主要受证监会和沪深交易所监管。自20世纪80年代中期债券流通市场开始以来，如表8-2所示，形成了多元化的债券品种体系。但是，在多元债券市场结构的大背景下，由于不同品种的发行条件、交易品种、流通规则、登记托管、信息披露、结算流程、监管标准等均不同，我国债券市场的互联网化进程呈现分散化、效率较低的特点。

监管机构	债券品种
人民银行	银行间债券市场；中央银行票据、金融债券、证券公司短期融资券、非金融企业债务融资工具、信贷资产支持证券、熊猫债券、同业存单等（其中银行间市场非金融企业债务融资工具的发行注册由人民银行主管的交易商协会进行行业自律性监管）
财政部	国债、地方政府债券、熊猫债券
发改委	企业债券、熊猫债券、铁道债券
证监会	交易所市场、全国中小企业股份转让系统（新三板） 公司债券、证券公司短期融资券、可转换债券、可交换债券、企业资产支持证券、熊猫债券
银监会	银行业机构发行的金融债、信贷资产支持证券
保监会	保险公司次级定期债券、保险公司金融债券
外管局	熊猫债

表8-2　我国多元化的债券品种体系

① 参见未央网：《中国众筹行业发展报告2017（上）》，http：//www.weiyangx.com/252174.html，2018年6月24日访问。

银行间市场的交易系统依托于中国外汇交易中心的电子平台。交易所债券市场的电子交易系统中，深圳证券交易所的交易系统为综合协议交易平台和固定收益信息平台，上海证券交易所的交易系统为固定收益证券综合电子平台。相比较而言，银行间市场债券交易平台以商业银行为市场参与主体，交易规模更大，交易品种更为丰富；交易所市场的债券平台交易品种较少，体量较小，主要包括国债及地方政府债、私募债和公司债等。但从微观结构来看，交易所市场债券平台交易机制更为丰富，结算机制更为有效，信息披露更为严格，市场透明度更高。但是，总体上看，虽然这些平台均为电子交易平台，但交易机制仍以传统协议方式为主，交易效率普遍偏低，提供的产品和服务仍有待完善和补充。

（五）资产证券化市场

2004 年 1 月 31 日，国务院发布《国务院关于推进资本市场改革开放和稳定发展的若干意见》（国发〔2004〕3 号），明确提出“为投资者提供储蓄替代型投资品种，积极探索并开发资产证券化品种”，标志着我国资产证券化业务市场开始启动。在我国金融分业监管的大环境下，我国资产证券化发行和交易市场分为场内市场和场外市场，场内市场包括银行间债券市场和交易所债券市场，场外市场包括银监会信贷资产流转平台、机构间私募产品报价与服务系统、券商柜台市场、区域性金融资产交易所/股交中心、互联网金融平台及私募市场等。资产证券化属于债券市场的场内市场组成部分，与债券市场场内交易市场的特点类似，也呈现分散化、效率较低的特点。

同时，我国目前资产证券化场外市场暂无法定的第三方托管和资金登记结算机构提供统一的互联网平台，相关的结算系统处于缺位状态。

仅在 2014 年底前后，中国证监会发布了《证券公司及基金管理公司子公司资产证券化业务管理规定》（证监会公告〔2014〕49 号），中国证券投资基金业协会发布了《资产支持专项计划备案管理办法》（中基协函〔2014〕459 号）及配套规则，银监会发布了《关于信贷资产证券化备案登记工作流程的通知》（银监办便函〔2014〕1092 号），人民银行发布《关于信贷资产证券化试行注册制的公告》（中国人民银行公告〔2015〕7 号），保监会发布了《资产支持计划业务管理暂行办法》（保监发〔2015〕85 号）。由于发行监管政策的适度放松以及相关配套制度的完善，我国的资产证券化的市场规模大幅度提升。

由于资产证券化产品具有私募属性，相比股票和公募基金产品，其发行、交易方式的线下特点更为突出，未来加强数字化进程的空间较大，如集中的登记系统、信息披露及公示系统、撮合交易系统。甚至在一定阶段，通过对基础资产权属核查的在线验证、对现金流真实性的大数据验证、对未来现金流的智能化预测，从而实现私募证券的数字化发行和交易。

二、关键数字技术在证券业的应用及发展趋势

（一）区块链技术在证券业的应用及发展趋势

区块链技术（Blockchain Technology），亦被称为分布式账本技术（Distributed Ledger Technology），是去中心化的分布式记账技术，综合运用了密码学、全网共享账本和分布式共识机制等技术。证券市场的基本原则是公开性、公正性、公平性，而区块链技术具有高度透明性、缩短处理时间、保护财产安全等特点，区块链技术高度契合了证券交易的需求。具体而言：

第一，加大了证券发行及交易各阶段的信息披露力度。

证券市场具有信息不对称的特性，经营者作为上市主体的直接经营者，可以提前获知利好或不利消息，而投资者只能通过经营者披露的公开信息被动获知影响公司经营发展的情况，处于信息不对称中的劣势地位。所以，短线交易、虚假陈述、内幕交易、操纵市场等因为信息不对称引发的违法行为时常发生。

鉴于区块链技术项下的区块中记录着详细交易信息，每个区块中包含一个指向上一个区块的哈希指针，通过哈希指针按照发生时间顺序构建链表，真实记载了每个阶段的每笔交易，信息完全公开透明。任何交易双方之间的交易活动都是可以被追踪和查询到并且向所有人公开的，任何人都可以在公开入口处查询账本中的数据，因此整个系统的信息保持高度透明。① 同时，区块链技术还能确保交易信息的真实性和一致性，一旦智能合约被部署在区块链上，交易信息就无法篡改，除非总账默认修改信息或同时

① 参见张锐："基于区块链的传统金融变革与创新"，载《国际金融》2016年第9期。

有效控制了区块链中超过51%的节点，否则就无法修改信息。随着区块链中的节点无限增加，同时修改各个节点的信息将变得无法实现，极大提高了证券发行及交易各阶段的信息披露力度。

以资产证券化产品投资人会议的投票表决程序为例，某一资产的违约需要优先级、次级等不同投资者的会议提出表决意见。鉴于投资者众多，投资者将投票表决权授权资产管理人代理投票，双方约定代理人的资质、委托代理的权限、约束机制等。委托投票流程大致为资产管理人向代理人发出投票指令，指令随后被传递给投票分配者，再由投票分配者将指令传递给托管人，托管人请求公证人根据对管理人的授权对投票指令进行公证，然后向登记方申请完成登记，最后汇总投票信息。投票指令在各个主体之间进行流转，存在因错误传递引发的法律纠纷风险。采用区块链技术后，投票信息直接在公开透明的模块中传递，委托人可以直接查询投票结果，极大简化了上述投票流程。

第二，缩短了证券交易的清算和交收时间。

证券交易的前台系统承担着撮合交易的功能，且在证券交易所内进行；后台系统则负责交易的清算与交收，由证券登记结算机构负责。整个清算交收过程需要证券交易所、银行、证券公司、主管登记结算公司等主体进行无缝对接的配合，导致前后两个系统在证券交易过程中对接的效率大大降低，各个主体处理证券交易的时间与资金成本过高，以深圳交易所各主要业务的清算和交收时间为例：

业务大类	品种及业务		清算方式	是否担保	交收方式	资金交收周期
现券交易	A股	A股交易	多边净额	担保	T日证券过户，T+1日资金交收	T+1
	债券	国债、地方政府债、政策性金融可转债交易	多边净额	担保	T日证券过户，T+1日资金交收	T+1
		私募债券、私募可交换债券、资产支持证券的交易	逐笔全额	非担保	货银对付	RTGS

续表

业务大类	品种及业务	清算方式	是否担保	交收方式	资金交收周期
发行类业务	证券发行	—	非担保	——	——
	国债分销	多边净额	担保	T 日证券过户，T + 1 日资金交收	T+1
其他业务	可转债转股、公募可交换债券换股、私募可交换债券换股	逐笔全额	非担保	货银对付	T+1

表 8－3　深圳交易所各主要业务的清算和交收时间

从上表可以看出，深圳交易所主要业务的证券交收时间和资金交收时间并不一致，资金交收时间晚于证券交收时间，同时，不能在交易当日完成实时结算的制度也给资本带来了潜在的风险。

采用区块链技术后，证券交易一旦确定并进入总账，各节点即通过共识机制确认交易的真实有效性，投资者和发行人直接进行交易，结算登记机构和资金划拨无需进行前后台的对接，实现证券交收和资金交收的同步进行，整个交易过程的时间大大缩短。

第三，提高了证券登记和存管的安全系数。

区块链之所以被广泛应用于金融行业的需求较为强烈，最重要的原因就是其安全性，通过区块链技术记录的交易数据库采用了密码学和共识算法，实现了不可篡改历史交易记录的数据，使得区块链有着天然的高机密性和高安全性。目前投资者持有的股票、债券等均登记在证券登记结算有限公司，发行人发行的股票和债券等均以登记在该公司的情况为准，一旦登记结算系统被攻击或出现故障，在极端情况下，可能导致证券财产所有权登记情况出现混乱，区块链技术利用许多分布式节点进行点对点传输，个别节点系统崩溃或者遭受攻击，不会殃及整个登记结算系统出现问题。同时，“利用区块链技术将证券登记信息、权属变动信息等保存在总账本上，由全链进行公证，能够降低传统登记机构因分散而产生的成本。”①

① 参见于文菊：“区块链技术应用于证券市场的法律监管路径”，载《福建金融》2017 年第 7 期。

从全球范围来看，证券交易所开始利用区块链技术改善现有的交易系统，纳斯达克于2015年与Chain开展关于区块链代币用于股票表决权的合作，该系统提供的公开账本将永不更改，交易记录更加透明，同时拓展了区块链技术在交易结算领域之外的用途；澳洲证券交易所（ASX）正在部署将区块链技术应用于证券清算和结算系统；日本瑞穗金融集团正在尝试基于区块链技术的跨境结算业务；泰国证券交易所（Stock Exchange of Thailand）在2017年3月份就曾宣称将于2017年晚些时候启动一个全新的、基于区块链技术的股票交易市场，主要应用于新兴企业的股票交易。印度最大的证券交易所和印度国内一些主要银行合作进行了一个基于区块链的“了解你的客户”（Know Your Customer，简称KYC）的数据试验，试验参与者包括印度国家证券交易所（NSE），ICICI银行、IDFC银行、孟买的经纪商HDFC证券等。

目前，我国证券业关于区块链技术的运用处于理论研究和搭建实验平台阶段，尚未进入实质性应用阶段，我国监管机构对“区块链+证券”的应用和监管还处于观望状态，主要由市场自治机构推动进行。2016年4月，上海证券交易所牵头成立China Ledger联盟，组织金融机构成员共同进行区块链技术研究。2016年6月，中国互联网金融协会成立了区块链研究工作组，并将重点对区块链在金融和证券领域应用的技术难点、业务场景、风险管理、行业标准等方面开展研究，跟进国内外区块链技术发展及在金融领域应用创新，密切关注创新带来的金融风险和监管问题。2016年12月，我国首次将区块链技术列入《“十三五”国家信息化规划》。港交所行政总裁李小加提出，2018年推出名为HKEX Private Market的共享服务平台，将使用区块链技术为早期创业公司及其投资者提供股票登记、转让和信息披露。

（二）大数据在证券业的应用

证券公司、证券交易所、登记结算机构等机构拥有发行人、投资人的海量数据信息，所以证券业应用大数据技术具有天然的基础数据优势。目前，证券行业正处于经营模式的快速变革时期，我国完善的、多层次证券市场体系已经基本形成，证券交易所中储存的非结构化数据呈现指数增长，证券公司正从传统的通道业服务商向通道业务、信用业务与资产管理业务并重的综合金融服务商转型，监管机构面临的非正常交易手段越来越隐蔽，大数据方法已成为证券业下一步发展的必然选择。

第一，推动证券公司各项业务的智能化转型。

零售业务一直是证券公司核心的基础业务，也是证券公司产品同质化最明显的“重灾区”，合理运用大数据技术实现零售业务向财富管理业务转型，对客户数据进行深入分析和细分管理，通过精准营销为客户推送合适的产品服务，提升服务的便捷性以及运行效率尤其重要。所以，近几年，各大券商纷纷利用大数据技术改造零售业务，智能投顾已成为零售业务发展的重点发展领域。比如，广发证券开发的基础任务分发平台“金钥匙”，通过各个互联网终端收集客户的需求，经过金钥匙平台的算法分析后分派到全国各地的上千名理财顾问，并按照服务响应时间、客户满意度以及业务转化率对业务进行管理和优化。光大证券“智投魔方”属于以大数据平台为依托，集智能理财、金融社区、智能资讯、大数据精准营销的数字化产品，通过对用户特征的精准刻画以及深度挖掘，融合社区在线人工服务，实现精准服务、主动触达，为用户提供多场景的、实时的、个性化的金融服务和产品，并跟随用户行为、投资偏好、风险偏好等变化，及时调整金融产品和服务的供给。随着我国居民收入水平的增长，中小投资者对财富管理的投资需求愈加强烈，同时证券公司在客户的数据储备以及互联网技术应用上也具有较大优势，因此未来有望借助大数据技术实现传统零售业务向财富管理的成功转型。

第二，提高证券交易所处理各类交易信息的效率。

证券市场投资产品结构日益复杂，各类业务的成交规模愈加扩大，证券交易所以及对应的证券登记结算机构需要处理的数据规模快速攀升，应用大数据技术提高了证券交易所等处理各类交易信息的效率。

在交易领域，运用大数据技术搭建算法交易平台能够支持批量、高效地完成各种复杂交易指令，降低交易误差。同时，还提高了相关交易对应信息披露工作的响应时间，减少市场投资者利用内幕交易进行套利的可能性，最大限度保护中小投资者的利益。在登记结算领域，各类证券市场的投资者数量、交易的复杂程度大幅度提升、交易品种愈来愈多样化，大数据技术能够为登记结算工作提供更快的响应速度以及更精准的匹配结果，从而确保登记结算机构能够高效、准确完成投资者及其对应交易信息的登记、变更等工作。比如，芝加哥商品交易所（Chicago Mercantile Exchange，简称CME）每天产生约1100万份合约，存储约100TB的数据，且合约数量和数据储存数量仍在每日不断增长。交易所每天需要为内部团队提供复杂的数据分析报告，为了提升报告的及时性，CME采用了Oracle公司EXADATA的解决方案，采用结构化的关系数据库管理系统（RDBMS），减少每次批量处理过程的时间。同时，CME采用了Hadoop数据处理平台，通过并行查询方法来提升数据处理性能，并且减少成本开支。

第三，创新证券主管部门的监管手段。

从目前首发上市审核时披露的问题、资产重组时出现的内幕交易事件、上市公司业绩及信用体系等各环节来看，监管部门对违法犯罪行为的监管难度增大。零星的非正常交易往往蕴藏在上市公司披露的财务、非财务海量信息中，运用大数据监管思维，利用以"互联网搜索"、"文本挖掘"、"XBRL"、"云计算"等大数据技术，实现公告信息的数据化和标签化，并与证券监管部门收到的举报信息、各类网站发布的舆情信息等参照数据进行交叉对比，将大大提升监管部门发现非正常交易和监管市场风险的能力。此外，包括新三板、区域性股权市场、股权众筹市场在内的场外市场交易量快速增长，且大多为非结构化的交易，市场交易的稳定性不如A股市场，属于"圈钱"和进行市场操纵的多发地带。场外市场急需监管层出台以大数据为基础的监管方案，参照证券交易系统的模块化管理，采取数据模型管理方式，规范信息披露制度，真正实现监管的科学化和法治化。

比如，深圳证监局探索利用现代信息与大数据技术，建立健全风险监测、预警机制，目前已初步建设了证券公司事中监管风险监测体系、资管业务报送与分析系统和私募基金风险监管信息平台。

（三）人工智能在证券业的应用

大数据金融时代的智能投资工具受数据量、储存空间的影响，机器本身并不具备自我学习、深度挖掘以及做出决策的能力，只是复制了已有的投资策略，由于每天需要处理的工作量巨大，并未突破人工做出最终投资策略的限制。随着证券市场以及人工智能技术的不断发展，越来越多的投资机构开始运用基于大数据的人工智能技术来从事证券投资分析研究与交易。金融市场大数据获取的便利性也使得人工智能技术迅速渗透到证券投资的各个领域，如同最早提出“人工智能”概念的约翰·麦卡锡所言，“人工智能就是让机器的行为看起来像人所表现出的智能行为一样”，未来的证券投资将呈现科学化、精准性的特点。

第一，产品画像——深度挖掘投资产品的风险和价值。

假设我们通过各方面搜集到的数据去评估一只股票/公司的价值，这个过程其实非常类似于我们对一个人构建人物画像。举个例子，为了分析一个人的借贷风险，我们首先需要搜集各方面的数据，比如行为数据、交易数据、社交数据等，其次通过这些数据去还原这个人全方位的画像，或者通过建模来预测其风险指数。对于股票，也是类似的过程：通过对股票行情、新闻资讯、公告研报等数据的搜集和整理，我们可以多维度地从基本面、技术面、资金面以及舆情影响、事件驱动等方面去刻画这只股票的画像。

第二，热点分析——全方位分析影响投资决策的客观因素。

社会公众对证券投资最常见的评价就是不可预测性，影响证券投资市场交易的因素纷繁复杂，而证券投资决策的决定因素往往是大量的非结构化数据，比如专业论坛数据、新闻报道数据、发行人公开披露的会议决策数据、博客或微博等自媒体文章等。得益于人工智能技术的日渐发展，非结构化数据被逐步应用于投资决策，变成风控模型技术公司以及证券公司的竞争优势。模式化的数据统计只展现了某类证券投资的共性，而这些散见于网络中的非结构化数据才真正体现了当前发行人的客观情况、投资行业未来发展热点以及产品的投资价值。人工智能技术不间断地对网上海量数据进行自动搜集、整理、分析和学习，时刻关注每只股票实时的变动状态，实时监测对投资产品的评论、竞争对手的动态、投资对象的经营决策以及行业发展的最新趋势，从而大大提升了投资决策、监管应对措施的准确性，人工智能技术成为专业投资机构的辅助投资工具。

人工智能技术的典型应用就是网络舆情监测，即对互联网上公众的言论和观点进行监视和预测的行为，最终得出反映市场情绪、未来发展趋势的分析结果。网络舆情的最大特点就是无法提前预知、蔓延式发展，比如2016年频繁发生的“黑天鹅事件”曾引发股市的剧烈震荡以及世界各个证券市场之间的“连锁反应”。英国公投脱欧结果引发全球股市大跌，当日英国富时 100 指数跌 9.2%，法国 CAC40 指数跌 11%，甚至引发标普 500 指数期货触发熔断机制；2016 年 11 月特朗普入主白宫当日诱发全球股市价格大幅度变化，日经 225 指数跌 5.36%，上证综指中午收市时直线下滑，美股市场当日大跌后便一路上涨。

对于不可预测的“黑天鹅事件”来说，网络舆情监测利用智能研判技术以及已有的舆情知识库，自动识别影响证券领域发生的重要事件，形成舆情分析报告等结果，甚至预测在不远的将来可能会发生的事情，投资决策者可以提前做好风险预警准备，并在最短时间内做出最优决策。目前，美国估值最高的大数据分析创业公司 Palantir，通过整合收集大量数据，挖掘不同维度数据之间的关联性，给用户提供可视化的分析结果，Securities Invest or Protection Corporation（美国 SEC 旗下的机构）就曾利用 Palantir 公司的软件，发现了麦道夫（Bernard L. Madoff）的“庞氏骗局”。

舆情分析技术在证券投资领域的应用还在于深度挖掘历史数据，判定各个非结构化数据之间的因果关系，寻找发生相隔很久事件之间的相似度，排除影响分析判断结果的干扰观点等。人工智能技术能够完全满足证券投资领域在处理庞大的数据量、分析事件之间精妙的关联性以及响应突发事件的快速能力等要求。我们相信，随着人工智能处理自然语言能力的提升，语义分析精准性方面的增强，监管政策对网络抓取技术的逐步规范，网络舆情监测技术未来在证券投资领域将大有作为。

第三，智能投顾——大面积覆盖“长尾端”的投资者。

人工智能技术在证券投资垂直细分领域的应用就是智能投顾。证券市场中人数最多且风险承受能力较低的投资者是散户，专业投资机构提供的投资服务往往只面对高净值客户，却忽略了处于“长尾端”的投资者。运用 AI 技术的智能机器人能够解决散户无法获得专业投资知识、盲目跟风决策等问题，准确预测未来证券市场的走向，根据不同用户的风险投资偏好，为投资者提供定制化的理财策略和投资产品，解决证券市场由于信息不对称而引发的投资风险，维护交易秩序的稳定。智能投顾工具同时具有自动决策功能，通过系统自动判定投资者的风险承受能力，甚至免去了投资者个人决策这一环节。

第三节 数字化证券的主要法律问题及应对措施

一、证券公司远程开户的法律问题以及应对措施

（一）存在的法律问题

2013年3月，中国证券业协会颁布了《证券公司开立客户账户规范》，中国证券登记结算有限责任公司颁布了《中国证券登记结算有限责任公司证券账户非现场开户实施暂行办法》。远程开户是指开户代理机构通过数字证书验证投资者身份，并通过互联网为投资者办理证券账户开立手续。目前，远程开户逐渐成为证券公司开户的主流方式，以及数字化证券时代的基本特征。但是，远程开户无法百分之百确定投资者身份的真实性，由此引发的法律问题在于伪造身份开户，进而诱发洗钱或金融诈骗等法律风险。

远程开户中出现伪造身份开户现象的原因主要有四个方面：第一，远程开户过程中，证券公司通过视频方式与开户者进行沟通确认，无法像现场开户或者见证开户一样，工作人员通过观察、当面询问等方式，对开户者的真实意图和身份作出预判，也无法真正了解证券交易账户背后的实际控制人。第二，证券公司之间的经纪业务竞争日趋激烈，不排除中小证券公司为了追求业绩而降低远程开户中的合规标准，后台风控监管机制不到位。第三，我国目前关于远程开户的专门法律法规都处于部门规章层级以下，远程开户身份识别的技术标准和安全规范尚处于空白状态，难以匹配未来数字化证券时代远程开户的普遍状态。第四，普及远程开户最大的障碍在于技术问题，视频系统的像素清晰度、数据传输的稳定性直接决定了客户身份识别的质量。

（二）应对措施

第一，证券公司应将开户人的身份识别工作作为远程开户的常态机制。

首先，切实执行开户人身份识别与反欺诈工作。除了要求开户人提供姓名、身份证复印件、职业信息、经常居住地等常规信息外，还必须对其银行卡信息、个人信用报告、网络消费记录等反映信用状况的信息，必要时引入第三方中介机构并对其提供信息进行反欺诈测试确认，保管开户人的所有电

子信息或者提交专门的存证机构进行留存。其次，筛选识别开户人身份的重点信息。结合自身反洗钱工作经验，证券公司应筛选出能够客观反映开户人身份的重点信息，并对开户人的重点信息务必达到精准性、真实性的要求。在综合考虑投资者特点、开户类型、风险承受能力、投资偏好等因素的基础上，对远程开户人员进行内部风险等级划分，作为后续资金监测的重点对象。最后，完善反洗钱监测的“黑名单”管理制度，证券机构的动态监测系统应与公安部门、中国人民银行等主管机关的反洗钱违规人员名单进行系统对接，定期更新完善“黑名单”库，对与“黑名单”人员有关联性的远程开户人员予以严格尽职调查。

第二，证券公司应加强对开户工作人员的管理力度。

将对远程开户工作人员落实投资者身份真实性的效果作为重要考核指标，定期进行远程开户政策以及操作要点方面的培训，设置专人专岗实时监测远程开户账户后的交易状态，定期审核开户人的身份资料和交易，对于频繁出现异常交易状态、交易资金量较大的账户进行电话回访以及重点跟踪，如出现还是无法确认其真实身份的情况，强制要求其进行现场开户。

数字化证券技术提高了远程开户技术水平，同时创新型证券投资产品的隐蔽性、结构复杂性、主体多样化等特征也对远程开户技术水平提出更高要求，证券公司开户工作人员应当努力适应数字化远程开户技术，而且应当加强学习创新证券投资产品的交易架构、市场风险、交易流程等理论知识，方能提高远程开户过程中辨别投资者身份的能力。

第三，证券公司应加强对远程开户投资者的动态资金监测。

根据《中国人民银行关于明确可疑交易报告制度有关执行问题的通知》第3条的规定：“对于客户利用网络、电话、自助交易终端等工具开展的非面对面金融业务，金融机构应当强化内部管理措施，更新技术手段，确保相关交易信息和客户信息能够完整传送，保障可疑交易监测分析的数据需求。集中存放或储存交易数据的金融机构，应遵循足以重现交易的要求，采取安全保密的措施，向各层级或各业务条线人员提供履行反洗钱职责所需的数据资料。”所以，证券公司应充分利用大数据、人工智能等技术加强对远程开户者的动态资金监测，并将其纳入反洗钱的日常机制中。此外，证券公司还应当在全面评估远程开户容易引发各种风险和法律后果的基础上，制定资金监测的风控体系，完善风险控制措施，分配相对较多的反洗钱资源，设置资金监测的自动预警功能，确保出现异常交易时能够及时定位、追踪资金流。

二、交易委托过程中的法律问题

在传统的证券公司电子交易系统中，在对用户进行实名认证开户后，交易委托以账户名加密码的方式进行认证。一般而言，交易委托的真实性和交易委托主体的身份、交易委托行为的合法性不会存在大的问题，但在数字化的背景下，却可能因为技术措施和第三方电子系统的接入而导致证券交易委托过程中存在违规甚至违法的情况。

案例十六　HOMS 系统

2015 年 6 月至 7 月间，A 股市场在 18 个交易日里急剧下挫 32%，20 万亿规模的市值蒸发。利用场外配资加杠杆被认为是这场股灾的导火索，这一过程中，一些为股票交易提供技术支持的信息系统也被认为给场外配资提供了便利。从一些事件的时间梳理中，也许可以对整个过程进行一下梳理。2015 年上半年中国的 A 股市场快速上扬，吸引了大量的资金进入。这一过程中，除了正常的客户自有资金外，还存在利用第三方资金和社会资金在场外进行配资放大杠杆的操作。为了保障配资资金的安全以及配资资金清算的需要，场外配资机构采用了一些信息系统实施辅助。这些系统可对股票账户进行分仓，设立虚拟账户，交由不同用户使用，其中恒生电子所研发的 HOMS 系统知名度较高。为了防范股票市场发生系统性风险，2015 年 6 月 13 日，证监会下发了《关于加强证券公司信息系统外部接入管理的通知》（证监办发 2015 – 35 号）；7 月 12 日，证监会下发了《关于清理整顿违法从事证券业务活动的意见》（证监会公告 2015 – 19 号）。2015 年 7 月 13 日，恒生电子发布公告称，严格按照法律法规和监管政策的要求进行清理整顿，规范相关业务活动。[①] 这一过程中，原本接入此类信息系统的证券公司纷纷停止系统接入。

案例评述

对于第三方信息系统接入证券公司的问题，我们认为，从技术性的角度看，如果能够改善投资者体验，提升证券公司服务水平，是应该支持的。但如果接入的信息系统，可能会影响证券公司履行基于《证券法》或其他法律、法规的法定职责，则需要考虑金融科技对于证券监管秩序的影响。事实上，信息系统在提供便利性的同时，可能会模糊证券公司不同业务环节之间的流程控制。比如在上述 HOMS 系统的案例中，程序设计的初衷是为投资机构内部不同策略之间进行分仓操作，是一种辅助管理措施。但在操作中，由于分仓委托下单、分仓清算的作用，该程序被用作场外配资和放大股市杠杆的工具，从而使得股票配资从场内蔓延到场外。

第三方信息系统为交易委托提供支持所带来的法律问题，是证券公司在数字化过程中需要面对的问题。以 HOMS 系统为例，该系统具备在一个账户内为不同的股票组合实施分账操作的功能，这意味着尽管在证券公司和登记结算机构登记的只是一个账户，但这一登记账户背后可能隐藏着多个能够独立结算和独立下单的子账户，独立子账户的控制人才是事实上的投资人。证券公司一旦将此类信息系统接入自身的交易系统，将可能会带来如下的法律问题：

（一）用户识别的法律问题

本书在其他章节中专门介绍了用户的身份识别和实名制问题，但前述章节的介绍主要是从网络安全管理的角度进行的论述。从《证券法》和证券市场监管角度看，用户身份识别也有特殊的要求，本部分主要介绍行业对用户识别的规则。识别你的用户，是金融服务中的一项基本要求，在证券交易过程中，这一原则尤其重要。

国务院2008 年4 月23 日发布并于2008 年6 与1 日起施行的《证券公司

---

① 参见《恒生电子股份有限公司关于积极响应中国证监会〈关于清理整顿违法从事证券业务活动的意见〉和对 HOMS 相关情况进行说明的公告》，http：//www. cninfo. com. cn/finalpage/2015 - 07 - 13/1201284612. PDF，2018 年8 月14 日访问。

监督管理条例》（2014 年修订）第 28 条规定："证券公司受证券登记结算机构委托，为客户开立证券账户，应当按照证券账户管理规则，对客户申报的姓名或者名称、身份的真实性进行审查。同一客户开立的资金账户和证券账户的姓名或者名称应当一致……证券公司不得将客户的资金账户、证券账户提供给他人使用。"实名制核验是证券公司的法定义务，但在交易系统接入第三方信息系统的情况下，投资者的真实身份核验可能会产生一定的困难。因为证券公司核实的是名义上的开户人，但该名义开户人是否将账户交给第三方或者实施分仓操作，在证券公司一端很难识别。

证券交易账户实名制，主要的目的在于防范内幕交易和操纵市场。证监会对于内幕交易的核查，主要看内幕信息公开之前，内幕知情人股票账户的操作与内幕信息带来的股票走势是否具有关联或一致性，内幕知情人的股票账户信息、持仓信息、买卖信息成为判断内幕交易的关键信息。利用信息系统实施分仓操作将使得内幕交易的核查变得更为困难。市场操纵行为的核查，其中很关键的一点是核查同意控制人控制的不同账户之间的买进卖出行为。利用信息系统分仓操作后，由于实际的操作人与其他账户之间的关联性核查更为困难，也给监管核查操纵证券市场带来新的困难。

（二）投资者适格问题

投资者适格也是接入第三方信息系统可能带来的问题。投资者适当性管理，一直是证券监管机构非常关注的问题。对此，《证券公司监督管理条例》有明确的规定。该条例第 29 条规定："证券公司从事证券资产管理业务、融资融券业务，销售证券类金融产品，应当按照规定程序，了解客户的身份、财产与收入状况、证券投资经验和风险偏好，并以书面和电子方式予以记载、保存。证券公司应当根据所了解的客户情况推荐适当的产品或者服务。具体规则由中国证券业协会制定。"2017 年 7 月 1 日起施行的《证券期货投资者适当性管理办法》，对于投资者适当性也做出了专门的规定。按照上述规则，证券公司在向投资者推荐相应证券投资产品或提供服务时，应遵循投资品种的风险等级与投资者的风险承受能力相匹配的原则。

之所以施行严格的投资者适当性原则，根本原因在于不同风险承受能力的投资者，面对可能发生的同一风险，其心理承受能力和行为模式差异很大，因而对于社会和金融稳定也会带来不同的影响。

投资者适当性管理，是证券公司的法定义务。然而，在第三方信息系统接入的情况下，使用系统操作的投资者是否符合投资者的适当性标准，证券公司在核查时存在一定困难，从而可能导致不适格的投资者参与了与其风险承受力不匹配的证券投资。

（三）场外配资问题

对于场内的融资业务，中国证监会有明确的业务规则。早在2006年，中国证监会就颁布了《证券公司融资融券业务试点管理办法》，该办法于2011年10月修改，证监会据此颁布了《证券公司融资融券业务管理办法》。根据该办法，证监会对于证券公司为投资者提供融资和融券业务规定了详细的业务规则和准入门槛。对于融资融券业务，监管层一直是较为谨慎的，主要是为了防范因融资或融券而可能带来的市场波动。从融资融券的原理来看，事实上是给了投资者一种可以双向赚钱的机会，并且投资者如果方向判断准确，也可以放大赚钱的效应。但融资融券业务本质上是加大杠杆的行为，在提供给市场双向机制的同时，如果利用不当，也可能会加大市场的波动。场内的融资行为，证监会可以通过对证券公司的融资规模进行监控和管理来控制风险。但是，对于场外配资，由于数据不在证券公司，监管无法实施有效的监督。

在利用第三方信息系统实施分仓操作的案例中，股票的实际操作者通过作为劣后级，提供一定比例的资金，投资人作为优先级，获取固定收益或加收一定比例的分成。如果股票下跌到平仓线，系统将实施风控措施，强制对股票平仓，从而保证优先级的基本收益和本金安全。这一操作，如果是市场个别现象，对于股市的冲击并不大，但如果在较大的范围使用，则特定情况下的争相平仓，可能会导致市场的雪崩式下跌，并进而引发新的平仓和下跌，最终导致证券市场的系统性风险。事实上，2015年6月至7月之间的那场股市暴跌，与场外配资资金的强行平仓不无关系。由于场外配资数据仅在第三方信息系统中留存，证券公司无法获知，监管也无法掌握有效数据，导致场外配资规模激增，最终引来较大的危害后果。

（四）未经许可经营证券业务

从上述分析可以看出，以上几种情况，事实上使得账户的控制方具有了通过一个账户为多个投资人实施股票委托操作的可能，这些用户无需在证券公司办理开户，在证券登记结算公司的系统中也无法反映其股票的账户持仓情况。第三方账户的持有人，事实上具有了证券公司经纪业务部门的职能。同时，场外配资的功能使其得以绕过融资融券资质的限制。

对于使用第三方信息系统的用户而言，其经营行为与证券公司的业务非常近似。根据《证券法》等法律、法规的规定，我国对于证券经营采取的是审核制，经国务院证券监督管理机构审核通过，并取得许可证后，方可从事证券经营活动。

正是由于上述法律问题的存在，针对交易委托过程中使用第三方信息系统的问题，中国证监会于 2015 年 6 月 13 日发布了《关于加强证券公司信息系统外部接入管理的通知》。在该通知中，要求中国证券业协会制定证券公司信息系统外部接入的规范标准，对证券公司是否符合有关规范标准进行评估认证。此外还要求对证券公司因信息系统外部接入引发信息安全事件，以及存在为场外配资活动提供便利、直接或者间接参与非法证券活动等情形，依法采取行政监管措施。据此，中国证券业协会制定了《证券公司外部接入信息系统评估认证规范》，证券公司使用外部接入信息系统，证券交易指令必须在证券公司自主控制的系统内全程处理，即从客户端发出的交易指令处理应仅在发起交易的投资者与证券公司之间进行，其间任何其他主体不得对交易指令进行发起、接收、转发、修改、落地保存或截留。

2015 年 7 月 12 日，中国证监会发布《关于清理整顿违法从事证券业务活动的意见》，在该意见中再次重申了对接入外部信息系统的违规核查。其中，重点是违反实名制和未经许可从事证券业务。该意见第 2 条指出，中国证券登记结算公司应当按照《证券法》第 166 条的规定，严格落实证券账户实名制，进一步加强证券账户管理，强化对特殊机构账户开立和使用情况的检查，严禁账户持有人通过证券账户下设子账户、分账户、虚拟账户等方式违规进行证券交易。第 3 条第 2 款指出，对通过外部接入信息系统买卖证券情形，证券公司应当严格审查客户身份的真实性、交易账户及交易操作的合规性，防范任何机构或者个人借用本公司证券交易通道违法从事交易活动。

随着信息技术的发展以及第三方通道和信息系统在证券公司业务竞争中作用的日益显现，可以预见的是，未来第三方信息系统在证券公司的获客流程以及客户服务流程中的运用还会增加。如何协调业务的便利性，防范第三方信息系统新功能可能对证券监管及证券公司业务合规性造成冲击，是证券公司数字化转型中需要积极应对的问题。

三、电子签约的法律问题及应对措施

（一）电子签约主体身份确定的法律问题及其应对措施

电子签约与电话委托遵循同样的交易原则和规范，只要买卖双方的意向相反，要约的内容（数量、价格）相对应，都通过证券公司的交易席位进行或者交易所主机进行撮合成交。此时，区别谁是要约人和谁是承诺人的意义并不大，当事人的承诺实际上就包含在要约中，双方都可以视为承诺人。完全高度数字化的电子签约中，缔约方之间完全通过自动撮合的电子合约实现要约和承诺，在非面对面的虚拟空间自动完成。因此，在电子签约前，通过身份认证、数字签名等加密技术可以实现对缔约双方的身份确认。但是，上述交易过程有可能会被黑客修改而不能反映当事人的真实意思表示。对于交易双方而言，由于未面对面地真实审核签约主体的身份，所以，电子化签约无法克服的法律问题就是签约主体的身份真实性以及对应的责任承担主体。

对于证券交易中的电子签约主体身份确定的法律问题，应采取表面一致性的审核原则，即交易委托的实施者通过账户名加密码的方式，或通过电子签名方式以在线点击等方式实施了证券交易的委托行为，即视为委托行为的实施主体获得了证券账户所有人（责任承担主体）的合法授权。这一原则有些类似于民法上的“表见代理”。对于在线交易采用“表见代理”原则的典型国家为美国，如美国《统一计算机信息交易法》第 213 条规定：“电子认证、展示、信息、记录或履行归属于某人，如果是该人或其电子代理人的行为，或者该人根据代理人或其他法受到约束，依赖于他人的电子认证、展示、信息、记录或履行的当事人，负有确认归属的责任。”

（二）交易协议有效性的法律问题及其应对措施

《证券公司监督管理条例》第 30 条规定：“证券公司与客户签订证券交易委托、证券资产管理、融资融券等业务合同，应当事先指定专人向客户讲解有关业务规则和合同内容，并将风险揭示书交由客户签字确认。业务合同的必备条款和风险揭示书的标准格式，由中国证券业协会制定，并报国务院证券监督管理机构备案。”数字化证券交易模式下，风险揭示书、网上交易协议等实现了全面的电子化，那么，在现有法律框架下如何证明证券公司已经履行了向投资者讲解相关业务规则、明确提示了合同中限制权利义务的条款？在智能投资决策中，是否证券公司按照相关法律法规履行了风险提示义务就可以完全免除责任，是否由于电子交易系统漏洞引发的操作风险要全部转嫁给投资者？

风险揭示书、网上交易协议等由证券公司预先拟定以供重复使用，并且投资者无法进行协商修改，因而可能被认定为格式条款。根据《合同法》第 39 条的规定：“采用格式条款订立合同的，提供格式条款的一方应当遵循公平原则确定当事人之间的权利和义务，并采取合理的方式提请对方注意免除或者限制其责任的条款，按照对方的要求，对该条款予以说明。”在网上开户和签约的条件下，对于免除或者限制责任条款，虽然证券公司能够以技术手段证明其已经履行了相应的提示，但依然可能因为格式条款的效力认定规则而不被司法机关认可。所以，权利义务、风险责任分配条款的公平性是认定电子交易协议效力过程中需要予以考虑的。

四、智能投顾业务的法律问题

（一）责任主体的确定

证券法律责任中，最为突出的是与证券市场秩序监管相关的法律责任，其中除了投资人与证券市场相关主体之间的民事赔偿责任外，最为突出的就是监管方面的法律责任，如操纵证券期货市场等法律责任。在传统的证券市场操作模式下，责任主体比较容易确定。

一般而言，法律责任的构成要件包括责任主体、违法行为、损害结果以及主观过错。其中，责任主体是指因违反法律、约定的事由而承担法律责任的人（包括自然人、法人和其他社会组织），主观过错是指行为人实施违法行为或违约行为时的主观心理状态。我国的监管政策也并未突破上述关于被监管对象必须为法人等社会组织或者自然人的一般原则，即被监管对象具有作出行为的意志且能够相应地承担法律责任。

但是，在证券领域的智能投顾场景中，责任主体的确定将面临法律上的巨大争议。在智能投顾场景下，涉及的要素包括智能程序的开发者、智能程序的应用者、智能程序本身。在智能投顾业务中，有时证券投资账户的所有主体和决策主体可能会发生分离。具体实施证券操作行为的是智能程序，如果按照“表见代理”的原则来确定责任主体，因为智能程序是代理证券账户的持有主体实施的操作，则智能程序的购买者或者被授权使用者应该是责任主体。不过，问题远非如此简单，虽然账户的持有人购买了智能程序或者被授权使用智能程序，犹如购买了某件工具并使用一样，但智能程序的工作原理、市场信号的分析机制、机器学习的机制却无法完全被使用者掌握。当一个主流的智能程序开发机构的智能程序，在市场中被多家机构采用，且基本策略差异不大的情况下，严重的问题就会产生。比如，这些程序共同对证券市场信号做出了同向的判断，并做出同向操作，此时就有可能产生市场证券走势的异常波动。对于没有采用同样策略的机构或者普通投资人来说，市场的涨跌事实上是拥有同种策略机构的共同行为造成，普通投资者遭受的市场境遇和市场操纵情况并无本质差异。如果是一个机构的多个账户，被智能程序掌控做出了同样的市场策略，其形式与操纵证券期货市场将更为接近。

对于监管机构而言，该种情况是否应该定性为操纵市场？或者操纵市场的行为责任主体究竟是哪一方？判断起来并非易事。

如果让证券投资账户的所有主体承担最终的法律责任，其最大的法律障碍是主观故意问题，也就是说，虽然同一主体的账户实施了同向操作，但并非账户持有人的主观意愿所致。如果让智能程序的开发机构承担责任，则基于“代理人”的原则，程序在卖出后，已经不再受开发机构控制，开发机构也无法成为责任主体。

最为极端的情况是，采用机器学习和深度学习的算法，如果能够依赖大数据和外部的知识反馈不断升级和“进化”，由此产生的法律后果将更加无法追溯到任何一个具体的“人”。

对于因智能投资程序引发的法律责任问题，可以采取如下措施：

其一，同一机构掌控的不同证券账户，不应采用具有同种策略的智能投资工具，以避免发生在买入同种证券后的策略雷同，从而产生多账户的同向操作。

其二，对于智能程序在选择股票功能方面应予以限制。选择或推荐股票，属于证券咨询机构的法定业务，程序本身不是证券咨询主体。因而，对智能程序在推荐个股的功能上进行限制，并非没有法律依据。通过个股推荐的限制，可以避免同股票与同策略的同时发生，也有助于避免市场操纵的产生。

（二）普通投资人的保护

智能投顾工具虽然越来越广泛应用于证券投资领域，但并未改变其作为投资决策辅助工具的定位，证券公司仍应当遵守相关法律法规的规定，例如透明度要求、信义义务、风险隔离、适当性原则、不得保证收益和机构专业人员的设置等要求。具体包括：1997 年 12 月 25 日，国务院、国务院证券委员会发布的《证券、期货投资咨询管理暂行办法》（证委发〔1999〕96 号）第 19 条规定，从业人员要“以行业公认的谨慎、诚实和勤勉尽责的态度，为投资人或者客户提供证券、期货投资咨询服务”；《证券投资顾问业务暂行规定》第 12 条、第 13 条、第 14 条分别规定了对投资者应当告知风险投资的基本信息、风险揭示和服务协议必备条款；《证券法》第 136 条规定：“证券公司应当建立健全内部控制制度，采取有效隔离措施，防范公司与客户之间、不同客户之间的利益冲突。”即从事多种经营活动的证券公司应当禁止混业操作，建立内部隔离制度。

数字化给证券行业带来新的法律问题，相信随着数字化程度的提高，证券行业的法律风险格局也会相应改变，对此应予以足够的重视。

第九章　网络借贷信息中介机构（P2P）的法律问题

案例十七　“e租宝”案

说到P2P，就不得不提“e租宝”案例，事实上“e租宝”的操作模式与P2P完全不同，甚至是完全背离了P2P的原理和宗旨。为了有利于甄别伪P2P，我们对“e租宝”案例做一个分析。

“e租宝”是“钰诚系”下属的金易融（北京）网络科技有限公司运营的网络平台。2014年2月，钰诚集团收购了这家公司，并对其运营的网络平台进行改造。2014年7月，钰诚集团将改造后的平台命名为“e租宝”，打着“网络金融”及P2P的旗号上线运营。在业务运营中，e租宝对外宣称，其经营模式是由集团下属的融资租赁公司与项目公司签订协议，虚构融资租赁债权，然后在“e租宝”平台上以债权转让的形式发布融资。为了能够虚构融资标的，“e租宝”花费巨额资金向中间人和项目公司购买资料。“e租宝”通过对投资人承诺保本保息、资金随时提取等措施，骗取了投资人资金。对于集资所得资金，部分用于偿还投资人资金利息，还有大量资金用于公司的经营开支和管理层的高额薪酬及实际控制人和同案人员的消费和挥霍。2015年12月5日，“钰诚系”资金链出现问题，并有转移资金、销毁证据、高管潜逃迹象。2015年12月8日，公安部对丁宁等“钰诚系”主要高管实施抓捕。经查，“e租宝”涉案资金高达数百亿元。

2017年4月26日、27日，北京市第一中级人民法院对被告单位安徽钰诚控股集团、钰诚国际控股集团有限公司以及被告人丁宁等10人涉嫌集资诈骗罪，被告人王之焕等16人涉嫌非法吸收公众存款罪一案依法公开开庭审理。2017年9月12日，北京市第一中级人民法院依法判处钰诚国际控股集团有限公司集资诈骗罪、走私贵重金属罪；判处安徽钰诚控股集团集资诈骗罪；以集资诈骗罪、走私贵重金属罪、非法持有枪支罪、偷越国境罪判处丁宁无期徒刑，剥夺政治权利终身，并处没收个人财产人民币50万元，罚金人民币1亿元。同时，法院对于本案的其他同案人员也依法判处了相应的刑罚。[①]

案例评述

“e租宝”是典型的非法集资案件，由于“e租宝”打着网络金融和P2P的旗号行骗，这一案件也让P2P背了黑锅。对于普通民众而言，并没有能力区别真正的互联网金融项目、P2P项目与非法集资的区别，对于网页背后的资产和金融逻辑缺乏判断能力。在行业鱼龙混杂的大背景下，“e租宝”对于催生后续的网络借贷监管规则和网络借贷的整治风潮具有一定的作用。

“e租宝”是典型的集资诈骗，这与P2P所推崇的金融脱媒、信息中介、点对点原则完全背道而驰。其一，承诺本息收益的做法，与P2P不保本息的信息中介宗旨背离；其二，虚构融资项目的做法，与P2P信息中介的审慎、诚信原则背离；其三，“e租宝”以虚构项目为自己融资的做法，与P2P资金表外运营的原则完全背离。分析“e租宝”案例，有助于理解监管系列规则的立法本意。

本章引言

2016年，《网络借贷信息中介机构业务活动管理暂行办法》出台后，媒体、业界、民众对于P2P模式是否仍有发展空间存有疑虑，社会对于P2P行业的质疑和认同并存，具体的体现是，媒体消极报道与P2P网贷机构的成交量增加并行。我们认为，P2P作为一种现代信息技术条件下发展起来的金融模式，其实质并未脱离金融的规律，并且能够提升借贷融资的效率、降低借贷融资的成本、降低金融体系的信用风险。然而，这一切的前提是P2P企业能够遵循该业务模式的本质和业务规律，坚守信息中介和科技提升效率的信仰，避免因“规模冲动”而模仿银行的存贷款模式或资产管理机构的资产管理模式。

---

① 参见江上旭：《终审判决！“e租宝”北京高院维持原判》，https：//www. sohu. com/a/207379866_ 264594，2018年8月14日访问。

第一节　P2P 概述

一、P2P 的概念

P2P，即“Peer to Peer”或“Person to Person”，本意为点对点或个人对个人的信息交互。随着互联网技术的快速发展，互联网思维开始逐渐向其他领域扩张，P2P 网络借贷遂应运而生。在借贷领域，P2P 就是指个体与个体之间依托网络借贷平台实现的点对点的直接借贷。而作为其核心的 P2P 网络借贷平台，又称网贷机构或网络借贷信息中介机构，是指依法设立，专门从事网络借贷信息中介业务活动的金融信息中介公司，该等平台的主要功能及职责在于为借贷双方提供信息搜集、信息公布、资信评估、信息交互、借贷撮合等服务。

众所周知，P2P 最早起源于英国。2005 年 3 月，世界上第一家 P2P 网络借贷平台 Zopa 正式在英国伦敦建立并上线运营。该平台致力于向用户提供 P2P 社区贷款服务，由于这种新型的借贷模式使得各方互惠双赢，加上其高效便捷的操作方式、个性化的利率定价机制，推出后得到广泛的认可和关注，并迅速在其他国家复制。2006 年 2 月，美国第一家 P2P 平台 Prosper 正式成立；2007 年 5 月，位于美国加利福尼亚州的另一家 P2P 平台 Lending Club 正式成立，并于 2014 年 12 月 12 日开始在纽约证券交易所上市挂牌交易。自从我国第一家 P2P 网络借贷平台拍拍贷于 2007 年正式在上海成立以来，网络借贷影响范围遍及全国，类似网络借贷中介机构不仅在北京、深圳、杭州等经济发达城市遍地开花，而且开始出现在一些二三线城市，网贷行业获得了快速发展。根据网贷之家统计的数据显示，截至 2016 年末，全国范围内活跃的网贷平台已超过 350 家，累计交易额超过 600 亿元，网络借贷行业发展呈现出欣欣向荣的景象。①

目前，P2P 网络借贷平台的借款对象主要是短期、小额借贷者，借款金额在数百元到数万元内，借款期限在 1 年或 1 年内。借款用途大致可以分为

① 数据来源：网贷之家，http：//shuju. wdzj. com/industry－list. html，2018 年 6 月 24 日访问。

两大类，一类是用于个人资金周转，比如租房、装修、购物、结婚、旅游等，另一类主要是创业类借款，以帮助投资者和创业者更好地应对由于资金不足而引发的各类危机。借款流程通常为，首先，借款人在平台网站上发布融资信息，由平台完成信用审核、风险评估等事项；其次，出借人也即投资人通过平台确认投资项目，达成交易；最后，由平台在网上协助借款人、出借人完成签约、放款、还款等流程。其借款流程大致如下图所示。

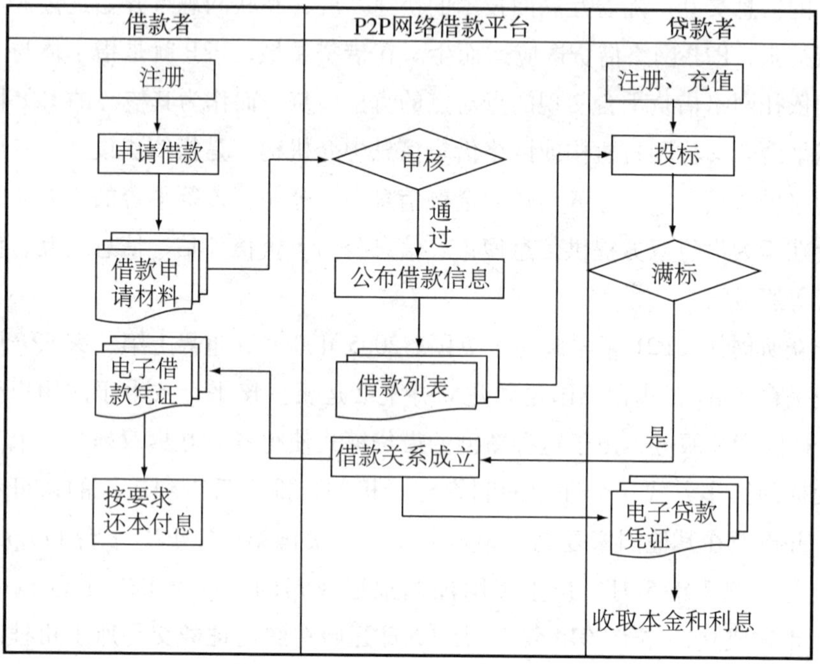

图9-1 P2P借款流程

P2P网络借贷通过互联网实现了闲置资金与融资需求的直接匹配，克服了银行贷款时空受限、人力成本过高、审核放贷严苛、交易方式僵化等弊端，一方面可以化解小微企业和个人的融资难问题，是实现“普惠金融”的一剂良方；另一方面也为投资者创设了一种新的投资形式，提高社会闲散资金的利用率。通过该等平台，用户可以获得信用评级、发布借款请求满足个人的资金需要，也可以把闲余资金借给信用良好且有资金需求的个人，获得良好的资金回报。因此，我们认为，P2P网络借贷是一种依托于网络而形成的新型金融服务模式，其手续简便、方式灵活，具有正规金融不可比拟的竞争优势，是正规金融的有益补充。

二、P2P 的性质

根据 2015 年 7 月中国人民银行等十部委发布的《关于促进互联网金融健康发展的指导意见》（银发〔2015〕221 号），P2P 网络借贷的内涵被表述为："在个体网络借贷平台上发生的直接借贷行为属于民间借贷范畴，受合同法、民法通则等法律法规以及最高人民法院相关司法解释规范。"而《网络借贷信息中介机构业务活动管理暂行办法》进一步明确，网络借贷是指个体和个体之间通过互联网平台实现的直接借贷。据此，从目前的立法政策上来看，P2P 网贷机构经营的主营业务主要是被界定为民间借贷的居间服务。

民间借贷作为一种游离于正常的金融监管体系之外的资金活动，其发展可谓历史悠久。作为一种社会经济现象，伴随着生产力的发展、社会的进步和人们相互之间联系交往的日益频繁，其活动范围和发展程度也变得愈加普遍。从经济史上看，从春秋战国时期一直到晚清民国，在商品经济发达、局部市场或者全国市场活跃、货币流动性充足的时候，民间借贷往往呈现周期性繁荣的景象。新中国成立以后，国家开始清理整顿金融行业，并进行社会主义改造。由于长期实行计划经济，在法律上对民间借贷实行高度的制度性打压，因此发展萎缩停滞，空间有限，但并未完全消失，一直顽强地在民间以友情互助借贷、合会、互助会等各种组织形式广泛存在。自从 1978 年党的十一届三中全会确立了经济体制改革的基本路线后，社会经济的快速发展导致资金的需求量与日俱增，民间借贷随之再度兴起。其后，由于我国长期存在金融管制和金融抑制等原因，正规金融的供给仍然存在很大的不足，一直无法满足高速经济增长带来的资金需求，因此使得民间借贷规模和范围都获得了历史性的突破。

当下，民间借贷虽仍饱受"高利贷"剥削等问题困扰，但不得不承认其顽强的生命力，客观上也的确起到了资金融通的作用，在社会经济运行与发展中具有不可替代的重要地位。在法律层面上，民间借贷也逐步获得认可以及保护，范围逐步扩大。2015 年 9 月 1 日，《民间借贷司法解释》正式实施，这对于长期以来一直处于灰色地带，但又在整个中国金融链条中发挥重要功能的民间借贷而言，无疑具有里程碑的意义。根据《民间借贷司法解释》第1条规定，民间借贷，一般是指在金融机构之外的个人、企业、其他经济主体及其相互之间发生的资金借贷行为。

当然，相较于传统意义上的民间借贷，P2P网络借贷平台经营的民间借贷业务也就是网贷业务仍旧存在诸多不同之处，最主要的差别在于：

首先，传统民间借贷是基于熟人交易，P2P网络借贷是陌生人交易。一般情况下，亲朋好友以及其他熟人关系容易建立相互信任的关系，因此熟人之间容易催生传统的民间借贷。也就是说，传统的民间借贷是以熟人关系作为其交易基础，属于内生性的横向信用，仅存在于特定的区域和群体之中。这种交易方式的好处在于利用熟人关系，可以有效减少乃至消除信息不对称的问题，减少交易成本。并且在借款人违约时，出借人也可以利用熟人之间的相互制衡，以实现对借款人的天然约束与高效催收。而P2P网络借贷借助网络这种无边际、无区域、无时差的传播媒介，早已经脱离了熟人关系的范畴。事实上，目前大多数P2P网络借贷平台发生的网络借贷均是陌生人交易。由于借贷双方并非熟人，互不熟悉，借款人难以知悉借款人的与借款交易相关的一切其他情况，因此必须通过P2P网贷机构这个第三方机构提供的信息筛选、风险评估等机制来对借款人的信用作出判断。由于是陌生人交易，以及由P2P网络借贷平台提供信息甄别，因此有时还会存在担保等增信方式。在这种程度上，P2P网络借贷平台的性质其实已与银行发放贷款业务所起的角色颇为相近，因此有人认为P2P网络借贷机构虽非金融机构，但可被认定为类金融机构。

其次，传统民间借贷具有偶发性，P2P网络借贷已经呈现营业化的特征。一般而言，传统的民间借贷发展在亲朋好友等熟人之间，其需求并不会太频繁，因此单一主体的业务量一直不会太大，更不会专业化、产业化。其发展往往较为有限，表现出了较强的偶发性、分散性、非经营性等特征。而由于借助网络环境下的信息撮合甚至风控增信等技术手段的不断运用叠加，P2P网络借贷已经实现了完全的专业化和产业化运作。目前，网络借贷经营规模之大，与传统民间借贷相比，早已不可同日而语。此外，还有一些P2P网络借贷平台通过“专业放贷人”进行放贷，然后再在平台上向真正的投资人转让债权，此种模式与放贷经营的实质相差无几。因此，笔者认为，用是否营业化来概括传统民间借贷和P2P网络借贷之间的区别是恰当的。

最后，传统民间借贷的风险具有地域性特征，P2P 网络借贷风险具有全局性特征。一般而言，由于传统的民间借贷要嵌入一定的社会网络中，因此其往往局限在一些相互分割的局部市场，从而表现出明显的地域性特征。这些局部市场有不同的参与群体和风险控制机制，相互之间联系也不紧密，即便一些局部市场出现风险，也不会轻易产生全局性的影响。我国历来对于传统民间借贷的监管和风险处置，采取的是属地化管理体制，即防范民间借贷风险，包括打击和善后处置非法集资行为，主要是由地方政府负责具体执行的。但 P2P 网络借贷天然具有全局性，无论注册在哪里，其撮合的借贷双方均可以来源于全国各地，从而其风险就具有了全局性的特征，为监管带来新的冲击和挑战。

综上所述，由于 P2P 网络借贷的模式还无法固定，创新业务尚待进一步考察，因此在目前阶段的政策考量上，P2P 的业务性质主要是被认定为与民间借贷相关，而未被视作正式的金融业务。不过，笔者认为，我们在将 P2P 网络借贷机构从事的业务认定为民间借贷业务的同时，也不妨从金融的角度来理解 P2P 的业态和行为，以便对其有进一步的认识，为今后 P2P 的发展预留足够的空间和想象。

三、业务模式

自从全世界首个 P2P 网络借贷平台出现以来，这种新型的借贷模式在世界范围内迅速发展并展示出了广阔的发展前景。2007 年我国第一家 P2P 网络借贷平台拍拍贷成立以来，多家 P2P 网络借贷平台如雨后春笋般相继涌现，并呈现出交易规模日益扩大、影响范围渐趋广泛的发展态势。经过多年的深耕，中国的 P2P 网络借贷机构在逐渐摸索和创新过程中形成了诸多业务模式，已经大大不同于欧美国家的原始面貌。本书主要从线上线下、担保增信以及产品交易对手等不同角度，对目前的 P2P 网络借贷平台的主要业务模式进行梳理。

（一）纯线上业务模式与 O2O 业务模式

纯线上业务模式是指 P2P 网贷借贷平台利用完整细致的交易流程设计、对交易进程的实时在线监控等技术手段，将借款申请、发放、还款、催收等各个交易环节全部放在线上完成的模式。在纯线上业务模式中，P2P 网络借贷机构主要负责提供信息展示、信用审核以及交易撮合、资金结算等技术职能，收取的费用主要是信息服务费或技术服务费。其对借款人进行的信用审核，通常不介入借款人的线下资质审查以及担保措施的审查，主要是通过搭建数据风控模型来完成，利用模型对采集到的相关信息进行分析，从而对借款人给出一个合理的信用评级和安全的信用额度。此种业务模式的优势在于规范透明、交易成本低，但也存在着数据获取难度大以及坏账率高的缺陷。不过，随着大数据产业的持续发展，目前绝大多数机构的风控模型渐趋稳定，可以有效控制坏账率，此种业务模式此前劣势已不断被转化为优势，并在小额、密集的借贷细分市场里崭露头角，未来发展前景较为广阔。2007 年成立于上海的拍拍贷即是中国首家通过互联网方式提供 P2P 网络借贷的纯信息服务平台。

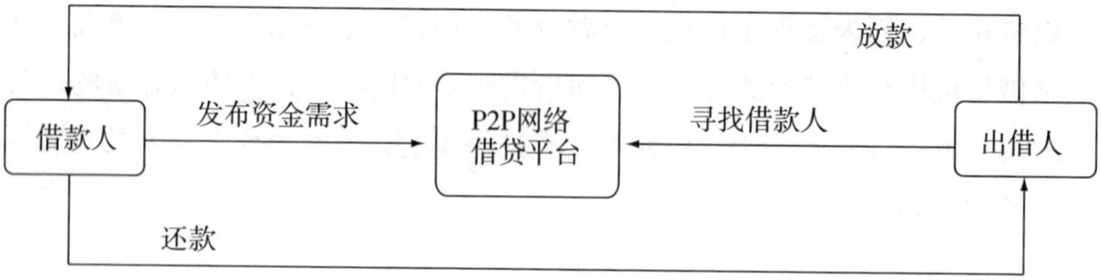

图 9-2　纯线上业务模式

O2O 模式，即线上线下结合模式，是指 P2P 网贷机构利用线下方式，包括但不限于要求借款人提供资料，并通过电话回访、邮件沟通等各种方式对借款人资质进行实质性审查，从而保障出借人资金安全的业务模式。O2O 模式可以从地面以及非地面渠道获取用户，其采取的线上审核方式主要包括网络视频认证、检查身份证信息等手段，线下审核的方式可能还会涉及借款人的还款能力和还款来源评估。对于较大的项目，还可能引入律师、会计师等中介机构进行尽职调查。此种模式与传统的民间借贷非常相似，是传统民间借贷运用“互联网 +”的一个成功案例。相对于传统的民间借贷而言，其优势在于利用互联网的便捷、高效等特性，在一定程度上减小信息不对称性，从而为传统的民间借贷提供更广泛的信息资源，促进民间资金成本发现，便捷民间信贷交易。同时，在缺乏完善信用评级体系时，P2P 平台通过线下方式对资金需求者的个人信息进行审核，对资金需求者的信用情况进行评价，通过线上和线下两重风控手段，相对于纯线上业务模式而言，在一定程度上更能降低信用风险，保护资金安全。

（二）有担保模式与无担保模式

无担保模式，亦称纯信用借贷模式，在国外的P2P模式中比较多见。此种业务模式下，P2P平台既不对出借人提供任何担保方式，也不会设立专门的风险准备金用于抵抗违约或坏账。但是国内采用该模式经营业务的P2P机构数量较少，原因在于我国当前信用体系不完善，征信报告等信用资料涵盖的信息类型比较单一，且征信及时性差，难以满足市场需求。虽然有的P2P平台会利用大数据手段，对长期用户进行累计信用评价及信用分类，并以此作为纯信用借款的参考依据，但是此类平台目前多见于现金贷业务，大多数平台仍较依赖担保措施。按照担保主体的不同，可将其划分为平台自担保型与第三方担保型两种。平台自担保意味着平台的性质发生了根本改变，平台演化成了担保机构，而不再是单纯的信息中介机构，信用风险由平台承担。

需注意的是，与纯信用借贷模式相比，以动产或不动产提供抵押、质押担保或者由第三方专业担保机构提供第三方保证的有担保模式，更能为投资人接受和认可。不过，有担保模式的借款金额一般较大，在新一轮的合规风暴中已逐渐淡出市场，因此目前主流的担保模式并非实务担保，而系由第三方专业担保机构向投资人提供第三方保证。

（三）点对点模式与一对多模式

点对点模式为典型的传统P2P业务模式，强调个人与个人之间逐笔进行借款交易，形成一一对应关系。其交易模式如图9－3所示。

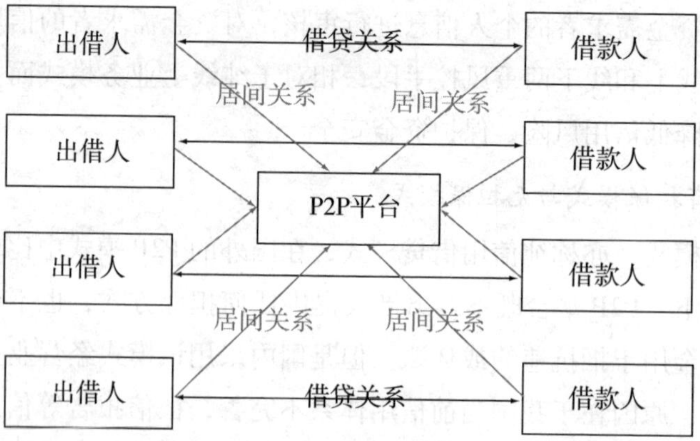

图9－3 点对点模式

一对多模式，也成 P2B（person－to－business）模式，即企业与个人之间发生的借贷关系。由于单个出借人提供的资金金额极其有限，在 P2B 交易中，借款人通常需要向多个出借人借入资金。该模式有效地丰富了中小企业融资的渠道。其交易模式如图 9－4 所示。

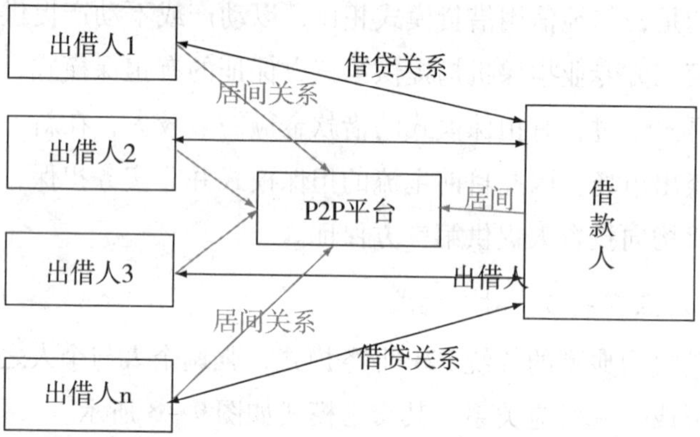

图9－4 一对多模式

（四）直投模式与债转模式

直投模式，是指 P2P 网贷机构直接撮合出借人与借款人之间达成借款交易的模式，为典型的 P2P 业务模式。债转模式，即债权转让模式，是指投资人与借款人双方不直接达成投融资交易，而是由第三方个人先将借款出借给借款人，然后再由第三方个人将债权转让给投资人的模式。通常，借款人与最终的投资者之间存在着超级放贷人作为第三方个人，一般情况下是平台的法定代表人、高管或者是合作方，其交易模式如图 9－5 所示。此种模式下，超级放贷人（债权人）和借款人（债务人）之间先签订借款合同，再在平台上申请债权转让，最后由投资人选择受让债权包。债权转让完成后，出借人（债权人）并未完全退出，而是会代为收取和管理借款人的还款，并在收取相应费用后支付给投资人。在国家出台监管规则之前，有相当一部分 P2P 网络借贷平台采用债权转让的模式，其中以宜信模式最具有代表性。原因主要在于此种模式下放款、还款的速度更快，同时平台的运营也更灵活，一旦遇到借款人逾期的情况，放款人可先垫付，也不会影响到投资人按时收回本息。

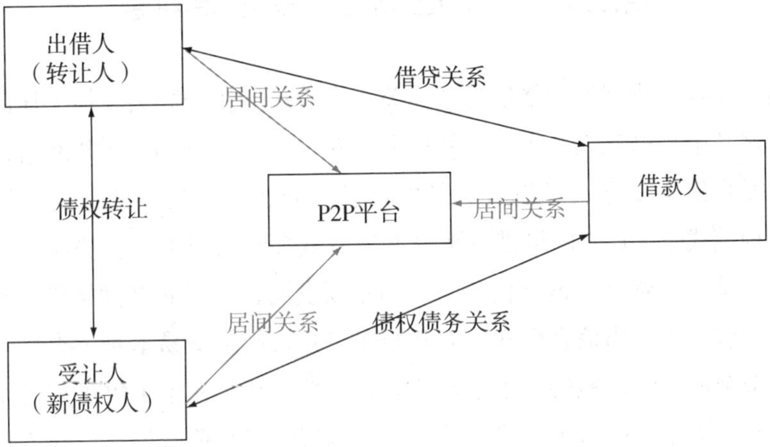

图 9－5　债转模式

2016 年 8 月，网贷管理规则出台后，对于债转模式提出了限制，《网络借贷信息中介机构业务活动管理暂行办法》第 10 条第 5 项禁止 P2P 平台“发放贷款”，第 8 项禁止“开展类资产证券化业务或实现以打包资产、证券化资产、信托资产、基金份额等形式的债权转让行为”。这一规则出台后，对于平台或关联方以自有资金发放贷款并将债权转让的方式起到了限制作用。但何谓“类资产证券化业务”？该暂行办法的规定比较笼统。2017 年 11 月，P2P 网络借贷风险专项整治工作领导小组办公室发布的《关于做好 P2P 网络借贷风险专项整治整改验收工作的通知》，对于债权转让模式做了专门规定：对于债权转让是否合规，应当具体问题具体分析。为解决流动性问题，在出借人之间进行的低频次债权转让，应认定为合规。对于由网贷机构高管或关联人根据机构的授权，与借款人签订借款合同，直接放款给借款人，再根据借款金额在平台放标，将债权转让给实际出借人的“超级放款人”模式的债权转让，由于其可能导致网贷机构虚构标的、将项目拆分期限错配、直接或间接归集出借人资金等行为，应当认定违规。

而在上海等多地的整改验收指引中，则直接将平台外部的各类机构（如小贷、保理、融资租赁等）、个人债权在平台转让纳入违规整改的范围，而仅允许保留平台自身撮合交易产生债权的逐笔转让模式。

第二节　P2P 面临的主要法律问题

通常而言，典型的网络借贷法律关系本质是借款合同关系加上居间合同关系，这其中，借款人和出借人往往是一对一达成的交易，P2P 网络借贷平台作为撮合借贷双方达成借贷交易的信息中介机构，提供的主要是居间服务。此种模式下，P2P 网络借贷平台不是借款合同的当事人，法律关系较为清晰。但是，随着 P2P 网络借贷平台的不断发展，很多 P2P 网络借贷平台早已经不再满足于充当信息中介，而开始逐步介入借贷交易本身，直接归集资金产生资金池，渐渐地偏离了平台的居间属性，甚至还衍生出了与传统网络借贷平台大为不同的行为模式，其中最为典型的就是债转模式。这不仅使得平台的法律关系变得复杂，性质发生了根本性变化，而且为 P2P 网络借贷平台本身带来了诸多法律风险，其中最为棘手的便是可能因触及金额错配、期限错配、归集资金从而产生资金池，进而涉嫌非法集资等刑事犯罪。同时，若经营不慎，P2P 网络借贷平台还有可能触犯擅自设立金融机构、非法经营、非法获取或出售、提供个人信息以及拒不履行网络安全义务等刑事犯罪。

一、非法集资

所谓非法集资，是指法人、其他组织或者个人，未经有权机关批准或者借助合法形式向社会公众募集资金的行为。在《刑法》上，其主要体现在

第176条规定的非法吸收公众存款罪，以及第192条规定的集资诈骗罪。《刑法》第176条规定，非法吸收公众存款罪，主要是指非法吸收公众存款或者非法变相吸收公众存款，扰乱金融秩序的行为。该罪所要保护的法益为国家正常的金融监管秩序。在构成要件上，该罪客观上要求行为人有未经监管部门批准，公开向不特定人群吸收资金或者变相吸收资金，且足以达到扰乱金融秩序程度的行为；主观上，该罪要求行为人具有故意，且不以占有资金为目的。与非法吸收公众存款罪相比，集资诈骗罪的最大不同之处在于，是否要求行为人主观上具有以非法占有他人财产为目的。根据最高人民法院《关于审理非法集资刑事案件具体应用法律若干问题的解释》（以下简称"《非法集资司法解释》"）（法释〔2010〕18号）规定，只要行为人客观上有非法吸收或者变相吸收公众存款，主观上有非法占有资金为目的的，就以集资诈骗犯罪论处。可见，构成集资诈骗罪的前提往往是存在非法吸收或者变相吸收公众存款行为。

就P2P网络借贷而言，未建立资金存管的P2P网络借贷交易的交易流程大致如下：首先，出借人会在P2P网络借贷平台网站上注册，成为P2P网络借贷平台的用户；其次，由出借人选择合适的借款项目，与借款人达成借款交易，并将资金转入P2P网络借贷平台账户，P2P网络借贷平台再将款项划给借款人，从而完成整个出借过程；最后，由借款人进行还本付息，P2P网络平台再将还款本息归还至投资人。整个流程如下图所示：

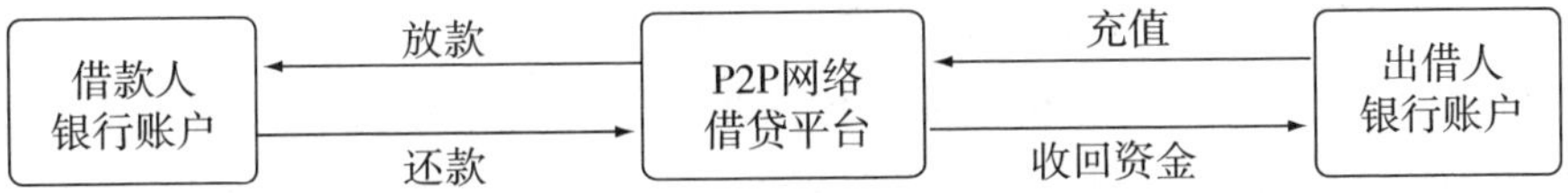

图9－6 P2P网络借贷的交易流程

从上述交易流程的资金流向来看，出借人的资金首先会进入P2P网络借贷平台的账户，然后再由P2P网络借贷平台账户划转至借款人的银行账户。根据货币占有即所有的原则，一旦资金进入P2P网络借贷平台账户，即意味着货币所有权已经转移至P2P网络借贷平台。理论上讲，平台收到出借人的资金在前，向借款人放款在后，中间存在时间差，则意味着出借人与借款人订立真实有效的借款合同之前，P2P网络借贷平台就已经完全占有了该资金，甚至可以完全支配该等资金。在正常的网络借贷交易中，借款人和出借人通常是一对一达成交易后，资金流会实现实时划转，此种情形下由于不存在归集资金形成的资金池[①]，因此也就不具有非法集资的性质。但是，在缺乏严格的准入条件以及有效的外部监管情况下，诸多 P2P 网络借贷平台就很有可能突破道德和法律的底线，在出借人与借款人达成借款合意之前，直接公开向不特定的投资人以各种形式归集资金形成资金池沉淀资金，以达成一对多的交易形式。此种行径就极有可能被认定为以 P2P 网络借贷为名向不特定人群非法从事吸收存款业务，构成非法集资。具体而言，P2P 网络借贷平台进行非法吸收公众资金活动主要有以下两种方式：第一种为以理财产品或者发布借款需求等方式向出资人进行募资，然后再寻找借款人；第二种为直接开展自融业务，为自身或者关联方公开吸收资金。[②] 这些活动完全符合非法集资的基本特征。根据最高人民法院《关于审理非法集资刑事案件具体应用法律若干问题的解释》（法释〔2010〕18 号）第 1 条规定，构成非法集资必须同时满足四个条件：（1）未经有关部门依法批准或者借用合法经营的形式吸收资金；（2）通过媒体、推介会、传单、手机短信等途径向社会公开宣传；（3）承诺在一定期限内以货币、实物、股权等方式还本付息或者给付回报；（4）向社会公众即社会不特定对象吸收资金。首先，从宣传方式上看，P2P 网络借贷平台以互联网为媒介，向社会公众公开宣传募资，这符合了非法集资的“公开性”特征。其次，P2P 网络借贷平台往往是针对社会不特定公众吸收资金，这符合了非法吸收公众存款罪的“社会性”特征。最后，P2P 网络借贷平台在未经相关部门依法批准的情况下便擅自开展集资活动，且往往伴随着刚性兑付承诺引诱投资人，这符合非法集资的“非法性”特征。

---

① 对于资金池并没有统一的定义，有学者认为，所谓资金池就是指将不同来源与流向的资金归集在一处，保持“池”中资金量基本稳定的资金集中管理方式。参见刘宪权：“互联网金融平台的刑事风险及责任边界”，载《环球法律评论》2016 年第 5 期。

② 不过，需注意的是，根据最高人民法院《关于审理非法集资刑事案件具体应用法律若干问题的解释》第 3 条第 4 款规定，非法吸收或者变相吸收公众存款，主要用于正常的生产经营活动，能够及时清退所吸收资金，可以免予刑事处罚；情节显著轻微的，不作为犯罪处理。据此应当认为，如果平台开展自融业务，将借款主要用于正常的生产经营活动，且能够及时清退所吸收资金，可以不作为犯罪处理。

倘若平台归集资金时或归集资金后根本不存在真实有效的借款交易，而是以高息为诱饵，并伪造担保函、虚构担保，利用互联网进行宣传，募资后通过采用期限错配的方式，将长标拆成短标实行滚动融资，再通过“发新偿旧”满足到期兑付。一旦平台无法再引诱新的投资人，资金链必将断裂，而存量资金又被平台控制占有，则平台很容易卷走出借人资金进而跑路。此前“e 租宝”、中晋、快鹿等多家机构就曾以 P2P 网络借贷为名开展非法集资活动，骗取资金肆意挥霍，甚至携款潜逃，导致投资人血本无归。尤其是“e 租宝”事件影响巨大，性质恶劣。据报道，从 2014 年 7 月“e 租宝”上线至 2015 年 12 月被查封，“e 租宝”以高额利息为诱饵，虚构融资租赁项目，持续采用借新还旧、自我担保等方式非法吸收巨额公众资金，累计交易发生额达 700 多亿元，造成了恶劣的社会影响。[①]从非法集资的表现形式上来看，由于需要规避合法的融资渠道，集资人往往采用合法的交易形式来掩盖非法集资的目的。实际上，这些异化的平台早已堕落成为犯罪分子从事集资诈骗活动的犯罪工具，波及度之广，社会危害性之大，严重者将可能引发金融秩序的系统性风险。对此，最高人民法院发布的《关于进一步加强金融审判工作的若干意见》（法发〔2017〕22 号）明确指出，对于以金融创新名义非法吸收公众存款或者集资诈骗，构成犯罪的，将依法追究刑事责任。

需注意的是，P2P 网络借贷平台并未直接从事非法集资活动，而只是为借款人以民间借贷为名实施非法集资活动提供通道，是否构成共同犯罪？根据《刑法》第 25 条第 1 款规定，所谓共同犯罪，是指两人以上共同故意犯罪。根据《刑法》第 287 条之二规定：“明知他人利用信息网络实施犯罪，为其犯罪提供互联网接入、服务器托管、网络存储、通讯传输等技术支持，或者提供广告推广、支付结算等帮助，情节严重的，处三年以下有期徒刑或者拘役，并处或者单处罚金。单位犯前款罪的，对单位判处罚金，并对其直接负责的主管人员和其他直接责任人员，依照第一款的规定处罚。有前两款行为，同时构成其他犯罪的，依照处罚较重的规定定罪处罚。”对于借款人

① 参见白阳、陈寂：《“e 租宝”非法集资案真相调查》，http://www.xinhuanet.com/legal/2016-01/31/c_1117948306.htm，2018 年 6 月 24 日访问。

从事集资行为，P2P 平台主观上明知并且与其合谋，或者明知借款人存在违规情形，仍为其非法吸收公众存款提供增信服务以及集资便利条件的，显然应当认定构成非法集资的共同犯罪。问题在于，P2P 网络借贷平台在经营过程中，未与从事集资行为的借款人存在意思联络，而仅仅是未有效审核借款人的身份和资信能力，默许借款人在平台上实施非法集资活动，是否同样入罪？对此，笔者认为，在 P2P 网络借贷交易中，P2P 平台负有对借款人资格条件、信息的真实性、融资项目的真实性、合法性进行必要审核的义务。P2P 网络借贷平台如果没有采取有效措施及时阻止借款人的犯罪活动，而是放任该行为继续进行，可能会因为主观上存在放任犯罪行为发生的间接故意，客观上存在明知该行为涉嫌犯罪行为，仍向其提供便利和帮助的情形。同时，平台向借款人收取的相关管理费用也完全可以视为平台因协助借款人实施犯罪活动而收取的佣金和代理费。根据 2014 年 3 月 25 日最高人民法院、最高人民检察院和公安部联合下发的《关于办理非法集资刑事案件适用法律若干问题的意见》规定："为他人向社会公众非法吸收资金提供帮助，从中收取代理费、好处费、返点费、佣金、提成等费用，构成非法集资共同犯罪的，应依法追究刑事责任。"就此而言，应当认定平台与借款人之间是在共同犯罪故意的支配下，共同实施了具有内在联系的犯罪行为，应以非法吸收公众存款罪追究相关责任人员的刑事责任。在其进行追诉时，应根据各自在非法集资中的地位、作用确定其刑事责任。此外，平台虽然没有直接吸收资金，但是通过大肆组织借款人开展非法集资并从中收取费用数额巨大、情节严重的，还可以认定其为主犯。

由于非法集资罪所要保护的法益为国家的金融监管秩序，以及公民的合法财产。实践中，犯罪嫌疑人往往以不知法律禁止性规定为由进行抗辩。对此应当认为，原则上认定主观故意并不要求以明知法律的禁止性规定为要件。特别是具备一定涉金融活动相关从业经历、专业背景或在犯罪活动中担任一定管理职务的犯罪嫌疑人，应当认定其知晓相关金融法律管理规定。如果有证据证明其实际从事的行为应当批准而未经批准，行为在客观上具有非法性，原则上就可以认定其具有非法集资的主观故意。对于无相关职业经历、专业背景，且从业时间短暂，在单位犯罪中层级较低，纯属执行单位领导指令的犯罪嫌疑人，如确实无其他证据证明其具有主观故意的，可以不作为犯罪处理。另外，实践中还存在犯罪嫌疑人提出因信赖行政主管部门出具的相关意见而陷入错误认识的辩解。如果行政主管部门出具的相关意见及其出具过程查证属实的，不应作为犯罪处理，但如存在以下情形之一，仍应认定犯罪嫌疑人具有非法吸收公众存款的主观故意：（1）行政主管部门出具意见所涉及的行为与犯罪嫌疑人实际从事的行为不一致的；（2）行政主管部门出具的意见未对是否存在非法吸收公众存款问题进行合法性审查，仅对其他合法性问题进行审查的；（3）犯罪嫌疑人在行政主管部门出具意见时故意隐瞒事实、弄虚作假的；（4）犯罪嫌疑人与出具意见的行政主管部门的工作人员存在利益输送行为的；（5）犯罪嫌疑人存在其他影响和干扰行政主管部门出具意见公正性的情形的。特别强调的是，对于犯罪嫌疑人提出因信赖专家学者、律师等专业人士、主流新闻媒体宣传或有关行政主管部门工作人员的个人意见而陷入错误认识的辩解，不能作为犯罪嫌疑人判断自身行为合法性的根据和排除主观故意的理由。

二、擅自设立金融机构

《刑法》第174条规定，擅自设立金融机构罪是指未经国家有关主管部门批准，擅自设立商业银行、证券交易所、期货交易所、证券公司、期货经纪公司、保险公司或者其他金融机构的行为。本罪所保护的法益为国家的金融监管秩序。客观上要求行为人具有设立非法金融机构的行为，主观上要求行为人具有故意，即明知设立金融机构应当依法获得主管部门批准，擅自设立金融机构将发生扰乱金融秩序的结果，仍然希望或者放任这种结果的发生。

所谓金融机构，是指经中国人民银行批准设立的从事或者主要从事吸收存款、发放贷款、办理结算、票据贴现、资金拆借、信托投资、金融租赁、融资担保、外汇买卖等金融业务活动的中介机构。由于金融机构所从事的业务在社会经济中担负着特殊功能，其对国民经济的健康发展和金融秩序的稳定起着至关重要的作用，对社会稳定也有着直接的影响，如果放任监管，势必扰乱国家金融秩序，给国家金融安全和社会经济造成深重灾难。因此，各国对金融领域均采取严格的准入监管，从事金融活动、经营金融业务必须获得政府部门的授权或批准。根据《非法金融机构和非法金融业务活动取缔办法》规定，擅自批准设立非法金融机构或者擅自批准从事非法金融业务活动的，将遭致行政处罚，性质严重的，将被追究刑事责任。2014年9月，中国人民银行重新修订发布《金融机构编码规范》，从宏观层面统一了中国金融机构分类标准，首次明确了中国金融机构的涵盖范围，界定了各类金融机构的具体组成，规范了金融机构统计编码方式与方法。尽管有上述规定，对于金融机构的认定，仍应从机构从事或主要从事的业务活动性质上加以判断。①

与P2P网络借贷相关的金融业务主要是吸收存款、发放贷款、信托投资等业务。以债权转让为经营模式的P2P网络借贷已经发生了异化，尤其容易触犯本罪。如前所述，在债权转让模式下，由于P2P网络借贷平台不能直接进行放贷，因此往往会借助于专业放贷人。专业放贷人在线下与借款人达成借款合意发放贷款后，再通过P2P网络借贷平台将已经形成的债权进行拆分或合并，进而向投资人进行直接出售或打包出售，以退出原借贷法律关系，回笼资金并继续下一笔交易的循环。此种模式下，专业放贷人虽为个人，但借助平台从事放贷的经营性业务已经无法再简单地认定为民间借贷。目前，国际通行的放贷业务监管规定，传统的偶发的民间借贷可以豁免相关金融准入或审慎监管。但是如果放贷业务以经营为目的，即已经专业化、营业化，就必须申请“经营放贷业务许可”等相关金融资质，按照相关金融法规来规范。《银行业监督管理法》第19条规定，未经国务院银行业监督管理机构批准，任何单位或者个人不得设立银行业金融机构或者从事银行业金融机构的业务活动。《贷款通则》第21条规定，贷款人必须经中国人民银行批准经营贷款业务，持有中国人民银行颁发的《金融机构法人许可证》或《金融机构营业许可证》，并经工商行政管理部门核准登记。目前，具备放贷资质的金融机构主要是商业银行、信托公司、持牌消费金融公司、小额贷款公司、网络小额贷款公司，未经国家有关部门批准，不具备放贷资质的机构或个人均不得从事放贷经营业务。P2P网络借贷平台虽然属合法设立，但通过超级放贷人从事放贷经营业务显然超越其经营范围和发展界限。此外，在债权转让模式下，平台作为出借人、借款人的资金中转站，不可避免地会形成资金池，从而导致平台挪用、侵占资金具有了很大程度上的操作空间。原借

① 参见张建、俞小海：“擅自设立金融机构罪的司法认定”，载《中国检察官》2017年第20期。

贷关系中的借款期限，与其在P2P网络借贷平台上的债权转让标的对应的借款期限往往并不一致，即平台通常存在期限拆分以及金额拆分的行为。并且平台一旦掌握了资金池，其还可能会以虚构借款人的方式实现自融，进而向非法吸收公众存款的方向演变。此种行径极有可能被认定为以网络借贷为名从事非法吸收存款、发放贷款的金融业务即银行的标准业务，被司法机关以擅自设立金融机构罪进行论处。

三、非法经营

非法经营罪，是指自然人或者单位，违反国家规定，故意从事非法经营活动，扰乱市场秩序，情节严重的行为。《刑法》第225条规定，该罪客观上主要表现为如下四种形式：（1）未经许可经营法律、行政法规规定的专营、专卖物品或者其他限制买卖的物品；（2）买卖进出口许可证、进出口原产地证明以及其他法律、行政法规规定的经营许可证或者批准文件；（3）未经国家有关主管部门批准非法经营证券、期货、保险业务，或者非法从事资金支付结算业务；（4）其他严重扰乱市场秩序的非法经营行为。

P2P网络借贷平台作为信息中介，若未接入资金存管，以为借款人或还款人服务为名从事代收代付业务容易产生资金池，涉嫌无照经营支付结算业务。所谓的支付结算业务，是指银行接受客户委托代收代付，从付款人存款账户划出款项，划转至收款人存款账户，以此完成各个不同的经济体之间债权债务的清算或资金的调拨，实现资金转移，实现收支的行为。根据《非金融机构支付服务管理办法》第3条规定，非金融机构提供支付服务，应当取得《支付业务许可证》，成为支付机构。支付机构依法接受中国人民银行的监督管理。未经中国人民银行批准，任何非金融机构和个人不得从事或变相从事支付业务。非法从事资金支付结算业务侵害了央行对支付机构的准入管理秩序，为第225条第3项的明确打击行为。P2P网络借贷平台未经批准，从事代收代付业务，涉嫌非法从事资金支付结算业务，数额巨大的，可能被认定构成非法经营罪。

此外，为降低投资风险，保障投资人的资金安全，P2P网络借贷平台通常会以自己的名义为投资人提供相关的担保服务，该等担保无疑应当被认定为融资性担保。通常而言，融资性担保业务属于金融业务范畴，经营融资性担保业务需由监管部门批准设立后方可展业。根据国务院颁布的《融资担保公司监督管理条例》第6条规定，设立融资担保公司，应当经监督管理部门批准。融资担保公司的名称中应当标明融资担保字样。未经监督管理部门批准，任何单位和个人不得经营融资担保业务，任何单位不得在名称中使用融资担保字样。国家另有规定的除外。P2P网络借贷平台在未经有关监管部门批准的情况下，擅自经营融资性担保业务，侵害了融资担保公司作为金融机构的准入管理秩序，但是否构成非法经营罪，尚有疑问。有学者认为，该行为具有较大的社会危害性，属于《刑法》第225条第4项的内容，即“其他严重扰乱市场秩序的非法经营行为”，司法机关应当以非法经营罪追究相关责任人员的刑事责任。[①] 笔者认为，P2P网络借贷平台涉嫌经营的担保业务并不符合非法经营罪的前三种表现形式，以非法经营罪的兜底条款进行入罪，应当尤其慎重。

根据刑法学界的共识，《刑法》第225条第4项为典型的兜底条款。[②]“法律为抽象之规定，而法律事实之变化，层出不穷，以有限之法律，绳无穷变化之事实，自不免有挂一漏万之虞。”[③] 由于立法者根本不可能穷尽并预测一切可能的犯罪情形，借助设置兜底条款的立法技术，其初衷在于弥合立法者立法时的滞后，以达到严密法网、合理扩大刑法打击犯罪范围、围堵刑法明文列举之外的其他情形。正所谓“以刑驭民，方能使得民处于疏而不漏的法网之中”。不过，兜底条款所造成的负面作用亦不容小觑。由于兜底条款具有较高的概括性和抽象性，明显不符合罪刑法定的基本精神以及法律的明确性要求。这不仅会影响到司法人员对兜底条款的理解和运用，致使法官在适用兜底条款审理相同或类似案件时往往作出截然不同甚至是迥异的裁判；而且会导致司法机关在解释兜底条款时，不经意间就将法律没有明文规定的行为解释为某一犯罪的表现形式，进而不当地扩大了刑法的打击范围。事实上，就《刑法》的第225条第4项规定而言，其在刑法解释学上的扩张

① 参见刘宪权、金华捷：“P2P网络集资行为刑法规制评析”，载《华东政法大学学报》2014年第5期。

② 兜底条款亦称为堵漏条款。参见张建军：“论刑法中兜底条款的明确性”，载《法律科学（西北政法大学学报）》2014年第2期。

③ 参见韩忠谟著：《刑法原理》，中国政法大学出版社2002年版，第46页。

以及刑事司法中法官的自由裁量双重作用下，已使得非法经营罪逐渐异化成笼罩经济社会方方面面的“口袋罪”。[①]

笔者认为，由于兜底条款具有内在的扩张性，在司法适用上必须遵守一定的限定条件。根据刑法谦抑性的要求，应当适当限缩非法经营罪的调控范围。只有在行政处罚已无法遏制那些严重扰乱市场秩序的经营行为时，才有必要借助刑罚手段加以震慑。而限缩兜底条款的方法，不妨借助司法解释这一中国特色的制度，对构成非法经营罪的具体行为进行明确。[②] 具体在司法解释的起草制定过程中，若不得不对某一行为进行刑罚评价，则必须综合考虑该行为的类型、性质、侵害的法益以及危害程度。一旦司法解释出台，法官在认定构成犯罪时必须忠于刑法和司法解释，克制自己在法律适用方面的司法创造或续造。在目前的司法环境之下，将 P2P 网络借贷平台涉嫌经营担保业务纳入兜底条款进行刑法评价，显然欠缺司法解释明文规定。从实质上来看，P2P 网络借贷平台介入融资担保业务，与非法经营罪也存在明显不同之处：首先，P2P 网络借贷平台本身的主营业务并非融资担保业务。通常而言，平台并不会单独向借款人收取担保费用。而平台之所以敢于提供自身担保，乃基于其在大数据风控信审技术上的自信，并非在盲目扩张借款人信用，肆意放大债务，增加金融系统性风险。其次，P2P 网络借贷平台提供担保，仅系平台附带的增值服务，其目的在于保障投资人的资金安全以及增加投资人对平台的信任。最后，目前大多数 P2P 网络借贷平台均存在自身担保行为。将该等行为纳入刑法评价，势必削弱市场主体积极性与创造性，压制如火如荼的金融科技创新趋势，进而降低社会经济活动的自由与活力，不利于我国经济平稳健康有序发展。

毋庸置疑，P2P 网络平台自身担保对金融秩序的稳健运行仍具有一定的威胁性。对于 P2P 网络借贷平台而言，提供自身担保容易陷入刚性兑付的泥沼，为其本身的健康平稳发展和运营带来不可预知的风险。而对于监管部门而言，遏制刚性兑付、减少系统性金融风险始终为其追求的理想目标。但笔

---

① 参见高翼飞：“从扩张走向变异：非法经营罪如何摆脱‘口袋罪’的宿命”，载《政治与法律》2012 年第 3 期。

② 参见陈兴良：“刑法的明确性问题：以《刑法》第 225 条第 4 项为例的分析”，载《中国法学》2011 年第 4 期。

者认为，对于P2P网络平台自身担保行为，适用行政方式进行合理监管调控足以达到规制效果，并无必要调用严厉的刑罚手段。目前P2P网络平台的监管措施已经逐项落地，有法可依。《网络借贷信息中介机构业务活动管理暂行办法》第10条规定，网络借贷信息中介机构不得直接或变相向出借人提供担保或者承诺保本付息。根据《网络借贷信息中介机构业务活动管理暂行办法》第40条规定，网络借贷信息中介机构违反法律法规和网络借贷有关监管规定，有关法律法规有处罚规定的，依照其规定给予处罚；有关法律法规未作处罚规定的，工商登记注册地地方金融监管部门可以采取监管谈话、出具警示函、责令改正、通报批评、将其违法违规和不履行公开承诺等情况记入诚信档案并公布等监管措施，以及给予警告、人民币3万元以下罚款和依法可以采取的其他处罚措施。因此，如平台擅自提供担保，由行政机关对其进行行政处罚，基本可以控制平台的自身担保所引发的金融风险。此外，需注意的是，该等监管规则性质上并非法律或行政法规，因此无从影响平台担保本身的合同效力。即便平台违规担保，亦不会损害投资人的合法权益。在此问题上，最高人民法院明确予以了肯定。《民间借贷司法解释》第22条第2款规定："网络贷款平台的提供者通过网页、广告或者其他媒介明示或者有其他证据证明其为借贷提供担保，出借人请求网络贷款平台的提供者承担担保责任的，人民法院应予支持。"

综上所述，笔者认为，P2P平台擅自经营融资担保业务，不应依据非法经营罪的兜底条款即"其他严重扰乱市场秩序的非法经营行为"追究P2P网络借贷平台及相关责任人员的刑事责任，适用行政监管足以达到对该等行为的规制效果。

四、非法获取或出售、提供个人信息

《网络安全法》第76条规定，个人信息，是指以电子或者其他方式记录的能够单独或者与其他信息结合识别自然人个人身份的各种信息，包括但不仅限于自然人的姓名、出生日期、身份证件号码、个人生物识别信息、住址、电话号码等。通常认为，个人信息的最主要特征为特定化以及可识别性，即可以通过该等信息显示个人的生活轨迹，勾勒个人人格形象。在此基础上，凡是能够依据该等信息识别具体个人的相关情况，以及作为个人人

身、行为状态的自然痕迹和社会痕迹等记录，均应当被视作个人信息。因此，《网络安全法》上认定的个人信息内容范围无疑可以再次被扩大，解释上还可包括公民的婚姻状况、联系方式、工作单位、学历信息、履历信息、医疗记录、财产状况、账号密码、行踪轨迹等能够识别公民个人身份或者涉及公民个人隐私的信息、数据资料。

个人信息是社会活动和社会交往的润滑剂，向他人提供披露以及合法收集获得他人个人信息，是人们正常交易和社会运行的基本需要。在P2P网络借贷交易中，P2P网络借贷平台为了确认交易借贷双方的真实身份，往往需要掌握借款人的大量个人信息。通过对主流P2P网络借贷平台公开披露的收集客户数据内容进行分析，笔者认为，P2P网络借贷平台收集的客户数据类型及内容主要如下：

（一）P2P网络借贷平台直接收集借款人数据的类型

P2P网络借贷平台直接收集客户数据主要有以下五种类型：第一，借款人在P2P网络借贷平台的注册页面主动填写的基本数据，包括昵称、手机号码、邮箱等；第二，借款人在账户信息页面补全后才能参与借款项目时填写的数据，包括主体信息（真实姓名、身份证号码、银行卡、头像、手机号码、银行卡、QQ、微信号、微博号等），学历信息（毕业院校、最高学历等），工作信息（公司名称、所在行业、公司规模、职位、月收入等），财产信息（是否购房、是否购车等），生活信息（居住地、户籍地、所在城市、邮政编码、婚姻状况、子女状况、紧急联系人姓名及其联系方式等），其他信息（社保缴纳信息、公积金缴纳信息、银行流水信息、电商信息、保单信息等）；第三，核实借款人身份真实性时收集的身份数据，包括人脸图像照片、声音等；第四，借款人使用的设备数据，包括国际移动设备标识、网络设备的物理地址、设备序列号、设备名称、设备品牌、设备机型、操作系统、用户地理位置信息、WIFI信息、基站信息等；第五，借款人参与具体借款项目时证明还款能力的资料，包括信用报告、房产证明、资产评估报告、工作证明、收入流水、借款记录等。

（二）P2P网络借贷平台从合作机构间接收集借款人数据的类型

目前，大部分P2P网络借贷平台在注册协议中均要求借款人同意其从第三方合作机构中收集数据，主要有以下三种类型：第一，从合作的第三方商业机构（包括关联方）间接收集的交易记录数据，包括电商平台上的消费信息、第三方支付机构的转账信息、小贷公司或者银行等机构偿还贷款的信息、租车平台上的租车信息；第二，从央行征信中心、合作的第三方商业征信机构间接收集的信用数据，包括各类征信报告；第三，从行政机关、司法机关、公共服务机构等国家部门间接收集的留存数据，在行政机关、司法机关留存的任何信息，包括户籍信息、工商信息、纳税信息、水电费等公共服务的缴费信息、交通部门的车辆驾驶信息、社保及公积金部门的缴费信息、诉讼信息、执行信息、违法犯罪信息等。

应当指出，P2P 网络借贷平台作为网络运营者，收集借款人个人信息时，必须严格遵照《网络安全法》等有关法律法规要求。《网络安全法》第 41 条规定，网络运营者收集、使用个人信息，应当遵循合法、正当、必要的原则，公开收集、使用规则，明示收集、使用信息的目的、方式和范围，并经被收集者同意，不得收集与其提供的服务无关的个人信息，不得违反法律、行政法规的规定和双方的约定收集、使用个人信息，并应当依照法律、行政法规的规定和与用户的约定，处理其保存的个人信息。P2P 网络借贷平台在经营过程中，未经借款人明示同意，擅自收集其个人信息，可能触犯《刑法》第 253 条之一规定的侵犯公民个人信息罪。此外，即便通过合法方式在合理限度内收集了借款人的个人信息，若追究不法利益，未经过任何去身份化处理，大肆出售倒卖其掌握的公民个人信息，将直接侵害公民的个人隐私与人格尊严，也可能触犯《刑法》第 253 条之一规定的侵犯公民个人信息罪。根据《刑法》该条文的规定，情节严重的，处 3 年以下有期徒刑或者拘役，并处或者单处罚金；情节特别严重的，处 3 年以上 7 年以下有期徒刑，并处罚金。而对于"情节严重"的认定标准，最高人民法院、最高人民检察院联合发布《关于办理侵犯公民个人信息刑事案件适用法律若干问题的解释》，明确规定了 10 种入罪情形，包括非法获取、出售或者提供行踪轨迹信息、通信内容、征信信息、财产信息 50 条以上的；非法获取、出售或提供住宿信息、通信记录、健康生理信息、交易信息等其他可能影响人身、财产安全的公民个人信息 500 条以上的；非法获取、出售或提供前两项规定以外的公民个人信息 5000 条以上的；违法所得 5000 元以上的等。

不过，需注意的是，笔者认为，P2P 网络借贷平台为了回收债权，将相关信息提供给外包催收机构并进行适当控制，不宜认定构成此罪。因为 P2P 网络借贷平台外包催收业务符合正常的商业目的，且催收机构与其具有正常的商业关系的，并不会对个人尊严和个人自由造成侵害，不具有实质违法性。

五、拒不履行网络安全义务

拒不履行网络安全管理义务罪，是指网络服务提供者不履行法律、行政法规规定的信息网络安全管理义务，经监管部门责令采取改正措施而拒不改正，且符合《刑法》第 286 条之一第 1 款规定的四种情形之一的行为。[①] 本罪所保护的法益乃是社会管理秩序所涵盖的信息网络安全管理秩序，主体仅限于网络服务提供者，且系纯正的不作为犯。

就本罪成立而言，首先，网络服务提供者负有保障网络运行安全的义务。《网络安全法》第 21 条规定，国家实行网络安全等级保护制度。网络运营者应当按照网络安全等级保护制度的要求，履行安全保护义务，保障网络免受干扰、破坏或者未经授权的访问，防止网络数据泄露或者被窃取、篡改。其次，网络服务提供者负有保障网络信息安全的义务。《网络安全法》第 40 条规定，网络运营者应当对其收集的用户信息严格保密，并建立健全用户信息保护制度。《网络安全法》第 42 条第 2 款规定，网络运营者应当采取技术措施和其他必要措施，确保其收集的个人信息安全，防止信息泄露、毁损、丢失。在发生或者可能发生个人信息泄露、毁损、丢失的情况时，应当立即采取补救措施，按照规定及时告知用户并向有关主管部门报告。

P2P 网络借贷平台无疑属于网络服务提供者，在实际经营过程中，通过主动搜集或者向第三方合作机构间接搜集，无疑掌握了大量的借款人个人信息。其应当按照国家网络安全相关规定和国家信息安全等级保护制度的要求，开展信息系统定级备案和等级测试，具有完善的防火墙、入侵检测、数据加密以及灾难恢复等网络安全设施和管理制度，建立信息科技管理、科技风险管理和科技审计有关制度，配置充足的资源，采取完善的管理控制措施

---

① 参见谢望原："论拒不履行信息网络安全管理义务罪"，载《中国法学》2017 年第 2 期。

和技术手段保障信息系统安全稳健运行，保护出借人与借款人的信息安全。此外，如网贷机构未建立或使用与其业务规模相匹配的应用级灾备系统设施，或者违反《网络安全法》赋予的保证网络运行安全以及信息安全的义务，经监管部门责令采取改正措施而拒不改正，致使个人信息泄露，造成严重后果的，将可能构成拒不履行信息网络安全管理义务罪，被判处3年以下有期徒刑、拘役或者管制，并处或者单处罚金。

第三节　P2P合规监管政策

2011年8月23日，在P2P刚刚在国内诞生时，中国银监会办公厅便组织开展调研并对外发布了《关于人人贷有关风险提示的通知》（银监办发〔2011〕254号），指出人人贷（Peer to Peer，简称P2P）信贷服务中介公司由于行业门槛低，且无强有力的外部监管，很有可能突破资金不进账户的底线，演变为吸收存款、发放贷款的非法金融机构，甚至变成非法集资。这标志着P2P正式引起监管层的注意并进入监管的视线。

2015年7月14日，由中国人民银行、工业和信息化部、公安部、财政部、国家工商行政管理总局、国务院法制办公室、银监会、证监会、保监会、国家互联网信息办公室十部委联合制定的《关于促进互联网金融健康发展的指导意见》（银发〔2015〕221号）正式出台。该指导意见可谓整个互联网金融的“基本法”。从内容上来看，国家将支持互联网金融创新和发展放在了首位，明确强调支持互联网金融的各种形态——当然也包括P2P网络借贷行业的发展，并将其定位为大众创业、万众创新的有力金融工具。针对P2P网络借贷，指导意见还特别指出，P2P网贷平台是指个体和个体之间通过互联网平台实现的直接借贷。在个体网络借贷平台上发生的直接借贷行为属于民间借贷范畴，受《合同法》、《民法通则》等法律法规以及最高人民法院相关司法解释规范。P2P网络借贷机构要坚持平台功能，为投资方和融资方提供信息交互、撮合、资信评估等中介服务；要明确信息中介性质，主要为借贷双方的直接借贷提供信息服务，不得提供增信服务，不得非法集资。总之，指导意见的出台，不仅意味着面对蓬勃生长的P2P网络借贷行业，国家有关监管部门终于有了一个比较明确清晰的态度，而且意味着P2P

网络借贷将告别“缺门槛、缺规则、缺监管”的“野蛮生长时代”，被正式纳入法治化监管的轨道。

2016 年，随着互联网金融专项整治活动在全国范围内拉开帷幕，我国上千个 P2P 网络借贷平台的运营状况、风险类别与级别也逐一暴露在监管层以及社会公众的面前。8 月 17 日，银监会会同工业和信息化部、公安部和国家互联网信息办公室联合发布了《网络借贷信息中介机构业务活动管理暂行办法》，拉开了网贷行业监管的序幕，正式宣告网络借贷行业在 2016 年开始迎来“规范元年”。该暂行办法将网贷平台作为“信息中介机构”的合法地位，并从备案登记、业务规则、资金存管和信息披露等方面对网贷平台进行规范，为网贷行业的监管奠定了整体的方向与基调。10 月 28 日，针对暂行办法确立的网贷机构备案登记准入，银监会会同工业和信息化部、国家工商行政管理总局正式发布《网络借贷信息中介机构备案登记管理指引》（银监办发〔2016〕160 号），为新设网贷机构的备案登记申请规定了详细流程，以进一步提高行业的准入门槛。

2017 年，网贷行业监管持续强化固化，监管政策密集出台，整顿监管步伐明显加快。2 月 22 日，银监会公开发布《网络借贷资金存管业务指引》（银监办发〔2017〕21 号），正式对网贷机构建立客户资金第三方存管制度进行工作部署和要求，以实现客户资金与网贷机构自有资金分账管理，防范网贷平台设立资金池出现资金挪用风险。8 月 23 日，银监会公开发布《网络借贷信息中介机构业务活动信息披露指引》（银监办发〔2017〕113 号），全面细致地规定了网贷机构应当对公众和投资人披露的信息内容，确立了网贷行业的透明化标准，有利于充分保护网贷业务参与者的合法权益。同时，该信息披露指引的出台，标志着网贷行业“1 + 3”制度框架基本搭建完成，初步形成了较为完善的制度监管政策体系。至此，《网络借贷信息中介机构业务活动管理暂行办法》所确立和部署的网络机构登记备案、资金存管、信息披露三大主要的合规政策悉数落地。

时间	发文单位	文件名称
2011 年 8 月 23 日	银监会办公厅	《关于人人贷有关风险提示的通知》（银监办发〔2011〕254 号）
2015 年 7 月 14 日	中国人民银行等十部委	《关于促进互联网金融健康发展的指导意见》（银发〔2015〕221 号）
2016 年 4 月 12 日	国务院办公厅	《国务院办公厅关于印发互联网金融风险专项整治工作实施方案的通知》（国办发〔2016〕21 号）
2016 年 4 月 13 日	银监会	《P2P 网络借贷风险专项整治工作实施方案》（银监发〔2016〕11 号）
2016 年 4 月 13 日	教育部、银监会	《教育部办公厅、中国银监会办公厅关于加强校园不良网络借贷风险防范和教育引导工作的通知》（教思政厅函〔2016〕15 号）
2016 年 8 月 17 日	银监会、工业和信息化部、公安部和国家互联网信息办公室	《网络借贷信息中介机构业务活动管理暂行办法》
2016 年 10 月 28 日	银监会、工业和信息化部、国家工商行政管理总局	《网络借贷信息中介机构备案登记管理指引》（银监办发〔2016〕160 号）
2017 年 2 月 22 日	银监会	《网络借贷资金存管业务指引》（银监办发〔2017〕21 号）
2017 年 8 月 23 日	银监会	《网络借贷信息中介机构业务活动信息披露指引》（银监办发〔2017〕113 号）

表 9－1　P2P 网络借贷平台主要监管政策文件

一、备案登记

《网络借贷信息中介机构业务活动管理暂行办法》确立了网贷机构的备案登记制度，即要求网贷机构基本信息进行登记、公示、评估并建立档案，且声明备案登记不构成对机构经营能力、合规程度、资信状况的认可和评价。该项制度有利于建立健全网贷行业数据基础信息，及时方便监管层掌握网贷机构的基本情况，为进一步加强网贷机构事中事后监管奠定科学的基础。同时，《网络借贷信息中介机构业务活动管理暂行办法》明确由地方金融监管部门负责网贷机构登记备案的具体工作。《网络借贷信息中介机构备案登记管理指引》对具体的登记备案流程进行了细化，且规定地方金融监管部门可以根据本辖区实际情况制定进一步的实施细则。根据《网络借贷信息中介机构备案登记管理指引》规定，网贷机构备案登记流程根据新设机构以及已存续机构而有所不同。

（一）新设机构备案登记申请流程

新设机构的备案登记申请流程可以简单概括为：办理工商登记并领取营业执照→提出备案登记申请并提交资料→地方金融监管部门进行审核→地方金融监管部门办理登记并出具备案登记证明文件。具体流程如下：

1. P2P 网贷机构需先办理工商登记注册并领取营业执照，并在经营范围中明确网络借贷信息中介等相关内容。

2. P2P 网贷机构在完成工商登记并领取营业执照后 10 个工作日内，向注册地地方金融监管部门提出备案登记申请并提交相关资料。应当提供的登记资料包括平台基本信息（名称、住所地、组织形式等），股东或出资人名册及其出资额，股东结构，经营发展战略和规划，合规经营承诺书，营业执照正副本复印件，法人代表人及董事、监事、高级管理人员基本信息资料，分支结构名册及其所在地，机构官方网址及 APP 名称，地方金融监管部门要求提交的其他文件资料等。

3. 地方金融监管部门收到登记备案材料后，采用多方数据对比、网上核验、实体认证、现场勘查、高管约谈等方式进行审核，在文件材料齐备、形式合规的情况下办理备案登记，并向申请备案登记的 P2P 网贷机构及其分支机构出具备案登记证明文件，具体时限由地方金融监管部门根据情况具体规定，但不超过 40 个工作日。

（二）已存续机构备案登记管理流程

已存续机构，即在《网络借贷信息中介机构备案登记管理指引》发布前，已经设立并开展经营的网贷机构。已存续机构需在各地完成分类处置后再行申请备案登记，然后根据风险专项整治中分类处置工作将已存续机构分为合规类机构和整改类机构两类，并仅对合规类机构的备案登记申请予以受理，而整改类机构需在其完成整改并经有关部分认定后才受理其备案登记申请。已存续机构的备案登记申请流程与新设机构的申请流程相似，可以简单概括为：到工商管理局修改经营范围→提出备案登记申请并提交资料→地方金融监管部门审核→地方金融监管部门办理登记并出具备案登记证明文件，具体流程如下：

1. 已存续的P2P网贷机构需先到工商登记部门修改经营范围，明确网络借贷信息中介等内容。

2. P2P网贷机构向注册地地方金融监管部门提出备案登记申请并提交相关资料，应当提供的资料除新设机构要求的资料外，还需提供机构经营总体情况、产品信息以及违法违规整改情况说明等，具体内容将由地方金融监管部门根据本辖区情况另行明确。

3. 地方金融监管部门采用多方数据对比、网上核验、实体认证、现场勘查、高管约谈等方式进行审核，在文件材料齐备、形式合规的情况下，办理备案登记，并向申请备案登记的P2P网贷平台出具备案登记证明文件，具体时限由地方金融监管部门根据情况具体规定，但不超过50个工作日。

根据《网络借贷信息中介机构业务活动管理暂行办法》及《网络借贷信息中介机构备案登记管理指引》要求，网贷机构完成地方金融监管部门备案登记后，还应当按照通信主管部门的相关规定，向通信主管部门申请相应的电信业务经营许可，与银行业金融机构签订资金存管协议，并反馈工商登记注册地地方金融监管部门。在经营期间，网贷机构应严格遵守《网络借贷信息中介机构业务活动管理暂行办法》有关规定，依法合规经营，依法配合地方金融监管部门、银监局的监管工作，并确保及时向地方金融监管部门、银监局报送真实、准确的相关数据、资料。此外，如果网贷机构名称、住所地、组织形式、注册资本、高级管理人员、合作的资金存管银行业金融机构等基本信息发生变更的，以及出现合并、重组、股权重大变更、增值电信业务经营许可变更等情况的，应当及时向工商登记注册地地方金融监管部门申请备案变更。拟终止网络借贷信息中介服务、依法解散或者依法宣告破产的，应书面告知工商登记注册地地方金融监管部门，同时提供存续贷业务处置及资金清算完成情况等相关资料，并办理备案注销。

需注意的是，尽管《网络借贷信息中介机构备案登记管理指引》对网贷机构的登记备案流程已经比较细化，但是备案登记申请具体工作是由地方金融监管部门展开实施，因此在实施细则方面仍会因行政区域而存在不同程度的差异。如根据厦门市金融工作办公室于 2017 年 2 月 4 日印发的《网络借贷信息中介机构备案登记管理暂行办法》，新设立的网贷机构申请办理登记备案时，应向厦门市金融工作办公室提交由律师事务所出具的网贷机构备案登记法律意见书，并要求律师事务所对网贷机构提交的申请备案文件资料真实性、工商登记情况、股权结构、实际控制人、运营基本设施和条件、管理审核制度、业务模式、合法合规情况等逐项发表结论性意见。截至目前，除厦门已经正式发布备案登记管理的细则外，北京、深圳、浙江等多地陆续发布登记备案方面的征求意见稿。不难预料，在未来具体登记备案的工作展开过程中，地方将会提出具有本地地方特色的属地化要求，从而使得登记备案进一步的差异化和复杂化。无论如何，根据备案登记规定和要求完成登记备案，是网贷机构走向合规至关重要的一步，也是所有后续监管工作正常开展的基础，各地将陆续往前推动。

二、资金存管

网贷机构在经营过程中直接接触资金，容易形成资金池，增加跑路等道德风险。对此有两种解决方案，一为资金托管，二为资金存管。目前，银行业金融机构的资金托管主要运用在信托、私募、资管计划等金融产品，相关技术和制度都较为成熟，安全性也较为可靠，但是该项制度要求商业银行保管客户资金、办理资金清算、监督资金使用情况、披露资金保管及使用信息，对合作方的相关准入门槛较高，实际发生的费用成本也令机构难以负担，运用到网贷行业尚不必要且不符合实际需求。因此，目前对网贷机构资金隔离监管主要是要求其建立资金存管制度。《关于促进互联网金融健康发展的报告意见》正式提出，网贷机构应当建立客户资金第三方存管制度，即网贷机构应当选择符合条件的银行业金融机构作为资金存管机构，对客户资金进行管理和监督，实现客户资金与从业机构自身资金分账管理。同时，《网络借贷信息中介机构业务活动管理暂行办法》及《网络借贷资金存管业务指引》亦提出要求，网贷机构应当实行自身资金与出借人和借款人资金的隔离管理，并选择符合条件的银行业金融机构作为出借人与借款人的资金存管机构，且该等资金存管机构有且只能有一家。

所谓资金存管制度，是指商业银行作为存管人，接受网贷机构的委托，按照法律法规规定和合同约定，履行网络借贷资金存管专用账户的开立与销户、资金保管、资金清算、账务核对、提供信息报告等职责的一系列制度。目前比较合规的资金存管做法是，出借人在网贷平台注册成为用户后，进行绑卡操作，触发交易时将款项充值至在银行开设的电子账户，再由支付公司划转至借款人在银行开设的电子账户。该等电子账户均为网贷机构在银行存管账户下开设的子账户，资金变动由出借人或借款人设置的密码进行控制。整个交易过程依赖于银行开发的网络借贷资金存管业务技术系统，网贷机构并不能直接接触资金。具体流程如下图所示：

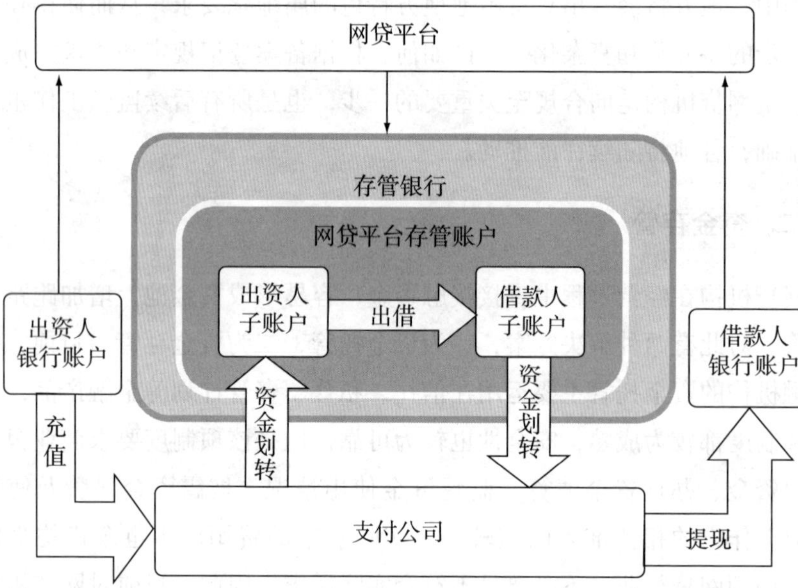

图 9－7　银行存管模式图

在银行资金存管模式下，网贷机构作为委托人，需向银行提供真实准确的交易信息数据及有关法律文件，包括当事人信息、交易指令、借贷信息、收费服务信息、借贷合同等。银行作为存管人，则将根据网络借贷交易模式约定资金运作流程，即资金在不同交易模式下的汇划方式和要求，包括但不限于不同模式下的发标、投标、流标、撤标、项目结束等环节。此外，银行作为存管人履行资金存管服务，应当按照出借人与借款人发出的指令或业务授权指令，办理网络借贷资金的清算支付及其记录、财务核对，以及安全保管客户交易结算资金，确保网贷机构自有资金与客户资金的分账管理。但银行并不承担借款项目及借贷交易信息真实性的审核责任，不对网络借贷信息数据的真实性、准确性和完整性负责。因网贷机构故意欺诈、伪造数据或数据发生错误导致的业务风险和损失，应由网贷机构自行承担相应责任。同时，银行担任网络借贷资金的存管人，不应被视为对网络借贷交易以及其他相关行为提供保证或其他形式的担保，亦不承担资金运用风险，出借人应自行承担网络借贷产生的一切责任和风险。

需指出的是，尽管监管层再三要求网贷机构在经营网贷业务中必须建立资金存管制度，但是由于银行合作意愿不强，存管落地进展较为缓慢。据网贷之家研究中心统计，截至2017年12月4日，已有上海银行、民生银行和浙商银行等51家银行布局P2P网贷平台资金直接存管业务，共有879家正常运营平台宣布与银行签订直接存管协议（含已完成资金存管系统对接并上线的平台），约占同期P2P网贷行业正常运营平台总数量的44.98%，其中有663家正常运营平台与银行完成直接存管系统对接并上线（含上线存管系统但未发存管标的平台），仅占P2P网贷行业正常运营平台总数量的33.93%。[①] 由此可见，正式建立资金存管制度的网贷机构比例不容乐观。据了解，目前银行对网贷机构资金存管合作意愿不强，主要原因有三点：第一是与金融机构上百亿的资金托管相比，网贷机构资金量较小，银行利润单薄；第二是由于目前网贷机构的合规性较差，卷款跑路现象时有发生；第三主要是银行与网贷机构在资金托管技术上存在一定障碍需要克服。不过，随着网贷机构监管的不断强化，行业现状已有所改观，不难预料，未来继续推动资金存管制度持续落地的阻力将进一步减小，网贷行业将朝向健康的方向继续发展。

三、业务规则

通常，网贷机构按照其本身是否提供信用背书或者刚性保本承诺可分为

---

① 参见王海梅：《最新P2P平台银行存管全名单》，http://news.hexun.com/2017-12-07/191907137.html，2018年6月24日访问。

信用中介及信息中介两大类型。此前充当信用中介的网贷平台发展势头迅猛，而此种模式的弊端在于，一旦出现大规模的借款人违约事件，平台刚性兑付在所难免，且难逃挤兑命运。此外，异化为信用中介的网贷平台风险不断积聚，爆发了一系列风险事件，严重损害了投资者合法利益，不仅对网贷行业声誉和健康发展造成较大负面影响，而且给金融安全和社会稳定带来较大危害。因此，《网络借贷信息中介机构业务活动管理暂行办法》明确了网贷机构作为金融信息中介的合法地位，基本上宣判了市场上较为常见的充当信用中介的网贷机构的死刑。

根据《网络借贷信息中介机构业务活动管理暂行办法》第2条规定，网贷机构是指依法设立，专门从事网络借贷信息中介业务活动的金融信息中介公司。该类机构以互联网为主要渠道，为借款人与出借人实现直接借贷提供信息搜集、信息公布、资信评估、信息交互、借贷撮合等服务。具体而言，网贷机构应当依据法律法规及合同约定为出借人与借款人提供直接借贷信息的采集整理、甄别筛选、网上发布，以及资信评估、借贷撮合、融资咨询、在线争议解决等相关服务，并对出借人与借款人的资格条件、信息的真实性、融资项目的真实性和合法性进行必要审核。此外，需注意的是，在具体业务上，《网络借贷信息中介机构业务活动管理暂行办法》采用“负面清单”模式，为网贷机构主营业务划定了13条红线。根据《网络借贷信息中介机构业务活动管理暂行办法》第10条规定，网贷机构不得从事或者接受委托从事下列活动：（1）为自身或变相为自身融资；（2）直接或间接接受、归集出借人的资金；（3）直接或变相向出借人提供担保或者承诺保本保息；（4）自行或委托、授权第三方在互联网、固定电话、移动电话等电子渠道以外的物理场所进行宣传或推介融资项目；（5）发放贷款；（6）将融资项目的期限进行拆分；（7）自行发售理财等金融产品募集资金，代销银行理财、券商资管、基金、保险或信托产品等金融产品；（8）开展类资产证券化业务或实现以打包资产、证券化资产、信托资产、基金份额等形式的债权转让行为；（9）除法律法规和网络借贷有关监管规定允许外，与其他机构投资、代理销售、经纪等业务进行任何形式的混合、捆绑、代理；（10）虚构、夸大融资项目的真实性、收益前景，隐瞒融资项目的瑕疵及风险，以歧义性语言或其他欺骗性手段等进行虚假片面宣传或促销等，捏造、散布虚假信息或不完整信息损害他人商业信誉，误导出借人或借款人；（11）向借款用途为投资股票、场外配资、期货合约、结构化产品及其他衍生品等高风险的融资提供信息中介服务；（12）从事股权众筹等业务；（13）法律法规、网络借贷有关监管规定禁止的其他活动。由于网贷业务方面的监管规定牵涉面过广，法例众多，本文在此仅对网贷机构的业务方面遵循的主要规则介绍如下：

（一）网贷机构坏账赔偿豁免

网贷机构性质通常被《网络借贷信息中介机构业务活动管理暂行办法》认定为信用中介，而非信息中介，因此不应介入具体的借贷交易本身。根据《网络借贷信息中介机构业务活动管理暂行办法》第10条第3项规定，网贷机构不得直接或变相向出借人提供担保或者承诺保本保息。而与此同时，网贷机构在出现风险事件时，将被豁免向投资人进行赔偿的义务。根据《网络借贷信息中介机构业务活动管理暂行办法》第3条第2款规定，借款人与出借人遵循借贷自愿、诚实守信、责任自负、风险自担的原则承担借贷风险。网贷机构承担客观、真实、全面、及时进行信息披露的责任，不承担借贷违约风险。因此，只要网贷机构履行了基本的审核义务，并且没有提供担保，则有权拒绝出借人提出的“保本”或者刚性“兑付”义务。

不过，鉴于目前监管不允许平台自身提供担保，目前大多数网贷机构的做法通常是设立风险准备金。该风险准备金系网贷机构在提供服务时向借款人计提收取的费用，在借款人出现违约情形时，用于偿还出借人，以保障其出借资金安全。借款人借款到期按时还款且未发生其他违约情形的，网贷机构将计提资金返还给借款人。

风险准备金在形式上与平台自身提供担保具有相似性。但此类设计实际上为全体借款人的互助基金，只是由网贷机构代为存放和保管。在没有银行等金融机构对资金进行监管的情况下，风险准备金存在与平台自身资金混同，可能因平台行为遭受损失的风险。尽管我国目前现行法律法规对于此类资金并无明确规定，但并不排除监管要求平台后续逐步调整此类设计，通过银行监管账户或其他相关手段降低违规风险。

（二）坚持小额分散的风控思路

根据投资资产标的金额大小，网贷机构存在两种不同的业务进路，分别为大额集中模式与小额分散模式。前者以红岭创投为典型代表，后者则以拍拍贷等为主要代表。但众所周知，网贷机构大额模式存在诸多弊端：首先，投资的资产过于集中，不利于利用投资组合进行分散风险。一旦出现重大危机，后果不堪设想。其次，由于网贷机构获取资金的成本通常高于商业银行，导致借款人整体信用能力弱于银行机构的贷款客户，如果走大额路线，发生风险的概率将会高于银行业金融机构。因此，监管层要求网贷机构坚持走小额分散的风控思路。《网络借贷信息中介机构业务活动管理暂行办法》第 17 条第 1 款规定，网络借贷金额应当以小额为主。网贷机构应当根据本机构风险管理能力，控制同一借款人在同一网络借贷信息中介机构平台及不同网络借贷信息中介机构平台的借款余额上限，防范信贷集中风险。笔者认为，网贷机构的信息获取成本、谈判磋商成本低于传统的商业银行，结合大数据风控的技术手段，能够有效控制违约率和坏账率，在当前的社会信用条件下，不失为一种比较符合实际的风控思路。

（三）确立了网贷机构“反欺诈标准”

长期以来，诸多 P2P 平台希望能够通过信息互通等方式了解借款人的真实负债状况，从而确定风险等级。但由于网贷平台之间的信息沟通不畅，包括借款人自身信息披露缺乏标准等原因，导致借款人跨平台重复借贷情况时有发生，给网贷平台的出借人带来较大的风险。因此，有必要确立反欺诈标准。《网络借贷信息中介机构业务活动管理暂行办法》第 17 条第 2 款规定，同一自然人在同一网贷平台的借款余额上限不超过人民币 20 万元；同一法人或其他组织在同一网贷平台的借款余额上限不超过人民币 100 万元；同一自然人在不同网贷平台借款总余额不超过人民币 100 万元；同一法人或其他组织在不同网贷平台借款总余额不超过人民币 500 万元。规则还要求借款人披露在所有网贷平台的未偿还借款信息。该规定明确对借款人提出信息披露要求和借款总金额要求，实际上是为确定借款人是否存在欺诈确立了基本标准。当然，笔者认为，如果能够将欺诈判定标准建立在借款人是否违背与平台的约定上，则反欺诈思路会更加符合市场化的要求。

（四）利率不得超过 36%

对于网贷业务而言，最为重要也是最为核心的应当是利率的设定。根据互联网金融风险专项整治工作领导小组办公室、P2P网络借贷风险专项整治工作领导小组办公室于2017年12月1日联合发布的《关于规范整顿“现金贷”业务的通知》（整治办函〔2017〕141号）。各类机构以利率和各种费用形式对借款人收取的综合资金成本应符合最高人民法院关于民间借贷利率的规定，禁止发放或撮合违反法律有关利率规定的贷款，各类机构向借款人收取的综合资金成本应统一折算为年化形式，各项贷款条件以及逾期处理等信息应在事前全面、公开披露，向借款人提示相关风险。其中针对P2P网贷机构，特别指出其不得撮合或变相撮合不符合法律有关利率规定的借贷业务；禁止从借贷本金中先行扣除利息、手续费、管理费、保证金以及设定高额逾期利息、滞纳金、罚息等。该项监管规定应当引起重视。

（五）赋予“自动投标”产品创新空间

《网络借贷信息中介机构业务活动管理暂行办法》第25条规定，未经出借人授权，网络借贷信息中介机构不得以任何形式代出借人行使决策。也即出借人存在明确授权时，网贷机构可以代出借人做出决策。此规定与征求意见稿相比，有了较大的变化。此前的征求意见稿要求网贷机构不得以任何形式代出借人行使决策，产品端每一融资项目的出借决策均应当由出借人作出并确认。显然，相比较而言，《网络借贷信息中介机构业务活动管理暂行办法》的规定与征求意见稿相比具有了本质差别。而这为自动投标产品预留了足够的政策空间。

从某种意义上而言，自动投标产品是金融科技的实践产品之一。在这一模式下，P2P平台将众多借款标的集中在一起，以职能匹配的方式帮助投资人分散风险。投资人出借金额可能被分散到成千上百个甚至更多的借款项目上，并且可以自动展期或者循环投资，以便原有借款项目结清后，可以立刻投资新的借款项目。这种自动化投标比较符合互联网金融的技术创新精神，也有利于分散风险。笔者认为，平台既有产品的自动投标设计及拟开发的自动投标产品，可以依据《网络借贷信息中介机构业务活动管理暂行办法》的规定开展交易，但基于民事法律的一般交易原理，网贷机构在开展自动投标交易时仍应特别注意授权内容的清晰、准确和全面，否则仍易发生纠纷。

（六）单独约定服务费条款

目前，有些公司关联平台存在未就服务费标准进行明确约定的交易设计，即在向平台投资人披露产品信息时，仅告知投资人可以获得收益，对于交易所涉底层资产收益及平台赚取的服务费情况未有清楚约定。该等行为显然违规。《网络借贷信息中介机构业务活动管理暂行办法》第20条规定，借款人支付的本金和利息应当归出借人所有。网络借贷信息中介机构应当与出借人、借款人另行约定费用标准和支付方式。也就是说，平台须与用户就费用标准和支付方式进行明确约定，即不可将费用与资金成本混同。因此，建议网贷平台考虑针对本条内容就平台服务费进行调整确认，并在整改期内完成信息公示，否则可能产生违规风险。同时，笔者认为，如平台不愿因单一用户承担过高服务费用导致其投资体验降低，则可以采用双边收费的交易规则，或将部分费用通过交易设计转嫁至其他交易方，以维护用户端的良好体验。

四、信息披露

所谓信息披露制度，也称公示制度、公开披露制度，是指监管部门为保障投资者利益，强制被监管机构依照法律规定向监管部门报告其自身经营状况等信息和资料，并向社会公开或公告，以便使投资者充分了解情况的制度。通常而言，信息披露主要目的在于解决因信息不对称而给市场参与主体造成的风险。不过，对于网贷行业而言，信息披露的目的不仅在于保障投资者的知情权，以及减少市场参与主体信息的不对称问题，更重要的目的在于维护参与P2P平台本身的合法权益，以及解决整个网贷行业的健康有序发展问题。

P2P网贷平台主要是以互联网为主要渠道，为借款人与出借人实现直接借贷提供信息搜集、信息公布、资信评估、信息交互、借贷撮合等服务——其中最主要的自然是信息撮合服务。而信息中介的本质是提供居间服务。《合同法》第424条规定，居间合同是居间人向委托人报告订立合同的机会或者提供订立合同的媒介服务，委托人支付报酬的合同。第425条规定，居间人应当就有关订立合同的事项向委托人如实报告。居间人故意隐瞒与订立合同有关的重要事实或者提供虚假情况，损害委托人利益的，不得要求支付报酬并应当承担损害赔偿责任。因此，P2P网贷平台作为居间人撮合借贷交易，最重要的给付义务自然是如实向出借双方尤其是借款人披露订立合同所需要的相关信息。《网络借贷信息中介机构业务活动信息披露指引》第5条规定，平台的信息披露应当遵循“真实、准确、完整、及时”原则，不得有虚假记载、误导性陈述、重大遗漏或拖延披露。如果P2P网贷平台依据法律规定披露的信息充分及时，平台本身自然得以免责，而无须向投资人承担任何其他责任。也就是说，一旦出现借款人违约情形，平台向投资人承担责任的依据或前提仅限于未如实向其披露相关信息。因此，笔者认为，信息披露除了保护投资者的投资决策知情权之外，也更有利于保护P2P网贷平台作为信息中介的合法权益，避免其承担无法承担的过重责任，引发金融的系统性风险。

《网络借贷信息中介机构业务活动管理暂行办法》正式确立了平台信息披露的基本制度。在监管看来，对于主打信息中介模式的P2P平台来说，严格履行信息披露义务，必将是其在出现风险事件时维护其自身合法权益的有效武器。而《网络借贷信息中介机构业务活动信息披露指引》进一步明确了P2P平台业务活动中应当向投资者披露的基本内容、披露方式、披露时间等，为P2P平台进行信息披露提供了规范细致的标准和依据。其主要内容如下：

（一）信息披露的基本内容

根据《网络借贷信息中介机构业务活动信息披露指引》第2章的规定，监管部门要求平台披露的信息内容涵盖了机构基本信息、机构运营信息、项目信息、重大风险信息、消费者投诉渠道信息等网贷业务活动的全过程应当披露的信息，披露的内容又因披露对象而有所差别，具体内容如下：

1. 向公众披露的信息：（1）备案信息，包括平台在地方金融监管部门的备案登记信息、电信业务经营许可信息、资金存管信息、公安机关核发的网站备案图标及编号、风险管理等信息。（2）组织信息，包括工商信息、股东信息、组织架构及从业人员概况、分支机构工商信息、官方网站、官方手机应用及其他官方互联网渠道信息。（3）审核信息，包括上一年度的财务审计报告、经营合规重点环节的审计结果、上一年度的合规性审查报告。（4）经营信息，包括机构成立的累计借贷金额及笔数、累计出借人数量、累计借款人数量、当期出借人数量、当期借款人数量、前十大借款人待还金额占比、最大单一借款人待还金额占比、关联关系借款余额及笔数、逾期金额及笔数、逾期90天（不含）以上金额及笔数、累计代偿金额及笔数、收费标准及其他经营信息。(5) 公司异常经营信息，包括公司减资、合并、分立、解散或申请破产、公司依法进入破产程序；公司被责令停业、整顿、关闭；公司涉及重大诉讼、仲裁，或涉嫌违法违规被有权机关调查，或受到刑事处罚、重大行政处罚；公司法定代表人、实际控制人、主要负责人、董事、监事、高级管理人员涉及重大诉讼、仲裁，或涉嫌违法违纪被有权机关调查，或受到刑事处罚、重大行政处罚，或被采取强制措施；公司主要或者全部业务陷入停顿；存在欺诈、损害出借人利益等其他影响网络借贷信息中介机构经营活动的重大事项。(6) 联系方式信息，包括咨询、投诉、举报联系电话、电子邮箱、通讯地址。

2. 向出借人披露的信息：(1) 借款人基本信息，应当包含借款人主体性质（自然人、法人或其他组织）、借款人所属行业、借款人收入及负债情况、截至借款前6个月内借款人征信报告中的逾期情况、借款人在其他网络借贷平台借款情况。(2) 项目基本信息，应当包含项目名称和简介、借款金额、借款期限、借款用途、还款方式、年化利率、起息日、还款来源、还款保障措施。(3) 项目风险评估及可能产生的风险结果。(4) 已撮合未到期项目有关信息，应当包含借款资金运用情况、借款人经营状况及财务状况、借款人还款能力变化情况、借款人逾期情况、借款人涉诉情况、借款人受行政处罚情况等可能影响借款人还款的重大信息。(5) 其他信息，主要是指《网络借贷信息中介机构业务活动信息披露指引》没有规定，但不披露相关信息可能导致借款人、出借人产生错误判断的相关信息。

3. 向借款人披露的信息。

显而易见，对于平台提供的借贷居间服务而言，信息披露的重点披露对象并不包括借款人在内。对于借款人而言，法律保护的重点不在于向其披露借款人的相关信息，相反，借款人负有配合P2P平台及出借人对融资项目有关信息的调查核实，并保证其所提供的信息真实、准确、完整的义务。因此，本次《网络借贷信息中介机构业务活动信息披露指引》并未明确P2P平台应当向借款人披露相关信息。

值得注意的是，实践中有平台出于个人隐私或者商业秘密等考虑，并不向借款人披露出借人的主体信息及资金来源方式。这一做法并不违反监管的任何规定，但对于平台而言，向借款人保证借贷交易中具有真实的出借主体乃是其提供居间服务的应有之义。为确保合同依法成立，平台至少也应通过技术手段处理向借款人展示出借人的部分信息或其会员账户信息。

值得一提的是，银监会在发布本次《网络借贷信息中介机构业务活动信息披露指引》的同时，还配套公布了《信息披露说明》，对上述披露的内容的具体口径、标准等予以重点规范，对概念模糊、争议较大的披露信息逐一进行解释和标准化，以有效避免信息披露过程中因披露主体的标准不一致，导致披露对象对信息披露内容的混淆与误解。

（二）信息披露的方式及时间

《网络借贷信息中介机构业务活动管理暂行办法》要求 P2P 平台及时在其官方网站显著位置披露经营管理信息，并建立信息披露专栏，定期以公告形式向公众披露年度报告、法律法规、网络借贷有关监管规定。同时，还应定期将信息披露公告文稿和相关备查文件报送工商登记注册地地方金融监管部门，并置备于机构住所供社会公众查阅。《网络借贷信息中介机构业务活动信息披露指引》对《网络借贷信息中介机构业务活动管理暂行办法》确立的信息披露方式再次予以重申，并且新增了互联网渠道的披露方式。《网络借贷信息中介机构业务活动信息披露指引》第 3 条规定，网络借款信息中介机构应当在其官方网站及提供网络借贷信息中介服务的网络渠道显著位置设置信息披露专栏，展示信息披露内容。披露用语应当准确、精练、严谨、通俗易懂。《网络借贷信息中介机构业务活动信息披露指引》第 4 条规定，其他互联网渠道包括网络借贷信息中介机构手机应用软件、微信公众号、微博等社交媒体渠道及网络借贷信息中介机构授权开展信息披露的其他互联网平台。各渠道间披露信息内容应当保持一致。同时，《网络借贷信息中介机构业务活动信息披露指引》还强调 P2P 平台披露信息应当采用中文文本，且在解释上优先于外文文本；披露的信息应当采用阿拉伯数字；除特别说明外，货币单位应当为人民币“元”。

考虑到披露内容的重要性、变化频率、披露主体等的不同，《网络借贷信息中介机构业务活动信息披露指引》根据披露内容的特性设定了不同披露的时间、频次，便于披露主体有效履行信息披露义务，保障披露对象及时了解、掌握披露信息。

（三）信息披露的管理

《网络借贷信息中介机构业务活动信息披露指引》在明确披露内容的同时，强调了相关披露主体责任及管理要求，对信息披露的责任主体、档案留存、保密规定、处罚措施等方面做出明确的规定。《网络借贷信息中介机构业务活动信息披露指引》要求，网络借款信息中介机构应当建立健全信息披露制度，指定专人负责信息披露事务，确保信息披露专栏内容可供社会公众随时查阅。对于信息披露的内容，应当进行书面留存，并自披露之日起保存5年以上。平台的董事、监事、高级管理人员应当忠实、勤勉、尽职，保证披露的信息真实、准确、完整、及时、公平，不得有虚假记载、误导性陈述或者重大遗漏。平台的信息披露专栏内容均应当有平台法定代表人的签字确认。《网络借贷信息中介机构业务活动信息披露指引》还明确指出，P2P平台未按照要求开展信息披露，将由相关监管部门按照《网络借贷信息中介机构业务活动管理暂行办法》第40条、第41条予以处罚。

第十章　智能金融的法律问题

案例十八　摩羯智投

2016年12月6日，招商银行在深圳举办招行APP5.0暨摩羯智投新闻发布会，宣布招商银行两款新产品“APP5.0”、“摩羯智投”的正式上线。此次招商银行APP5.0主推摩羯智投、收支记录、收益报告和生物识别这四大金融科技新功能。据了解，招商银行APP5.0突破了物理网点的局限，用移动互联技术将虚拟的手机银行与现有的物理网点进行有机结合与分工再造。依托大数据分析技术，招商银行APP 5.0提供了全视角“收支记录”功能，对银行的传统查账功能做了大幅升级，能够全方位地自动记录客户的资金流向，此外还具备收支汇总与明细、收支搜索与分类、收支分析这三大重点功能，通过对数据的分析，提供提醒服务。

APP5.0还沿用了生物识别，并增强指纹识别，新增了语音搜索。招商银行APP5.0上搭载的“摩羯智投”，虽然大量运用了人工智能技术中的机器学习算法，但并非完全依赖机器，而是人与机器的智能融合方式。摩羯智投是运用机器学习算法，并融入招商银行十多年财富管理实践及基金研究经验，在此基础上构建的以公募基金为基础的、全球资产配置的“智能基金组合配置服务”。在客户进行投资期限和风险收益选择后，摩羯智投会根据客户自主选择的“目标—收益”要求，构建基金组合，由客户进行决策，“一键购买”并享受后续服务。摩羯智投并非一个单一的产品，而是一套资产配置服务流程，它包含目标风险确定、组合构建、一键购买、风险预警、调仓提示、一键优化、售后服务报告等，涉及基金投资的售前、售中、售后全流程服务环节。①

案例评述

在人工智能发展的浪潮中，随着大数据的运用和人工智能算法的完善，人们与金融机构的交互方式已经发生变化。这种变化体现在，现在人们跟银行打交道的方式，不再是以实体卡片或面对面的方式为主。本案例中，招商银行 APP5.0 的一大改变在于视角重构，即从用户视角上对银行服务进行重构。通过智能的手机终端，用户可以及时了解其账户记录和分析用户的收支、投资等情况，通过对数据的分析提供提醒服务，将手机终端改造为用户的产品管理终端。而摩羯智投则能够支持客户多样化的专属理财规划，客户可以根据资金的使用周期安排，设置不同的收益目标和风险要求。

本章引言

当前，金融业已全面步入数字化时代。利用数字化渠道获取金融服务已成为当前的行业发展主流，而大数据、云计算、人工智能、生物识别及移动互联等 FinTech 技术也正在引领金融创新。智能金融的最大价值在于整合了用户与机构、机构与机构、用户与用户的数据和需求，并以此为基础，为金融机构提供智能化的风控，为用户提供个性化的金融产品。

第一节　金融科技发展概况

智能金融是金融科技发展到一定阶段的产物，提到智能金融，首先需要将金融科技的发展状况做个概述。

金融科技是近些年流行的一个概念，若将 2013 年称为“互联网金融元年”，金融科技行业的起步可追溯至更早的时间。伴随着信息技术的发展以及金融生态逐渐改变，众多互联网企业自发或者被市场驱动，纷纷涌入金融科技领域，将互联网技术以及金融业务、类金融业务的运作进行深度融合。借力于创新力量，这些金融科技企业不断发展壮大，其中更是涌现出了多家

① 参见招商银行：《招商银行 APP5.0、摩羯智投正式上线》，http://www.cmbchina.com/cmbinfo/news/newsinfo.aspx?guid=61a802d3-7fcd-4390-8aa0-213899bde228，2018 年 8 月 14 日访问。

成功进行了海外上市的企业。

例如，国内起步较早的互联网金融平台“宜人贷”于2015年12月18日正式在纽约证券交易所挂牌交易，其交易代码为“YRD”。此次“宜人贷”在纽约证券交易所的成功上市，不同于以借壳上市等方式曲线实现上市目的的操作，而是中国互联网金融企业第一次真正意义上的IPO。“宜人贷”的此次海外上市也引领了国内互联网金融企业赴海外上市的潮流。

2017年4月28日，继“宜人贷”在纽交所上市后，国内另一家互联网金融平台“信而富”也在美国纽交所宣布挂牌上市。

随后，2017年10月18日，“趣店”在纽约证券交易所正式挂牌上市，其交易代码为“QD”。该企业在纽交所上市后短期内，其股价的涨势以及公司市值的迅速提升引起热议。“趣店”上市之初的发行价为每股美国存托股（ADS）24美元。随后，其开盘价报34.35美元，较发行价上涨43.13%，市值更是达到113.31亿美元。按照“趣店”公布的《招股说明书》等资料，其主要业务为助贷相关业务。该等现金贷业务模式目前被国内监管政策关注并予以严格规范。

除了选择在纽交所上市外，国内企业也有选择在美国纳斯达克上市的。以“和信贷”为例，2017年11月3日，“和信贷”正式在美国纳斯达克上市（股票代码：HX），并成为国内首个在美国纳斯达克上市的互联网金融企业。根据“和信贷”平台展示的产品内容及其结构，其主要业务模式为撮合借款人和贷款人之间的交易，为借贷交易提供信息服务，满足普惠金融生态下的资金对接需求，并充分释放长尾效应力量。

2017年11月16日，就在“和信贷”上市后不到两周的时间，融360旗下的“简普科技”在美国纽约证券交易所挂牌交易。与前述已经上市的互联网金融企业相比，“简普科技”自身定位更多体现为金融科技类型公司。在金融科技概念日趋火热且众多互联网企业向金融科技型公司不断转型的环境下，金融生态环境也在不断发生变化。

互联网金融的发展依赖于互联网技术和金融产业的结合，其中互联网技术属于科技的范畴。互联网金融本身亦属于金融科技的一部分。金融科技的迅速发展，很大程度上体现在互联网金融行业的发展上。互联网金融企业作为近年来金融创新主体的代表，也是金融创新领域的独角兽。互联网金融企业的圈地造市，一方面成为金融科技发展的驱动力量，另一方面也带动金融科技大范畴下包括支付等领域业务和工具的频繁使用。

一、金融科技的概念

2016 年以来，金融科技一词已经成为金融活动乃至社会活动中高频出现的词语。

金融科技，顾名思义，为金融和科技的结合，其英文简称为 FinTech（即 Finance 和 Technology 的缩写）。金融科技最早源于国外，雏形源于美国和英国的一些互联网技术创业公司的业务。伴随着该等公司将信息技术手段运用于非银行支付交易的流程改进、安全提升等环节，金融科技概念初步萌芽。此后，各种大数据、人工智能（AI）等各类最前沿的信息与计算机技术被应用到银行信贷、资产管理等零售金融业务领域，金融科技逐渐作为一股相对独立的力量，在传统金融业务领域凸显出来并获得发展。

对于金融科技，业内目前尚无统一的标准化定义。探究其官方定义，国际权威机构金融稳定理事会（FSB）曾对金融科技的概念进行了界定。按照国际权威机构金融稳定理事会的定义，金融科技是指技术带来的金融创新，它能创造新的模式、业务、流程与产品，既包括前端产业，也包含后台技术。FinTech 的核心在于数据和技术，这也是其迅速发展的关键驱动力。

金融科技依托于互联网技术、信息以及数据处理技术，以大数据、云计算、人工智能等一系列的技术创新为途径，通过计算机的快速计算功能以及日益先进的技术处理手段，在支付清算、财务管理、互联网保险等领域均有非常深入和广泛的应用，对传统金融行业产生着颠覆性的影响。金融科技已成为引领未来金融发展新趋势的重要力量，并在社会经济活动中扮演着举足轻重的角色。

从广义角度而言，金融科技是指技术创新在金融行业以及金融业务领域的广泛应用。从狭义角度而言，金融科技可以理解为，一般的互联网行业企业或具备从事信息技术服务的企业，运用各项信息技术以及数据计算和处理技术，从事金融领域的创新金融活动。简而言之，金融科技可以被理解为科技型企业从事金融业务或者类金融业务，利用计算机技术重塑传统金融产品并影响传统金融市场的发展。

金融科技对金融生态造成了巨大的冲击。反观我国金融行业的发展，在互联网金融、金融科技行业还未起步时，金融市场生态处于比较固定的状态之下，以银行、证券公司、保险公司等为代表的传统金融机构引领整个金融行业的发展，并对金融生态产生决定性的作用和影响。传统金融机构属于经监管部门批准开展金融业务的持牌机构，其在经营过程中需要严格遵守“一行三会”（即中国人民银行、中国银行业监督管理委员会、中国证券监督管理委员会、中国保险监督管理委员会）对于金融业务的约束规则。传统金融机构在业务运作的过程中，对金融活动参与者往往设置一定的准入门槛，金融活动也需要遵循相对固定条线的管理以及各种审批、许可流程，一些规模较小、资质达不到银行金融机构放贷标准的主体，很难从银行金融机构获得贷款，这在一定程度上限制了部分主体参与金融活动。近年来大规模兴起的金融创新模式，以普惠金融为发展目标，促进全民参与金融经济活动，对以传统金融机构为主导的金融生态圈产生了非常深远的影响。

金融科技行业在我国属于相对新兴的行业。国际范围内，金融科技却不是一个让人感到陌生的词语。在全球已经步入信息化时代的今天，FinTech 一词越来越受到关注和瞩目，并在众多国家的经济发展活动中发挥着重要的作用，逐渐改变着金融生态格局。

以美国硅谷为例，作为全球最具有影响力和活跃度极高的创业地区，其对 FinTech 这一新兴领域也有着极大的热情。位于旧金山市的 FinTech Portfolio 的存在就是一个典型案例。FinTech Portfolio 目前拥有专注于 FinTech 相关技术和行业信息培训的 FinTech School、主要聚焦行业最新资讯和发展方向的 FinTech Scanner、为股权交易提供服务的孵化器 FinTech Rocks、以各种会议和培训为主导的 FinTech Meet、立足于为行业协会提供服务的 FinTech Associaties 等板块。该组织的成员包括曾经的银行家、资产管理人员、专家人员等多方面复合人才，通过资源共享和创新理念等为金融科技业务提供支持和服务。在浓厚的金融创新氛围影响下，该地区的金融科技型企业成批地涌现。

中国金融科技企业虽然可能不是全球金融科技发展步伐的最初引领者，但是国内金融科技的发展在国际领域仍占有一席之地。根据 2017 年审计巨头毕马威和风险投资公司 H2 Venturess 联合发布的《2017 全球金融科技 100》显示，在前十大最具有创新性的金融科技公司中，中国的金融科技公司占据了五个名额，这其中包括蚂蚁金服、京东金融等国内互联网巨头。中国金融科技公司的发展规模以及发展速度是全世界有目共睹的。

二、金融科技的特征

金融科技的显著特点包括高创新性、轻资产、低利润率等方面。

结合金融科技的定义，金融科技并非是将科学技术与金融业务简单叠加。在金融科技领域，也难以区分，金融科技究竟是以金融为主导还是以科技为主导。以2016年以来盛行的现金贷企业为例，这些助贷类企业本身的定位为金融科技型公司，其拥有一定的数据收集、信息处理、数据存储技术，为包括银行、信托、消费金融公司、小额贷款公司等资金方提供获客、资料收集、风险评估和信用审核相关工作，并将其初审结果提供给资金方，资金方最终向借款人发放贷款。相较于传统金融机构而言，金融科技公司并非单纯按照银行等传统金融机构的运作思路寻求发展。作为非持牌互联网企业，金融科技公司另辟蹊径，将前沿信息技术和理念运用于金融业务领域，促进普惠金融环境的形成与全民金融社会的进一步发展。

金融科技具有高创新性。在当今日新月异的信息化环境中，金融科技企业必须充分发挥其创新基因的力量。由于金融科技企业以互联网技术为发展的基础，因此，金融科技企业带有互联网企业的部分特征，即以不断地创新和快速迭代产品为立足经济市场以及提高企业竞争力的有效方式。“不创新则死”这一互联网企业生存的规则，可以同时用于形容金融科技型企业的生存。金融科技企业迅速获取市场占有率的方式之一为不断推出具有创新性的产品，根植于创新的深厚土壤，在金融领域进行试验和试错，顺应普惠金融的发展趋势。

和很多互联网平台公司追求用户流量、注册用户数以及平台点击率相似，金融科技公司也追求业务规模的壮大。借力于创新技术以及互联网的公开性、快速传播等特点，金融科技公司在业务规模的扩大方面具有先天性的优势。金融科技公司一般起步门槛较低，所以更加需要创新技术以获得业务的快速增长，并以此实现成本的降低。金融科技公司所使用的技术必须是能够支持业务快速增长的，不能支持业务快速增长或者需要长时间的培育才能形成快速增长潜力的技术一般不会被金融科技公司纳入考虑范围。

金融科技公司的另一个重要特征是轻资产。以银行为例，传统金融机构在前期的设立过程中需要满足监管规则所要求的场地、设施、人员、硬件系统等各方面的要求。传统金融机构业务的顺利开展依赖于各个固定场所和网点场地、支持业务办理和交易活动的柜台、支撑交易信息和数据的保存和处理的各项系统等的相互协调。同时，传统金融机构往往需要配备大量的工作人员，按照比较标准化的流程开展各项业务。

相较于传统金融机构，金融科技公司一般无需大量的网点场地、非常多的固定设施来支撑整个业务体系的运转。金融科技公司本身对固定资产以及固定成本的要求远远低于传统金融机构。也许凭借若干人员、数台电脑设备、一个能够安全地进行收集、处理以及保存数据的数据信息系统或者结合与外部云服务商合作的渠道，金融科技公司就已经能够进行展业。在展业初期，金融科技公司普遍使用现成的较为基础的办公设施，利用包括银行账户体系、云计算资源、支付清算体系等各种外部资源，进行各类具有创新型的产品运作。与此同时，金融科技公司充分利用技术优势，发挥其独特的平台商业模式的竞争力，更多地将业务成本转嫁到第三方，从而最小化其运营成本。金融科技公司的轻资产特征反作用于金融科技公司本身的发展，促使金融科技公司在战略选择、组织架构、业务发展等方面更加灵活，更加易于创新和创造。

对于大多数金融科技公司而言，低利润率也是一个较为明显的特征。就业务模式而言，金融科技公司普遍采用互联网平台商业模式。影响和衡量互联网平台生命力的重要指标之一为该互联网平台的用户数量以及业务规模。这也是市场上大量互联网企业在发展过程中往往会经历一个高投入、低利润阶段的重要原因。互联网平台面向社会公众，具有传播迅速、时效性强的特点，同时具有强大的网络效应。金融创新公司利用互联网平台开展业务，若能够获得大量的用户，这对其未来的发展也是非常有利的。一些互联网企业在前期开展业务时，并非以企业的收入或者盈利水平作为考核重点，而是更多地追求提升客户体验，养成客户的使用习惯并且扩大平台用户数量的规模，金融科技公司的发展思路也是如此。部分金融科技公司在发展初期得益于股东背景、品牌效应、高口碑以及良好的客户体验度，获得了大量的注册用户，这为其进一步发展提供了更加广阔的思路和平台。

第二节　智能金融的概念和特征

一、人工智能的概念

人工智能（Artificial Intelligence），英文缩写为AI。顾名思义，人工智能是与人类在自然进化与社会发展中形成的自然智能相对应的概念，即以某种模拟方法增强、扩展、延伸人类智力活动或思维活动的一种科学体系。

由于人工智能理论的提出，与计算机科学的发展是紧密相关的，因此，人们一般认为人工智能是计算机科学的一个分支。计算机从模拟数学运算到工业机器人、语言识别、图像识别、自然语言处理和专家系统等都发挥了巨大的作用，以至于学界普遍认为计算机科学的发展是人工智能的关键。甚至国外的科幻电影中出现的机器人，机器、芯片和软件成为基本的组件。

事实上，提高运算效率一直是人类社会在很长的历史时期内追求的目标。中国人为此发展了珠算，通过珠算模拟运算过程。西方人在电子计算机发明之前，首先发明了机械计算机，通过机械结构完成运算过程。1642年，法国哲学家和数学家帕斯卡（Blaise Pascal）发明了世界上第一台加减法计算机。它是利用齿轮传动原理制成的机械式计算机，通过手摇方式操作运算。1671年，著名的德国数学家莱布尼兹（G. W. Leibnitz）制成了第一台能够进行加、减、乘、除四则运算的机械式计算机。1925年，美国麻省理工学院由布什（Vannever Bush）领导的一个小组制造了第一台机械模拟式计算机。1944年，艾肯（Howard Aiken）在IBM公司的赞助下领导研制成功了世界上第一台数字式自动计算机Mark I。此后，随着半导体技术替代晶体管，计算机的体积大幅度减小，而运算速度和芯片的储存能力却大幅度提升，计算机逐步从胜任简单任务向复杂任务演化。人工智能正是在这样的发展过程中逐渐被提出来的，人们认为计算硬件和程序软件技术的发展终究会使计算机有能力处理复杂的事项，甚至替代人类思维。

人工智能概念的提出始于1956年，随即引发了一波人工智能研究的热潮，随后逐渐归于沉寂。1997年，加里·卡斯帕罗夫与IBM“深蓝”的世纪棋局中，卡斯帕罗夫败给计算机，再次引发人们对人工智能的关注甚至是忧虑。史蒂文·斯皮尔伯格（Steven Allan Spielberg）的电影《AI》，还有终结者系列，讲述的都是人工智能具有人类意识的故事，只是一个故事中人类屠杀机器人，而另一个则是机器人屠杀人类的悲剧。

在随后的发展过程中，虽然计算机技术不断发展，但人工智能带来的冲击并不大。直到谷歌公司旗下的智能程序阿尔法围棋（AlphaGO）以4:1战胜韩国围棋棋手李世石九段，再次掀起了人工智能的热潮。

除了AlphaGO与李世石的决赛以外，2016年，人工智能领域大事不断。2016年8月，IBM宣布，其基于深度学习的医疗机器人Watson诊治了某种罕见白血病；2016年10月，白宫发布人工智能白皮书；2016年12月，亚马逊开展无人零售业务；史蒂文·扎克伯格开发个人助手Jarvis。在国内，人工智能同样大事不断。2016年3月，中国科学院发布全球首款神经网络处理器“寒武纪”；2016年5月，四部委印发《“互联网+”人工智能三年行动实施方案》；2016年9月，百度对外展示其“百度大脑”。

当前，人工智能的热点在于深度学习、神经网络、自然语言处理（NLP）等算法和技术。科学家们期待通过算法能够创造可以理解、学习、预测、适应，甚至可以自主操作的人工智能系统。

二、当前人工智能的发展阶段

人工智能可以做什么？这是与人工智能当前的发展阶段紧密相关的，不能忽视人工智能在各行业应用的价值，但也不能高估人工智能的发展现状。

根据通行的观点，人工智能有三个阶段。第一阶段是弱人工智能，第二阶段是强人工智能，第三阶段是超人工智能。

弱人工智能，是指擅长于单个知识领域或技能的人工智能，比如战胜卡斯帕罗夫的“深蓝”，以及战胜李世石的AlphaGO，还包括一些智能化的翻译软件和语音识别软件。金融领域也是人工智能比较容易发挥作用的领域，比如数据统计、量化分析、标准文本的审核、标准金融产品的自动交易。

强人工智能，是指与人类智慧同等级别的人工智能。强人工智能在各方面都能和人类比肩，能够胜任人类脑力活动的各个领域，能够进行思考、计划、解决问题、抽象思维、理解复杂理念、快速学习和从经验中学习等操作。

超人工智能，则是指在几乎所有领域都比最聪明的人类大脑更为聪明的人工智能。

当前公认的观点是，我们刚刚在弱人工智能领域取得阶段性的突破，比如文档处理、语音识别、棋类游戏、流水线作业等。但即使在弱人工智能领域，人类当前也并未完全突破。比如国内某知名语音识别系统的服务商，其语音输入程序的识别正确率已经达到90%多。据悉，这一识别正确率是团队用了3年时间达到的成果，但剩余的不到10%的改进却并非3个月可以达到的。因为人工智能的算法在应对单一学科领域的过程中拥有较大的优势，但在处理涉及多学科、跨文化的复杂问题时，却需要付出巨大的学习成本，机器学习所需要的数据量也将呈几何级数激增。这也是当前人工智能进一步进化的最大障碍所在。

不同的人工智能，对应不同的社会角色定位。弱人工智能的定位是在具体的领域辅助人类工作，以弥补人类在体力、运算速度、记忆能力上的不足。弱人工智能的社会定位是工具层面的，不会冲击和影响人类社会的伦理秩序。至于强人工智能与超人工智能的社会定位问题，究竟是人类的助手还是人类社会的竞争者？由于强人工智能尚未出现，当前仍无法作出判断。

三、人工智能的应用

提起人工智能，人们就会联想到2016年AlphaGo和人类职业围棋选手的那一场焦灼对决。2016年3月，人类围棋界的世界冠军、职业九段棋手李世石与AlphaGo进行人机大战，最终AlphaGo以4:1的总比分战胜人类顶尖职业围棋手。这一场对决使人工智能进入社会大众的视野，让人们在惊叹于AlphaGo战胜李世石这一对决结果的同时，也对人工智能产生了极为浓厚的兴趣。

继战胜李世石之后，阿尔法围棋又于2016年末在网站上以“大师”（Master）的账号名称与中日韩数十位围棋高手进行快棋对决，结果是阿尔法围棋连胜60局。2017年5月，该程序与世界围棋冠军柯洁对战，以3:0的总比分获胜。至此，人们对于人工智能可以达到的水平刮目相看，并予以高度认可。

AlphaGo 的本质是由谷歌旗下 DeepMind 公司戴密斯·哈萨比斯（Demis Hassabis）领衔的团队开发的一款学习程序，主要工作原理是“深度学习”，可谓是近年来人工智能领域的典型代表。

得益于 AlphaGo 对各行各业人工智能应用热情的带动，2016 年也成为人工智能发展的新元年。经过 1 年多的发展，目前人工智能技术已经被广泛运用到许多行业中，包括 Google、IBM 等各个国际互联网巨头在内的公司争先布局人工智能领域，并将人工智能技术渗透到金融产品和金融服务过程中。国外金融行业巨擘，如摩根大通等，也在逐步应用人工智能技术，表示要在人工智能领域进行大规模投入。在金融科技如此盛行的信息时代，人工智能可能成为下一个风口。

四、智能金融的概念和特征

金融科技的浪潮也带动了人工智能在金融行业的深入广泛应用。人工智能与金融行业的融合，使得金融科技的发展更加智能，如虎添翼，为金融市场和金融生态的演变注入新生力量，并萌发新的生长契机。

人工智能技术本身以大量的数据和算法为基础，这也使其能够游刃有余地应用于金融业务领域。以金融业务中的贷款业务为例，贷款人需要对申请借款的主体进行风险评估和信用审核。这些评估和审核以获取借款人的数据和信息为前提，以对这些数据和信息的处理为基础。人工智能技术可以满足将一定流程标准化的需求。利用数据和算法，金融领域中的评估、风险定价等活动可以更加高效地进行。同时，金融机构的运营成本被降低，更多有价值的信息被挖掘。

（一）智能金融的概念

智能金融，是指人工智能与金融全面融合而生成的金融服务新模式，它以人工智能、大数据、云计算等科技为核心要素，在提升金融机构的服务效率的同时，实现金融服务的智能化、个性化、定制化。

智能金融在我国受到高度重视。2017 年 7 月 20 日，国务院印发《新一代人工智能发展规划》，对于我国人工智能的发展进行了全面而深远的布局。同时，该规划中提到，“在智能金融方面，要建立金融大数据系统，提升金融多媒体数据处理与理解能力。创新智能金融产品和服务，发展金融新业态。鼓励金融行业应用智能客服、智能监控等技术和装备。建立金融风险智能预警与防控系统。”根据该规划对于智能金融的布局，金融大数据系统、创新型的智能金融产品和服务将是我国智能金融领域中的发展重点。

（二）智能金融的特征

智能金融的发展以人工智能技术为基础。人工智能为金融业务带来的明显优势包括稳定程度高，较少受到外部环境的影响；决策效率较高，帮助人们迅速决策；运营风险较低，进一步识别非法交易，提高业务运营的安全性等。

人工智能的优势赋予智能金融智能化特征，这也是智能金融的主要特征。借助于人工智能技术，一些以助贷为主要业务的金融科技公司可以24小时全天候运行、全程无人工干预、全自动、秒级审批速度的智能化线上信贷审批操作流程。人工智能技术与大数据模型正是这些公司高效开展业务的核心武器。

以“读秒”为例，其前身为一款全线上申请放款的快速借贷产品，因其在对个人用户的服务过程中，可在10秒内提供最高5万元现金的授信决策而广为人知。该应用也诠释了人工智能技术在金融领域的巨大作用。

五、人工智能在金融领域运用的几个方向

如前所述，当前人工智能尚无法完成复杂、跨学科和涉及多系统知识的任务。相对于医疗、农业、生产制造等领域，金融所涉及的行为和知识领域更加复杂。

对于金融而言，既需要面对宏观经济分析，也需要进行微观的研究；既需要研究一个国家的经济、货币体系，也需要进行跨境的贸易、经济政策、货币活动研究；既需要看经济指标本身，还需要考虑政治、文化、宗教的影响；既需要考虑社会活动、人类心理活动，还需要考虑自然环境、自然灾害的影响。金融活动的复杂性，决定了人工智能在金融领域的应用也是多维度的。在不同范畴的应用，人工智能介入程度是不一样的。总体而言，人工智能在金融领域的应用主要有以下几个方面。

（一）宏观分析领域的数据统计和数据分析辅助

经济与金融领域的宏观分析，往往依赖于数据和模型。传统的统计模型由于数据量有限，统计数据之间的相关性，因子的有效性等都存在一定的局限。运用大数据与人工智能方法，可以极大地丰富统计模型的数据，完善统计因子，并对模型进行完善。并且，由于计算机分析的时效性更强，能够在极快的时间内整合数据并进行分析，因此，金融领域的宏观分析虽然存在诸多价值分析和价值判断的问题，但从统计数据的采集和数据分析的角度，人工智能无疑可以给经济学家和金融学家提供极大的辅助。

（二）金融产品的智能风控

人工智能在金融业务中的另一个主要应用就是智能风控。风控系统的构建对于传统金融机构、互联网金融企业和其他金融科技公司都有着非常重要的意义。换言之，在金融科技公司向技术驱动型公司转型的道路上，智能风控体系必不可少。

国内以智能风控为主要业务模式的金融科技公司较多。许多在金融科技领域起步较早，发展较快的知名公司，例如京东金融、蚂蚁金服、品钛集团、网易金融等，分别布局智能风控领域的业务，并发布对外开放平台，积极与生态体系以外的企业合作，为其提供智能风控服务。这些金融科技公司的合作对象以商业银行、中小金融机构为主。就具体平台而言，目前比较知名的智能风控产品及系统包括：蚂蚁金服对中小企业开放的风控产品“蚁牛”、个人征信产品“芝麻信用”、京东金融的供应链金融产品“京保贝”、网易金融的“北斗”风控系统、品钛集团的“读秒”、拍拍贷的“魔镜”大数据风控系统、融360的“天机”风控系统等。

网易金融推出的“北斗”风控系统是全国首个“新赋能”模式的智能风控开放平台。根据平台对外的宣传内容，该平台由具有核心竞争力的七大风控业务模块组成，结合反欺诈、风控因子等场景应用，并引入前沿机器学习算法进行建模，最终形成一个生态化的大数据风控体系。“北斗”平台与多家金融机构合作，提供面向中小微企业与个人融资服务的系统支持，包括获客、征信、授信、管理和催收等多样化的手段。通过大数据分析与人工智能技术结合进行的智能风控技术，可有效提升中小微企业的融资速度、降低融资成本、实现金融机构的低坏账率。

不同的机构在金融科技领域所坚持的发展思路不尽相同。例如，京东金融推出的“司南”风控体系偏重于通过对用户的交易行为、个人资产、身份特征画像、履历历史、行为偏好、关系网络等多个维度的数据进行综合判断，得出最终结果。“司南”的特点在于其为用户画像以及利用大数据对用户进行身份识别，这也是其立足于市场并在众多智能风控类型的金融科技企业中脱颖而出的优势之一。

与“司南”通过对用户进行画像实现智能风控的发展思路相似的还有中信的阿拉丁金服。阿拉丁金服推出智能机器人，通过中信旗下的自有数据库和网络公开显示的信息建立自己的风控模型，对用户进行画像，从而判断用户的风险等级、信用水平、偿债能力以及用户为其债务进行兜底的能力。

智能风控的关键是大数据。在金融科技的浪潮下，众多互联网平台在发展初期为何愿意将对利润率的追求置于平台用户数量的扩大以及用户的认可度之后，其重要原因之一是用户规模的增加直接导致平台获取数据规模的扩大。用户在平台上进行注册时，通常需要向平台提交姓名、身份证号码、联系方式等信息，并且进行银行卡绑定或开通第三方支付账户相关操作。一些平台出于风控需要，可能还要求用户进行人脸识别等操作，以进一步完成用户的身份验证，确保交易的安全。还有一些平台会将信息采集的范围扩大到用户紧急联系人、用户的配偶等关系紧密的主体。且不论这些平台进行信息获取的渠道或者信息收集的范围的合法合规性，单从平台发展的角度考虑，用户在平台进行注册的过程中提交的一系列信息在平台系统中最后的体现形式就是数据。而平台获取的用户数量越多，其收集到的用户提交的信息也越多。

在拥有大量用户数据的基础上，借助于互联网技术以及信息处理技术，金融科技企业可以更好地开展和实施智能风控业务。众多金融科技公司也不断地在朝着数据公司的方向发展。

一些平台构建了自己的数据信息和智能风控系统。比较具有代表性的平台就是蚂蚁金服。蚂蚁金服在风险控制技术上的核心是基于海量数据的智能风控大脑，通过搭建信用与风控体系以及支付宝、余额宝、蚂蚁花呗、网商银行等业务板块，蚂蚁金服能够了解到用户的生活痕迹、消费习惯和信用水平，并获得用户的大量信息。

在大数据数据库建设方面同样引人瞩目的包括腾讯集团。此前，腾讯发布了一份用大数据描绘的中国数字经济地图。这份地图是由腾讯研究院系统通过分析全网大数据，对全国300多个城市进行分析考量而绘制的虚拟中国数字经济地图，其中包含的数据让人叹服。大数据目前呈现出的作用仅仅是冰山一角，相信在不远的将来，大数据将对包括金融风控在内的各个行业和领域产生更加重大和深远的影响。

（三）智能投顾

智能投顾是指采用人工智能的方法，以计算机软件辅助进行投资决策或给予投资组合的建议，智能投顾是人工智能与投资顾问的跨知识领域的组合，是近年来智能金融的重要应用。

智能投顾，可以拆分为“智能”和“投顾”两个方面进行理解。

智能投顾，首先是“投顾”。所谓“投顾”，就金融领域而言，一般包含“投资”和“顾问”的服务内容。在传统的金融业务中，投资和顾问服务由金融机构具体岗位上的投资经理、理财经理、基金经理等提供，他们通过与目标客户的交流，了解客户的需求、风险特征、投资偏好，引导客户进行资产配置和具体投资，并在客户投资后，对客户的投资情况以及所投资的资产情况进行追踪等工作。同时，这些投资经理、理财经理以及基金经理会根据客户的需求参与投资方案的建议，为客户提供信息咨询以及财富规划等服务。

而智能投顾项下的“投顾”，则在实现形式上被赋予另外一层含义。与传统金融业务项下的投资和顾问服务的提供形式和路径相区别，智能投顾业务中的投顾服务由人工智能下的智能投顾机器人提供。这些智能投顾机器人在其中的角色与传统金融机构中的投资经理、理财经理以及基金经理相类似，甚至能够替代前述岗位人员发挥重要作用。借助于云计算、大数据等技术，智能投顾机器人也可以帮助客户实现投资前的风险预算，投资过程中的资产配置、资产诊断，投资后的监测、市场研判的自动化等服务。

智能投顾的核心价值在于“智能”。人工智能技术主要包括感知智能和认知智能。近年来，受到关注度越来越高，应用范围越来越广泛的生物识别技术就是感知智能的一个典型代表。感知智能一般与生物特征相结合，包括人脸识别、虹膜识别、指纹、视网膜识别等生物特征的识别，属于感知智能范畴。以部分第三方支付机构开展的人脸识别支付和指纹识别支付为例，硬件采集到人脸信息以及指纹后，通过数据比对等方式，启动支付程序，促进交易的完成，这也是智能金融的体现。

智能投顾的应用领域主要包括为投资者提供投资组合建议或者投资决策建议，以及为投资管理机构提供决策建议。

对于金融产品的投资者而言，取得高收益和保持资产安全，始终是一对矛盾，如何在收益和资产安全之间寻找平衡，一直是投资者追求的目标。然而，由于专业知识、认知能力的限制，以及金融市场的复杂性，导致投资者对于自身的风险承受能力、产品的判断能力出现偏差，从而使得资产组合与投资者自身的风险偏好不匹配。为了将投资者的风险偏好与投资组合进行个性化的组合，智能投顾的研发者开发了大数据模型，为投资者进行画像，获得其个性化的风险偏好及变化曲线，并根据上述风险偏好，定制个性化的资产配置组合。除了个性化的资产配置组合服务外，智能投顾的另一个应用是为投资者个人或者投资机构提供股票、期货等交易的投资决策指引。人性既有贪婪，也有恐惧。在股票或者期货市场中，投资者由于情绪的影响，有时并不能做出理性的判断，从而做出错误的操作。而智能投顾则可以通过统计学的模型，设置多因子分析的应用模型，对交易风险做出更准确的前瞻性判断，并通过交易系统的盘面信号监控和量化分析做出交易策略。

那么，智能投顾是否一定意味着高收益和无风险呢？答案显然是否定的。人工智能技术赋予机器深度学习能力，也引起全社会对于机器所拥有或者未来可能拥有的能力的想象以及畏惧。这导致智能投顾被蒙上一些神秘色彩，也在一定程度上导致人们产生思想误区。众多投资者希望借助机器人在金融市场中交易，尤其是类似股票交易的可自动化交易的领域，希望机器人能获取源源不断的超高额回报。其实，未必全然如此。从本质上来看，智能投顾的优势在于将人工智能技术应用到金融领域，提升金融业务的效率，为整个金融生态带来变化，而非与带来稳定的高收益或者确保无风险等同。

智能投顾的本质是利用人工智能的方法，为投资者提供咨询意见以辅助投资决策。然而，也有通过智能投顾方式，代投资者实施操盘行为的。此种情况将会与相关的监管规则发生冲突。本章后面部分会对此进一步说明。

（四）程序化交易

程序化交易是量化交易中的一种方式，量化投资最初源于国外。从 20 世纪 60 至 70 年代开始，美国业内人士就已经开始将程序化交易应用于金融市场，特别是对于一些理论以及逻辑层面能够触及，但是单纯凭借人力以及传统的算法和操作无法进行深入或者无法达到的交易，就要依靠机器程序的算法以及计算机处理方法予以解决。

从操作的广度上而言，量化投资可以进行下单、成交、批量处理等操作，该等技术几乎可以覆盖投资的全过程，包括量化选股、量化择时、统计套利、算法交易、资产配置、风险控制等。同时，量化投资还可以实现止损、止盈、趋势跟踪等辅助交易目的，尤其是在时间较短的高频领域，通过市场微观结构理论，可以在秒钟级甚至毫秒级以内实现订单的买卖，获取波动率极低的高性价比收益。

历经 30 多年的发展，美国的量化投资已经发展得相对成熟。硅谷的 Pit. AI 作为近年新出现的利用人工智能开发对冲基金交易策略的公司，引起较多关注。Pit. AI 主要依靠机器学习来驱动投资，其拥有基于非传统量化金融方法的机器学习算法技术，将人工智能技术深入应用到金融领域。从运营成本控制以及公司盈利管理的角度，Pit. AI 只向投资人收取与盈利相关的费用，并不收取基金管理费。只有当基金表现更好的时候，Pit. AI 与投资人对收益分成，这种盈利模式对投资人来说也具有一定的吸引力。

量化投资的重要特征为其在投资过程中更多地使用模型。换言之，量化投资的运作是建立在一定的模型基础上。在传统的投资或者定性投资的过程中，投资活动主要依靠经验、感觉以及有限信息分析，而非建立在深入的系统化分析基础上。而量化投资活动主要依靠模型进行判断，模型是量化投资的重要工具和判断的主要依据。在量化投资的过程中，投资决策的过程往往是依据模型的分析作出的，具有更高的逻辑性。程序化交易则是在量化投资的基础上，将数据分析、模型构建以及模型的实施建立在电脑程序的基础之上。

对于程序化交易，官方也给出了界定，按照中国证监会 2015 年 10 月公布的《证券期货市场程序化交易管理办法（征求意见稿）》的表述，程序化交易是指通过既定程序或特定软件，自动生成或执行交易指令的交易行为。程序化交易的本质是将投资思路或交易策略通过软件的语言进行固定，当交易系统捕捉到预设的交易信号时，自主进行买进卖出的操作。

程序化交易的核心是算法，历史交易数据则是程序化交易算法的基础。程序化交易对投资者而言，主要的价值是排除人性的弱点，将人性的贪婪、恐惧、迟疑、草率、随意性降到最低，从而能够执行稳定的交易策略。程序化交易往往与高频交易相联系，由于投资者个体历史数据、分析能力、操作速度的限制，依靠交易员的人工操作策略，买进卖出的操作周期较长（部分市场T+1限制除外）。但在程序化交易的条件下，由于买进卖出操作的信号由电脑程序自动捕捉，交易操作也由程序完成，信号分析、策略执行、指令的发出均由系统完成，其操作速度远远超过交易员的速度，这为缩短买进卖出周期提供了基础条件。对于部分交易程序而言，几秒钟甚至几毫秒完成一次交易操作都是有可能的。因此，在程序化交易条件下，有很多交易策略采取的是高频交易。

高频交易在海外及国内均有一定争议，有人认为技术手段带来的交易便利，本身就是技术进步带来的不均衡，因此不应过多干预；也有观点认为，由于高频交易带来的买进卖出信号容易干扰其他投资者的判断，导致市场不公，监管应进行干预，并且高频交易容易带来市场操纵的问题。这一点从伊世顿公司操纵证券期货市场案可以得到例证。

程序化交易是围绕数据和计算机算法的证券、期货交易手段，是智能金融的重要组成部分。计算机程序虽然可以避免人为操作的弱点，但也会产生新的问题。比如，如果不同的程序化交易软件在算法上趋同，当金融市场出现买进或卖出的信号时，程序化交易软件的判断也会趋同，由于其交易的频次远远高于人工交易，在特定情况下，程序化交易会助长金融市场的波动，甚至引发市场的“羊群效应”。中国人民银行、中国银行保险监督管理委员会、中国证券监督管理委员会、国家外汇管理局于2018年4月27日发布的《关于规范金融机构资产管理业务的指导意见》中对于这种情况又作了规制，其指出：“金融机构应当根据不同产品的投资策略研发对应的人工智能的算法或者程序化交易，避免算法同质化加剧投资行为的顺周期性，并针对由此可能引发的市场波动风险制度应对预策。因算法同质化、编程设计错误、对数据利用深度不够等人工智能算法模型缺陷或者系统导演，导致羊群效应、影响金融市场稳定运行的，金融机构应当及时采取人工干预措施，强制调整或终止人工智能业务。”

（五）金融合同审核

正如本书在金融电子合同部分所归纳的，金融电子合同因为监管因素及交易内容的高频和重复，往往以格式合同的方式体现出来。与实物贸易、服务贸易相比，金融合同最适合电子化，并且标准化程度更高。同时，金融电子合同的交易对象是货币或价值转移，合同的履行环节也更为简洁和易于证明。基于上述原因，金融合同比较适合于通过人工智能程序进行审核，智能化的金融合同审核也是智能金融所关注的重要内容。

经过法律界和人工智能领域专家的多年深入研究，当前已经出现诸多针对合同进行审核的智能程序。以 COIN 为例，其设计目的是为了辅助金融合同审核。COIN 是由摩根大通研发的一个智能程序，根据设计思路，COIN 利用机器学习和加密云网络技术，通过摄入数据来识别类型和关系，处理智能合约以及解析商业贷款协议。据悉，COIN 能够在几秒的时间内完成律师和信贷人员 36 万小时的工作量。同时，该程序还可以帮助银行减少贷款业务失误。

智能的合同审核，将金融领域中占用大量人力且效益低下的环节用智能程序替代，在未来一段时间，必然会是金融业发展的重要趋势。

（六）金融市场监管

金融科技、网络金融与智能金融的发展，必然给原有的金融监管带来冲击。在金融科技的推进下，金融活动的范围更加广泛，金融交易的频率不断提升，金融流程也更加复杂，金融与实业的场景愈发难以区分，各种金融创新以及规避监管的行为都将因信息技术的运用而更加隐蔽和难于识别。在这一背景之下，监管机构原有的监管措施和监管手段面临极大的挑战。

近年来，在资产管理领域和互联网金融领域出现的监管滞后，不能不说是传统监管工具与信息化条件下的金融活动出现了不匹配。

以互联网金融为例，互联网金融发展的早期阶段，网贷机构没有实施银行资金存管之前，出借人与借款人的资金通常通过网贷机构在第三方支付机构开设的专用账户实施结算。但第三方支付机构的账户结构则往往是在银行体现为一个备付金账户，该账户为实体账户，央行可以监测账户的资金总量和流量。但各个网贷机构在支付机构中开设的账户则为虚拟账户，出借人与支付机构、借款人与支付机构、出借人与借款人之间的资金流向并未纳入银行的资金监测，监管无法从银行获得网贷的真实数据。加之互联网金融机构的金融交易带有普惠特点，单笔交易金额小、交易频率高、交易笔数巨大，传统的监管数据报送与检查，不仅时效滞后，更是难以核查。与此相对应，在互联网金融发展的初期阶段，一些第三方资讯机构（如网贷之家、网贷天眼等机构）通过与网贷机构系统对接、大数据分析等方法，为行业提供了相当多的统计数据支持，也给行业风险分析提供了一定的借鉴。

智能化的监管，或者说是监管科技的运用，其本质是采用与智能金融同样的方法对金融活动进行监督和管理。监管机构通过与被监管对象之间的网络互联，甚至将监管的功能模块嵌入智能金融机构的系统中，通过数据互通和大数据分析方法，实时或定时获取被监管对象的业务活动数据，发现其中的异常情况，从而实现监管目标。

以近期宣判的安邦集团集资诈骗案件为例，该案件中，保险业监管机构核准安邦销售1000亿元规模的投资型保险，而事实上，安邦集团的销售金额高达核准金额的数倍。如果分析此类保险的销售路径，不难发现，除了部分是通过保险代理人线下销售的外，还有相当部分通过银行、保险机构网站、第三方互联网渠道销售。对于这些异常的交易数据，如果监管机构能够以软件实时监测安邦的保险资金结算后台或业务后台，应该不难发现。

对于智能化的金融监管，相关机构已经提上日程。值得关注的是，2017年5月15日，中国人民银行成立了金融科技（FinTech）委员会，旨在通过科技手段提升金融监管的能力。设立金融科技委员会，将有助于中国人民银行深入研究金融科技发展对货币政策、金融市场、金融稳定、支付清算等领域的影响，从而有利于建立适合我国国情的金融科技创新管理机制，引导新技术在金融领域的合理运用。在此基础上，通过金融监管科技（RegTech）应用，积极利用大数据、人工智能、云计算等技术丰富金融监管手段，提升跨行业、跨市场交叉性金融风险的甄别、防范和化解能力。

第三节　智能金融的法律问题

智能金融是比互联网金融更进一步的金融形态创新，互联网金融只是利用互联网信息传输的高效性和远程化，提升了金融交易效率并在此基础上实施金融产品创新和金融组织形态创新。而智能金融则是对金融最核心的要素进行了革新，最核心的要素包括风控、围绕风险和价值判断的产品选择，以及金融交易的辅助决策甚至是机器决策。这些因素对于金融监管法律、法规的冲击远远大于互联网金融造成的冲击，同时，智能金融与传统金融监管体制的不兼容更是深层次的，从事智能金融活动必须考虑到相应的法律风险。

一、金融大数据运用的法律风险

如果把人工智能比作一个工厂的话，大数据就是原料，算法是操作流程，互联网是传送带。离开大数据的人工智能是无本之木、无源之水，对于金融行业的人工智能运用而言，同样如此。智能金融，首先需要面对的法律风险必然是大数据运用的法律风险。结合本章关于大数据的介绍，智能金融大数据法律风险主要包括以下几个方面：

（一）金融大数据收集过程中的法律风险

金融大数据收集过程中的法律风险主要包括：

1. 数据收集未明示告知并经过用户同意的风险

按照《网络安全法》等法律、法规、规章的规定，经营者收集用户信息，应明确告知信息收集行为本身以及信息收集的目的、用途等。

如果违反上述规则，则可能面临相应的法律风险。《网络安全法》第64条对此做了具体的规定："网络运营者、网络产品或者服务的提供者违反本法第二十二条第三款、第四十一条至第四十三条规定，侵害个人信息依法得到保护的权利的，由有关主管部门责令改正，可以根据情节单处或者并处警告、没收违法所得、处违法所得一倍以上十倍以下罚款，没有违法所得的，处一百万元以下罚款，对直接负责的主管人员和其他直接责任人员处一万元以上十万元以下罚款；情节严重的，并可以责令暂停相关业务、停业整顿、关闭网站、吊销相关业务许可证或者吊销营业执照。”

上述第 64 条提到了《网络安全法》第 22 条第 3 款以及第 41 条。《网络安全法》第 22 条第 3 款的规定是：“网络产品、服务具有收集用户信息功能的，其提供者应当向用户明示并取得同意。”而第 41 条第 1 款的规定为：“网络运营者收集、使用个人信息，应当遵循合法、正当、必要的原则，公开收集、使用规则，明示收集、使用信息的目的、方式和范围，并经被收集者同意。”

2. 金融数据收集范围违反法律规定的风险

如果仅仅按照《网络安全法》第 41 条进行判断，则金融机构收集用户数据需要遵循“必要原则”，对于何为必要，本书在前面章节已经详细论述，此处不做赘述。本章仅对违反必要原则或其他规则导致数据收集范围违规而可能导致的法律责任进行分析。需要注意的是，《网络安全法》第 41 条第 2 款对于必要性的表述分为两部分，第一部分是“网络运营者不得收集与其提供的服务无关的个人信息”，第二部分是“不得违反法律、行政法规的规定和双方的约定收集、使用个人信息”。对于第一部分的法律责任，在《网络安全法》第 64 条已经做了清晰的规定。但对于第二部分的法律责任，则需要根据其他涉及个人信息保护的法律、法规的规定来确定。比如，《征信业管理条例》第 14 条规定了禁止征信机构采集个人信息的范围，如果金融征信机构违反该类规定，则按照《征信业管理条例》第 38 条的规定，将可能被国务院征信业监督管理部门或者其派出机构责令限期改正，处以罚款，甚至被吊销个人征信业务许可证。

《中国人民银行关于银行业金融机构做好个人金融信息保护工作的通知》（银发〔2011〕17 号）中规定，银行业金融机构在收集、保存、使用、对外提供个人金融信息时，应当严格遵守法律规定，采取有效措施加强对个人金融信息保护，确保信息安全，防止信息泄露和滥用。特别是在收集个人金融信息时，应当遵循合法、合理原则，不得收集与业务无关的信息或采取不正当方式收集信息。该规定中的个人金融信息主要包括个人的身份信息（包括个人姓名、性别、国籍、民族、身份证件种类号码及有效期限、职业、联系方式、婚姻状况、家庭状况、住所或工作单位地址及照片等）；个人财产信息（包括个人收入状况、拥有的不动产状况、拥有的车辆状况、纳税额、公积金缴存金额等）；个人账户信息（包括账号、账户开立时间、开户行、账户余额、账户交易情况等）；个人信用信息（包括信用卡还款情况、贷款偿还情况以及个人在经济活动中形成的，能够反映其信用状况的其他信息）等多方面的信息。

3. 数据收集方法违反法律规定

金融机构的数据收集方法应当符合合法与正当的原则，相对于数据收集未充分告知以及超范围收集数据的风险，数据收集方法的法律风险更大。前面两种风险主要集中在民事赔偿和行政处罚领域，而数据收集方法的违反，则可能构成犯罪，从而承担刑事法律责任。《网络安全法》第 27 条、第 44 条均规定了禁止窃取网络数据的条款，不同的是，第 27 条主要是从非法侵入他人网络角度进行的规制，通常在发生违法行为时，窃取数据会与非法侵入计算机信息系统的违法行为竞合，而第 44 条则主要是针对窃取行为本身。对于通过窃取个人信息获取数据的情况，《网络安全法》第 64 条第 2 款规定："违反本法第四十四条规定，窃取或者以其他非法方式获取、非法出售或者非法向他人提供个人信息，尚不构成犯罪的，由公安机关没收违法所得，并处违法所得一倍以上十倍以下罚款，没有违法所得的，处一百万元以下罚款。"对于严重的情况，则通过《刑法》第 253 条之一规定了"侵犯公民个人信息罪"，窃取或者以其他方法非法获取公民个人信息的，情节严重的，处 3 年以下有期徒刑或者拘役，并处或者单处罚金；情节特别严重的，处 3 年以上 7 年以下有期徒刑，并处罚金。

（二）金融大数据运用及授权过程中的法律风险

金融大数据运用中的问题，主要是对信息和数据的保护。《网络安全法》第 41 至 44 条对网络运营者的信息保护义务进行了针对性的规定。根据该等规定，网络运营者在收集、使用个人信息时，除了遵循信息收集的合法、正当、公开、必要原则外，还要求网络运营者在保存、处理和使用用户信息时，不得泄露、篡改、毁损其收集的个人信息；除经过处理无法识别特定个人且不能复原的信息外，未经被收集者同意，不得向他人提供个人信息，且不得非法出售或者非法向他人提供个人信息。网络运营者在对个人信息保护的层面，应当采取技术措施和其他必要措施，确保其收集的个人信息安全，防止信息泄露、毁损、丢失。在发生或者可能发生个人信息泄露、毁损、丢失的情况时，应当立即采取补救措施，按照规定及时告知用户并向有关主管部门报告。

（三）数据跨境使用的法律风险

金融机构的跨国经营已经成为常态，中国金融机构在境外开展业务，为中国企业“走出去”提供金融服务，是中国面对经济全球化的重要策略。从我国加入世界贸易组织的承诺来看，逐步全面开放境内的金融市场，也是可以预期的。对于金融机构而言，金融大数据的跨境使用是国际化战略的重要组成部分。

对此，需要关注相应的法律风险。《网络安全法》第37条规定，关键信息基础设施的运营者在中国境内运营中收集和产生的个人信息和重要数据应当在境内存储。因业务需要，确需向境外提供的，应按照国家网信部门会同国务院有关部门制定的办法进行安全评估。

对于什么是关键信息基础设施，《网络安全法》的规定较为原则，但其中规定：“国家对公共通信和信息服务、能源、交通、水利、金融、公共服务、电子政务等重要行业和领域，以及其他一旦遭到破坏、丧失功能或者数据泄露，可能严重危害国家安全、国计民生、公共利益的关键信息基础设施，在网络安全等级保护制度的基础上，实行重点保护”。从该条款可以看出，重要的金融机构网络系统也被纳入关键信息基础设施的保护之列。

为了配合《网络安全法》的施行，国家互联网信息办公室发布了《关键信息基础设施安全保护条例（征求意见稿）》向社会公开征求意见。按照该条例第18条的规定：“下列单位运行、管理的网络设施和信息系统，一旦遭到破坏、丧失功能或者数据泄露，可能严重危害国家安全、国计民生、公共利益的，应当纳入关键信息基础设施保护范围：（一）政府机关和能源、金融、交通、水利、卫生医疗、教育、社保、环境保护、公用事业等行业领域的单位；（二）电信网、广播电视网、互联网等信息网络，以及提供云计算、大数据和其他大型公共信息网络服务的单位；（三）国防科工、大型装备、化工、食品药品等行业领域科研生产单位；（四）广播电台、电视台、通讯社等新闻单位；（五）其他重点单位。”该条例第46条还规定了违反数据跨境规则的罚则："运营者违反规定，在境外存储网络数据，或者向境外提供网络数据的，由国家有关主管部门依据职责责令改正，给予警告，没收违法所得，处五万元以上五十万元以下罚款，并可以责令暂停相关业务、停业整顿、关闭网站、吊销相关业务许可证；对直接负责的主管人员和其他直接责任人员处一万元以上十万元以下罚款。"此外，国家互联网信息办公室还公布了《个人信息和重要数据出境安全评估办法（征求意见稿）》对于个人信息的出境问题也做了规范。该办法第 2 条指出："网络运营者在中华人民共和国境内运营中收集和产生的个人信息和重要数据，应当在境内存储。因业务需要，确需向境外提供的，应当按照本办法进行安全评估。"第 4 条则指出："个人信息出境，应向个人信息主体说明数据出境的目的、范围、内容、接收方及接收方所在的国家或地区，并经其同意。未成年人个人信息出境须经其监护人同意。"

虽然《关键信息基础设施安全保护条例（征求意见稿）》和《个人信息和重要数据出境安全评估办法（征求意见稿）》目前尚未施行，但其中体现出的原则，对于金融大数据的跨境使用，依然是需要提前布局和考虑的。金融机构应做出预案，以免届时面临法律风险。

二、市场操纵的法律风险

（一）传统的市场操纵行为

对于市场操纵的行为，想必大家都不陌生。反观一例例因操纵市场行为而被监管部门处罚的案例，市场操纵行为面临的法律风险尤为显著。

在我国资本市场发展的历史上，因涉嫌违反证券法律法规而被中国证券监督管理委员会立案调查或者处以行政处罚的案例比比皆是。根据媒体披露，经不完全统计，2016 年年初至 2 月 15 日，A 股上市公司共有 102 起违规行为被处分，但仅有 32 起被公开处罚，其余处分方式为公开批评和公开谴责。根据 2016 年 2 月以来的公告信息，北大医药、顾地科技、方正科技、ST 舜船等上市公司，均因涉嫌违反证券市场监管相关规定而被证监会予以相应处罚。

经不完全统计，在中国证监会 2016 年稽查的各类典型违法违规案例中，操纵市场类案件以约15%的占比高居各类案例第三。市场操纵行为是法律法规以及相关规定予以严格监管的对象。

近年来，在因操纵市场行为被中国证监会处罚的案例中，任良成和朱康军的案例相对比较典型。2016 年 11 月，任良成被中国证监会以操纵市场行为予以行政处罚，除被没收违法所得约 1 亿元外，其还被处以约 2 亿元的罚款。2017 年 5 月，针对朱康军操纵“铁岭新城”、“中兴商业”股票的行为，中国证监会公布行政处罚决定书，没收朱康军违法所得约 2. 678 亿元，并处以约 2. 678 亿元的罚款。朱康军在操纵“铁岭新城”和“中兴商业”两只股票过程中，先后控制 49 个账户，集中资金优势、持股优势，连续买卖，并在其控制的账户之间交易、影响两只股票的交易价格和交易量。中国证监会认为，朱康军在涉案交易中的操作手法表明其具有明显的操纵意图，且其涉案行为均服务于其操纵股票交易价格和交易量这一不法目的。

据证监会披露，目前操纵市场的方式主要表现为四大类：一是将一种或多种传统操纵手法与新产品（股指期货、ETF 等）、新业务（融券）、新技术（程序化交易等）等新事物、新情况相嫁接，导致操纵形式不断翻新，对市场公平造成较大损害；二是一些个人大户操纵手法凶悍，在敏感时点进一步加剧市场波动；三是利用资金杠杆对资本市场的运作进行强烈干预；四是不法分子故意规避监管，导致调查难度增加。

（二）程序化交易带来的市场操纵问题

如前所述，程序化交易中的高频交易，由于捕捉交易信息的速度极快，因而能够在极快的时间内对交易策略做出决策并实施买进卖出的操作。高频交易为投资者提供了在更短时间内获取和把握交易机会并获利的可能性，但也会带来新的问题。其中，最为突出的负面问题是操纵证券期货交易市场的法律风险。以伊世顿操纵市场案为例来说明，其中最为突出的问题是存在大量不以成交为目的的欺骗性下单和撤单，即“幌骗（spoofing）”，此种情况通常是指投资者通过频繁申报和撤销申报，制造虚假的买卖信息，误导市场中的其他投资者买入该期货合约，而操作方再通过反向交易获取利益。在一个信息充分展示和传递的市场中，此类行为在形式上并不会直接对其他投资者产生误导，但由于交易所系统的限制，导致高频交易存在被滥用甚至被用于操纵市场的可能性。比如，在一些交易程序中，行为人下单的速度能够达到30毫秒/次甚至更短，而交易所系统对于市场实时行情的反馈时间则一般要达到数百毫秒/次。由于时间差的存在，交易所系统将交易实时信息反馈给公众投资者的时候，实际上市场操纵的行为人已经完成了数次甚至十几次交易。在这种情况下，交易所展示的实时信息更像是一段交易后的结果信息，而无法给公众投资人展示过程。这使得市场操作者具有利用高频的买进卖出影响市场价格走向，并进而影响其他投资者对于价格的预判，从而达到市场操纵的目的。

我国《刑法》对于程序化交易和高频交易带来的市场操纵行为并无明确的界定，如《刑法》第182条关于操纵证券、期货市场罪的规则并不清晰。该条中第1款与高频交易的表现方式有类似之处，第1款的表述为“单独或者合谋，集中资金优势、持股优势或者利用信息优势联合或者连续买卖，操纵证券交易价格的”，其中的利用资金优势、持股优势显然不适用于高频交易，因为高频交易利用的是短期内连续下单或撤单，其行为与是否具有资金优势或持股优势并无直接的联系；而利用信息优势也不适用于高频交易，《刑法》所说的信息优势通常是可能影响股票价格的信息，而高频交易事实上是自主发起的系列交易，其结果是展示给公众投资者虚假的信息，但交易行为本身并未利用足以影响股价的其他信息。因此，如果直接适用《刑法》规制利用高频交易操纵市场的行为，适用《刑法》第182条第1款第4项，即以其他方法操纵证券交易价格的，似乎更为合适。

除了《刑法》的规制外，监管机构对于程序化交易也研究过专门的监管政策。2015年10月份，针对程序化交易，中国证监会公布了《证券期货市场程序化交易管理办法（征求意见稿）》，希望通过规则来规范程序化交易，维护证券期货市场秩序，保障投资者合法权益。根据这一征求意见稿，主要确定了如下的监管措施：

1. 单一账户管理。即程序化交易者应当只用一个账户从事程序化交易，中国证监会另有规定的除外。这一条主要的目的在于防止程序化交易者利用不同的账户实施虚假的申报与撤单，从而规避监管的核查。

2. 策略报备管理。证券公司、期货公司的客户进行程序化交易的，应当事前将身份信息、策略类型、程序化交易系统技术配置参数、服务器所在地址以及联络人等信息及变动情况向接受其交易委托的证券公司、期货公司申报，证券公司、期货公司核查后方可接受该客户的程序化交易委托，并在委托协议中对相关事项进行约定。

3. 风控管理。证券公司、期货公司应当建立程序化交易指令计算机审核系统，自动阻止申报价格及数量异常的指令直接进入证券期货交易所主机。证券公司、期货公司应对相关异常指令进行人工复核，视情况提醒客户修改指令或延时申报，对可能对市场价格和流动性产生重大影响的指令有权拒绝接受委托。

4. 交易行为管理。程序化交易者参与证券期货交易，不得有下列影响交易价格或交易量的行为：(1) 在属于同一主体或处于同一控制下或涉嫌关联的账户之间发生同一证券的交易；(2) 在同一账户或同一客户实际控制的账户组间，进行期货合约的自买自卖；(3) 频繁申报并频繁撤销申报，且成交委托比明显低于正常水平；(4) 在收盘阶段利用程序进行大量且连续交易，影响收盘价；(5) 进行申报价格持续偏离申报时的市场成交价格的大额申报，误导其他投资者决策，同时进行小额多笔反向申报并成交；(6) 连续以高于最近成交价申报买入或连续以低于最近成交价申报卖出，引发价格快速上涨或下跌，引导、强化价格趋势后进行大量反向申报并成交。

5. 境外操作管理。境内程序化交易者参与证券期货交易，不得由在境外部署的程序化交易系统下达交易指令，也不得将境内程序化交易系统与境外计算机相连接，受境外计算机远程控制。

由于市场原因，这一征求意见稿当前尚未正式作为监管规则发布，但征求意见稿中所体现的监管思路仍具有很强的借鉴意义，可以作为相关企业控制法律与合规风险的一种参照。

三、混业经营的法律风险

传统的金融门类采用分业经营、分业监管的模式。随着金融科技的发展，金融交易的成本降低，不同金融产品、不同金融机构之间为了适用创新的需求，逐步产生融合，从而使得分业的原则逐渐被淡化，在金融机构之间逐步出现了混业经营的趋势。甚至在特定情况下，由于智能金融的产品匹配需要，一些新类型金融机构也更加倾向于混业经营。在有些情况下，由于智能化投资顾问或智能化风控外包，使得顾问机构事实上跨越了业务边界，而事实上切入了其他金融业务领域。由于金融科技进步，在智能金融领域带来的混业化倾向应一分为二地看，一方面，混业经营跨越了金融监管的边界，使得金融生态发生了改变，触动了监管的权威；另一方面，混业化趋势也给传统金融机构带来了新的机遇。

以2017年11月份监管机构对于“现金贷”行业的监管为例，在现金贷行业中，通常采用的模式为：首先，组建一个具有智能风控和智能投资顾问功能的科技平台；其次，为这个科技平台匹配不同的资金端，资金端可能是银行、信托公司、小额贷款公司、消费金融公司、汽车金融公司等；最后，网络平台为所有的坏账做兜底或买断逾期债权。在这一业务流程中，虽然“现金贷”平台仅仅是作为给借款人提供或资金方提供投资顾问并为资金方提供风控服务的金融科技平台，其核心能力是智能风控能力，但事实上，由于“现金贷”平台事实上掌控了获客、信用审核、风险控制、风险兜底的环节，其业务实质与银行等放贷机构的业务已经出现某种近似。而如果“现金贷”的网络平台本身由小额贷款机构等放贷机构承担，则这种混业的倾向会更加明显。

在智能投顾的场景中，也会有业务边界逐渐模糊的问题。比如智能投顾机构在给予用户不同资产配比建议的同时，通常会在网络平台上提供购买不同金融产品的接口。此时的金融产品推介行为，究竟是应该界定为“友情链接”还是“代理销售”，也存在认定上的模糊。

在互联网金融高速发展，以及传统金融机构不断数字化的进程中，多种金融形态、金融科技相互交织，未来更会是一种常态。从互联网金融的角度看，主要业态包括互联网支付、网络借贷、股权众筹融资、互联网基金销售、互联网保险、互联网信托和互联网消费金融等。从传统金融角度看，公募基金销售、保险、信托等业务则是属于传统金融业务领域的业务，且该等业务的开展需要分别获得相应的业务牌照。在金融创新的背景下，大量金融科技公司纷纷与基金、保险、信托等传统持牌机构合作，互联网基金销售、互联网保险、互联网信托、互联网消费金融等业态呈现出蓬勃发展的态势。

互联网金融创新以及混业经营有利于提升金融服务质量和效率。2015年7月18日，中国人民银行、工业和信息化部、公安部、财政部、国家工商行政管理总局、国务院法制办公室、中国银行业监督管理委员会、中国证券监督管理委员会、中国保险监督管理委员会、国家互联网信息办公室联合发布《关于促进互联网金融健康发展的指导意见》，其中提出，“支持证券、基金、信托、消费金融、期货机构与互联网企业开展合作，拓宽金融产品销售渠道，创新财富管理模式。鼓励保险公司与互联网企业合作，提升互联网金融企业风险抵御能力”，并分别针对互联网金融的各种业态进行了具体规定，提出详细要求。该指导意见鼓励互联网金融平台、产品和服务创新，激发市场活力。其中提出的支持有条件的金融机构建设创新型互联网平台，开展网络银行、网络证券、网络保险、网络基金销售和网络消费金融等业务；支持互联网企业依法合规设立互联网支付机构、网络借贷平台、股权众筹融资平台、网络金融产品销售平台；鼓励电子商务企业在符合金融法律法规规定的条件下自建和完善线上金融服务体系，有效拓展电商供应链业务；鼓励从业机构积极开展产品、服务、技术和管理创新，提升从业机构核心竞争力等内容对于互联网金融的混业布局都具有非常重大的意义。

目前，互联网金融第一阵营内的主要企业已经在产品和业务发展上呈现出混业布局的趋势和方向。蚂蚁金服、腾讯、百度、京东金融等起步较早、背景深厚的大平台在混业布局上均有比较积极的筹备。

依靠着阿里巴巴集团强大的资金实力、丰富的业务资源优势、大规模的用户群体以及对整个互联网应用、互联网金融领域引领性的发展思路，蚂蚁金服在混业布局方面也是优势明显。打开支付宝的页面，用户可以看到包含“芝麻分”、“余额宝”、“花呗”、“借呗”等一系列的业务板块，就业务模式而言，这些业务板块实质分别对应征信相关业务、公募基金销售引流相关业务、信贷相关业务模式。不难看出，蚂蚁金服在混业布局方面几乎做到全领域覆盖。

另一个在混业布局方面步伐相对比较快的平台就是快钱。快钱本身是依靠支付业务起步的。在互联网金融发展态势迅猛的环境下，快钱也发挥自身优势，依托支付拓展到理财业务、企业融资，通过产融结合的路径，向社会经济活动主体提供结合实体场景的理财、信贷、营销等综合化的互联网金融服务，进一步实现产融结合模式下的金融混业布局。

混业经营模式之所以能够获得众多互联网金融平台的青睐，与其自身的优势有一定的关系。混业经营模式的关键在于产品和业务的创新，借助于信息技术、长尾效应以及传统金融工具无法触及或者难以达到的效率和客户体验程度等特点，混业经营一方面对于提高金融服务本身效率，降低金融交易的成本，满足多元化的投融资需求有很重大的意义，另一方面混业经营也能够在一定程度上分散风险，尽可能地让最终端的用户能够借助不同的模式参与到普惠金融环境下的业务，带来更加全新的用户思维转变模式。

混业经营的优点以及市场需求，并不表示该等混业经营的业务模式没有法律风险。从现有的金融监管政策来看，在互联网金融高速发展后，监管机构对于金融科技发展带来的金融业态边界模糊的问题，已经开始实施整顿。

以网络借贷信息中介机构为例，在单纯开展撮合借贷业务的前提下，平台需要遵守 P2P 监管规则关于分业经营的规定。根据该规定，网络借贷信息中介机构不得从事以下业务：自行发售理财等金融产品募集资金，代销银行理财、券商资管、基金、保险或信托产品等金融产品；开展类资产证券化业务或实现以打包资产、证券化资产、信托资产、基金份额等形式的债权转让行为；除法律法规和网络借贷有关监管规定允许外，与其他机构投资、代理销售、经纪等业务进行任何形式的混合、捆绑、代理。

对于“现金贷”行业，则主要从规范商业银行的行为入手，在监管机构下发的《关于规范整顿“现金贷”业务的通知》中，要求“银行业金融机构与第三方机构合作开展贷款业务的，不得将授信审查、风险控制等核心业务外包。‘助贷’业务应当回归本源，银行业金融机构不得接受无担保资质的第三方机构提供增信服务以及兜底承诺等变相增信服务，应要求并保证第三方合作机构不得向借款人收取息费。”该通知还指出，“对于未经批准经营放贷业务的组织或个人，在银监会指导下，各地依法予以严厉打击和取缔；对于借机逃废债、不支持配合清理整顿工作的，加大处罚、打击力度；涉嫌非法经营的，移送相关部门进行查处；金融机构和非银行支付机构停止提供金融服务，通信管理部门依法处置互联网金融网站和移动应用程序。涉嫌非法集资、非法证券等违法违规活动的，分别按照处置非法集资、打击非法证券活动、清理整顿各类交易场所等工作机制予以查处。”通知的下发，是监管机构对于“现金贷”事实上介入借贷市场的一种分业监管措施。

对于 P2P 与“现金贷”之外的其他金融科技平台而言，目前针对性的监管规则相对分散，可以参考的文件主要是《通过互联网开展资产管理及跨界从事金融业务风险专项整治工作实施方案》（银发〔2016〕113号）。依据该规定，重点查处的违规情形包括以下几类：一类是具有资产管理相关业务资质，但开展业务不规范的各类互联网企业。对于这些企业，监管机构重点查处以下问题：一是将线下私募发行的金融产品通过线上向非特定公众销售，或者向特定对象销售但突破法定人数限制；二是通过多类资产管理产品嵌套开展资产管理业务，规避监管要求；三是未严格执行投资者适当性标准，向不具有风险识别能力的投资者推介产品，或未充分采取技术手段识别客户身份；四是开展虚假宣传和误导式宣传，未揭示投资风险或揭示不充分；五是未采取资金托管等方式保障投资者资金安全，侵占、挪用投资者资金。另一类是跨界开展资产管理等金融业务的各类互联网企业。对于这些企业，监管机构重点查处以下问题：一是持牌金融机构委托无代销业务资质的互联网企业代销金融产品；二是未取得资产管理业务资质，通过互联网企业开办资产管理业务；三是未取得相关金融业务资质，跨界从事互联网金融活动。

《通过互联网开展资产管理及跨界从事金融业务风险专项整治工作实施方案》中规定：（1）互联网企业未取得相关金融业务资质不得依托互联网开展相应业务，开展业务的实质应符合取得的业务资质；互联网企业和传统金融企业平等竞争，行为规则和监管要求保持一致。采取“穿透式”监管方法，根据业务实质认定业务属性。（2）未经相关部门批准，不得将私募发行的多类金融产品通过打包、拆分等形式向公众销售；采取“穿透式”监管方法，根据业务本质属性执行相应的监管规定；销售金融产品应严格执行投资者适当性制度标准，披露信息和提示风险，不得将产品销售给与风险承受能力不相匹配的客户。

综上，对混业经营的法律风险的把控需要结合其业务开展的具体情况以及具体行为进行判断和界定。一般而言，由于互联网具有公开性，平台通过互联网渠道收取投资人的资金，根据具体业务情况，需要关注关于非法经营、非法集资等各方面的法律风险。

四、无资质经营的法律风险

无资质经营的风险主要发生在智能投顾领域，对于智能投顾，本章前面部分已经有所论述。智能投顾既包括为投资者提供各个大类资产组合投资的建议，也包括证券、期货交易的投资建议。对于大类资产组合的建议，当前法律或监管规则并没有明确的禁止性规定。比如，给出某位投资者将资产均衡地分布于银行理财、股票二级市场、保险产品的建议，法律上并没有禁止性的规定。但如果为证券期货提供投资决策的咨询或建议，则会涉及相关的资质问题。

对于投资咨询，中国证监会采取的是许可证管理。根据中国证监会1997年颁布的《证券、期货投资咨询管理暂行办法》第3条的规定："从事证券、期货投资咨询业务，必须依照本办法的规定，取得中国证监会的业务许可。未经中国证监会许可，任何机构和个人均不得从事本办法第二条所列各种形式证券、期货投资咨询业务。"这一规定出台的时间较早，当时智能投顾并没有出现，因此，这一文件并未直接对智能投顾进行规定。但考虑到该办法的立法本意在于对证券、期货投资咨询活动的管理，从广义的角度理解，智能投顾带有给投资者提供操作咨询的意味，因而，智能投顾本身也会受到证监会许可证管理的制约。

2018年4月27日，中国人民银行、中国银行保险监督管理委员会、中国证券监督管理委员会、国家外汇管理局联合发布了《关于规范金融机构资产管理业务的指导意见》（银发〔2018〕106号），其中提到了人工智能模型。按照该指导意见第23条的表述："运用人工智能技术开展投资顾问业务应当取得投资顾问资质，非金融机构不得借助智能投资顾问超范围经营或者变相开展资产管理业务。金融机构运用人工智能技术开展资产管理业务应当严格遵守本意见有关投资者适当性、投资范围、信息披露、风险隔离等一般性规定，不得借助人工智能业务夸大宣传资产管理产品或者误导投资者。金融机构应当向金融监督管理部门报备人工智能模型的主要参数以及资产配置的主要逻辑，为投资者单独设立智能管理账户，充分提示人工智能算法的固有缺陷和使用风险，明晰交易流程，强化留痕管理，严格监控智能管理账户的交易头寸、风险限额、交易种类、价格权限等。金融机构因违法违规或者管理不当造成投资者损失的，应当依法承担损害赔偿责任。金融机构应当根据不同产品投资策略研发对应的人工智能算法或者程序化交易，避免算法同质化加剧投资行为的顺周期性，并针对由此可能引发的市场波动风险制定应对预案。因算法同质化、编程设计错误、对数据利用深度不够等人工智能算法模型缺陷或者系统异常，导致羊群效应、影响金融市场稳定运行的，金融机构应当及时采取人工干预措施，强制调整或者终止人工智能业务。”智能投顾只是工具，如果某机构以智能投顾软件为用户提供投资决策的参考建议，则该行为可能被监管机构认定为在从事证券、期货的咨询业务，从而面临监管措施的风险。

第十一章　数字化货币的法律问题

案例十九　以太坊众筹

2014 年 7 月，Ethereum（以太坊）开始了为期 42 天的众筹，第一周每个比特币可以购买 2000 个以太（Ether），每个以太约 1.9 元人民币。第二周每个比特币可以买 1900 个以太，每周递减 5%，以此类推。6 周共募集了 31591 个比特币，按照当时市价计算，价值 1800 万美元。以太坊是运用智能合约理念的区块链项目，这也是至今为止除比特币以外市值最高的数字货币/区块链项目。2015 年 8 月，以太坊在全球各大数字资产交易所挂牌交易。①

案例评述

如果比特币的成功作为孤立案例不具有代表性的话，以太坊及一系列其他基于区块链原理构建的数字货币受到市场和投资者追捧，则能够在一定程度上说明数字货币的吸引力。2017 年以来，以比特币为代表的数字货币价格出现了巨幅波动，最终巨幅收涨，未来的数字货币格局更加扑朔迷离。

本章引言

以比特币为代表的去中心化数字货币兴起，可以说是当代金融领域最值得关注的事件。如果说互联网引发的互联网金融是在传统金融领域的外围以技术手段降低了金融交易成本的话，大数据金融的方法则是对金融产品创设原理的改进。但这些革新都是在经典的金融理论上的延伸，金融依然是围绕着货币发行权、货币总量调节、流动性管理、价值再分配的一种社会活动。以区块链为基础的货币去中心化，也许是数字金融对传统金融体系最大的挑

---

① 参见劲健：《以太坊是骗局吗？ICO 众筹是什么？这里有一份案例分析!》，http：//www.360doc.com/content/17/0704/18/5627010_668770753.shtml，2018 年 8 月 14 日访问。

战。这一创新，不仅可能改变货币发行、货币调控、金融监管的格局，甚至会改变我们当代金融体系赖以存在的整个金融理论体系。比特币问世以来，经历了从无人问津到广受追捧，从政府不加干预到各国政府态度不一的监管。2010 年的一次比特币交易，某位程序员用 1 万比特币购买了一个披萨，而按照最新的比特币报价，这 1 万个比特币的价格已经达到 1.5 亿美元。日本允许在多种场景下使用比特币，东欧部分国家拟将比特币合法化，美国芝加哥商品交易所新开了比特币期货，这些事件无不触动着市场的神经。近年来，与比特币伴随发展的还有一个名词，即 ICO，根据行业的通行理解，ICO 是“Initial Coin Offering”的简称，即发行者以初始产生的数字加密货币作为发行的标的和未来回报，从资金提供方筹集资金的一种方式。ICO 可以理解为一种“公开发行”，只是把所发行的标的物由证券变成了数字加密货币。数字货币已经极大地搅动了金融领域的生态，或者说，未来金融领域将不得不逐渐适应数字货币的入侵。唯一不确定的是，究竟哪一种数字货币会最终取得优势。

第一节　数字化货币的概念和特征

一、数字化货币的概念

数字化货币也可以称为“数字货币”，是将货币使用数字化手段存储、使用后形成的一种货币存在形态。有很多技术都可以作为数字化的手段，简单来说，把个人拥有的人民币纸币登记在一个被他人认可的电子银行账户中是一种货币数字化的手段，而近些年来非常火爆的区块链技术衍生的去中心化数字货币也是其中的表现形式之一。在现在大多数的语境下，数字货币常常被狭义地理解为使用区块链技术的去中心化数字货币。

为了帮助读者进一步理清数字货币的概念内涵和外延，下面将对与数字货币相关的或存在一定相似之处的概念与数字货币进行逐一辨析：

（一）数字货币与电子货币

电子货币与数字货币在现阶段属于具有一定重合度的概念，只不过“电子货币”的重点落在“电子”这一能够广泛表示电子存储、电子通信等技术的词汇上，而现在将货币数字化的手段正是基于不同的电子技术来实现的。

两者的实质性区别在于，电子货币强调的是电子化的存储和提现手段，从这个意义上，电子货币往往被理解为账户中的法币记账单位，如个人网上银行账户、支付宝账户、微信支付账户、信用卡账户中的数字记录都可以看成是电子货币，它们都是以数字化载体形态存在的人民币，并不会因为所处的账户不同而衍生出其他币种。在信息化程度非常高的现代社会，各国的法定货币都会有相当大的一部分是以电子货币的形式存在的。

而数字货币强调的是货币本身的发行以数字化的方式体现，数字货币可以是各个国家货币当局发行的法定货币，也可以是去中心化的区块链货币。

（二）数字货币与虚拟货币

虚拟货币是在虚拟场景下一种用于兑换特定场景内的服务、虚拟商品的工具，比如虚拟游戏中使用的金币、纹银，腾讯公司旗下产品使用的 Q 币、盛大公司旗下产品使用的点券等。虚拟货币与数字货币的相似之处在于其载体，但严格来说，虚拟货币通常不被认为属于货币。我国当前对虚拟货币的界定，是在网络游戏的管理规则中加以体现的。

但如果前述虚拟货币的适用范围被进一步扩大，其价值被更为广泛地接受，并且走出了游戏等虚拟场景而在虚拟货币的发行机构之外具有支付能力，则虚拟货币与电子货币的边界也会变得模糊。比如在某一个场合，人们可以自由使用虚拟货币兑换大多数甚至全部真实的商品、服务，也可以使用这些真实的商品、服务换取虚拟货币，那么这种虚拟货币实际上也就成为了货币。

（三）数字货币与密码货币

密码货币是数字货币的其中一类，主要是使用密码学原理和技术来创建、校验数字化货币，以密码学原理作为其支撑基础，可以解决一些非密码货币的数字货币难以解决的问题，这些问题将在“数字货币与区块链”中提及，比特币就是典型的密码货币。

（四）数字货币与区块链

数字货币并不是区块链，区块链也不是数字货币。区块链只是一类技术手段的统称。正如前文所述，区块链与数字货币之间的联系在于区块链是将货币数字化的手段之一。这种手段尝试在没有中心化机构（如各国央行）确认和担保的情况下解决数字货币的信用问题，即货币被谁持有、如何流转等数字货币使用中的现实问题，并且取得了开创性的成就，重点解决“双花问题”① 和“拜占庭将军问题”②。

区块链本身是利用密码原理与数字模型架构创造了一个难以被个人篡改的账本，这个账本上记载了货币被谁发现，被谁持有，如何进行流转等信息。而通过这个账本被证明的个人持有的货币才是“数字货币”。

二、数字货币的特征

数字货币按照技术路线的不同，可以分为中心化的数字货币和去中心化（区块链）的数字货币，两者具有不同的特征。

（一）中心化数字货币的特征

通过与相关和相似概念的对比，我们可以发现数字货币具有如下特征：

首先是高度信息化：数字货币的体现形式是一段数字信息，这与传统的金银等实物货币区别，也与铸币、纸币等法币相区别。

其次是载体电子化：数字货币通常通过电子载体来进行存储和使用，比如存储在银行的电子化账本系统、用户的个人网上银行客户端，或者某种其他的账本系统。

最后是需要中心化机构确认其信息真实性：因为通过一般电子手段记载的信息容易被复制，所以必须要有一个值得大家信任的、权威的中心化机构

---

① 数字货币因其载体的特性而具有无限可复制性，如果没有一个中心化机构的确认，人们难以确认一笔数字货币是否会被用于重复支付。

② 拜占庭帝国军队的将军们必须全体一致地决定是否攻击某一支敌军。问题是这些将军在地理上是分隔开来的，并且将军中存在叛徒。叛徒可以任意行动以达到以下目标：欺骗某些将军采取进攻行动；促成一个不是所有将军都同意的决定，如当将军们不希望进攻时促成进攻行动；或者迷惑某些将军，使他们无法做出决定。如果叛徒达到了这些目的之一，则任何攻击行动的结果都是注定要失败的，只有完全达成一致的努力才能获得胜利。拜占庭假设是对现实世界的模型化，由于硬件错误、网络拥塞或断开以及遭到恶意攻击，计算机和网络可能出现不可预料的行为。

来确认每一笔数字货币的权属、流转方向的真实性。

（二）区块链数字货币的特征

与中心化数字货币对应的是去中心化数字货币，其基础是区块链技术。使用区块链技术的数字货币的特征主要包括：

1. 匿名性。区块链数字货币，具有现金的一切属性，其中最主要的属性就是匿名性；同时，由于不具有纸钞和硬币的物理结构，方便交易流通。我们熟悉的现金和使用区块链技术的数字货币相比，在匿名性上是一致的。然而，与现金不同的是，实体的现金完全不能被追踪，而区块链上的数字货币（电子现金）却可以被追踪，这对于监管及合规性要求很高的金融机构来说，无疑具有极大的吸引力。因此，可以说匿名性是数字货币的第一要义。

2. 可编程性。运行于区块链系统上的数字货币和运行于金融机构账户系统上的电子货币的显著区别是区块链赋予它的可编程性。电子货币在金融机构账户上表现为一串串数字符号，交易是账户之间数字的增减。而区块链系统上的数字货币表现为一段段计算机代码，交易是账户或地址之间计算机程序与程序的交换。区块链的可编程性使得人们可以编制智能合约，一旦双方或多方事先约定的条件达成，计算机将监督合约自动执行，任何人都不可能反悔。可编程性不但让央行拥有了追踪货币流向的能力，从而可以建立精准执行货币政策、精准预测市场流动性的超级能力。同时，可编程性也能让金融交易变得自动化，省去金融机构庞大的后期结算业务的中后台部门，甚至让很多金融交易可以实时清算。这无疑极大地提升了金融交易的效率，提高了资金周转速度，削减了运营成本。

3. 安全保障性。互联网是公开透明的，我们享受互联网带来便利的同时，也把各种行为数据提供给了中心化的互联网机构，网络的公开性导致中心化组织所记载的账本信息可能被黑客入侵甚至篡改或泄露。而区块链的加密算法可以提供这样的安全保障。区块链上的数字货币的安全保障机制依靠的是一套密码学算法：哈希算法确保数据的不可篡改和高度一致性，隐私保护算法确保交易流程的私密性；数字货币的记账机制依靠的是一套共识算法，是分布式网络上各个对等节点依靠算法来达成共识，确保在没有中心化机构的帮助下，自主、自治地保证账务的真实准确，不至于重复花费；数字货币的运行依靠智能合约，作为可以自动执行约定的计算机程序，智能合约保障了金融交易的高效低成本运行，而这其实也是算法在起作用。因此，数字货币的核心就是一套高可信度、高一致性、高透明度、规则严密、纪律严格、公平、公开、公正的数学算法。

4. 去中心化。分布式网络上的区块链通过一系列数学算法建立了一整套自治机制，使得人们可以不需要中介机构的帮助，在区块链上点对点、端到端地来完成金融交易。共识、共治、共享的自治组织是区块链带来的崭新的商业架构和组织架构。这种数字货币数学算法的信用背书发行方式，使得在原来的主权政府信用背书的法定货币发行方法和私人机构信用背书的私人货币发行方法之外，增加了一类新的依靠数学算法信用背书的货币发行方法。

三、数字货币的发展概况

（一）货币的来由

人类社会起初并无货币存在。货币是商品交换的长期发展过程中分离出来的特殊商品，是商品交换发展的自然结果。原始社会后期，由于社会生产力的发展，产品在满足生产者自身需要后有了一些剩余，于是，在原始公社之间出现了最初的实物交换。随着生产的发展，商品交换逐渐变成经常的行为，交换数量日益增多，范围也日益扩大。但是，直接的物物交换中常会出现商品转让的困难。因为被交换商品必须对双方都具有使用价值，且商品价值又必须等量。而物物交换不可能永远同时满足这两个条件，必然要求有一个一般等价物作为交换的媒介。最初充当一般等价物的商品是不固定的，它只在狭小的范围内暂时的交替地由这种或那种商品承担，当一般等价物逐渐固定在特定种类的商品上时，它就定型化为货币。

自货币产生以来，其具体形式随着生产力和商品经济的发展不断地变化，主要体现在货币材料的变化上。

1. 实物货币

指作为货币用途的价值与其非货币用途的商品价值相等的货币。如在中国历史上，龟壳、海贝、蚌珠、皮革、齿角、米粟、布帛、农具等都作为实物货币被使用过。但这些以实物形态存在的货币，在交换中具有一定的局限性。由于充当货币的物体，一般须具备普遍接受性、价值稳定性、统一性、可分性、耐久性、轻便性等特点，因此，随着商品经济的发展，实物货币逐渐为金属货币所取代。

2. 金属货币

指以金属为材料并铸成一定形状的货币。金属货币较实物货币更具有充当货币物体的特征，是商品经济发展到一定阶段的产物。中国是最早使用金属货币的国家之一，早在殷商时代，金属货币就已成为货币的主要形式。由于金属货币在流通中会磨损减重，加上人为实行的铸币变质政策，以及随着商品交换规模不断扩大，金属货币特别是贵金属货币流通量的增长已远远不能满足生产、贸易、金融等交易量巨大增长的需要，于是金属货币逐渐被纸币或信用货币所取代。

3. 纸币

国家发行和强制流通的价值符号。它本身的价值大大低于它作为价值符号所表示的货币价值，所以习惯上认为纸币本身没有价值。纸币产生于货币的流通手段职能。货币在流通中充当商品交换的媒介。而作为媒介物的铸币，在流通中会发生磨损，成为不足值的铸币。但这种不足值的铸币在一定限度内仍然可以像足值铸币一样充当流通手段，从而使铸币有了可替代性。由于统治者有意识地利用这种特点，降低铸币成色或重量，甚至用贱金属取代原来贵金属铸币，进而利用国家政权强制发行并流通没有内在价值的纸币来代替铸币。

4. 信用货币

广义指充当支付手段和流通手段的各种信用凭证，包括银行券、汇票、期票、银行支票等。狭义指银行信用货币，即银行券和银行支票。信用货币以票据流通为基础，直接产生于货币的支付手段职能。信用货币是商品货币经济发展的必然产物，是金属货币制度崩溃的直接后果。随着商品经济的发展，信用制度日益发展，货币作为支付手段的职能日益深化，各种形式的信用货币遂得以产生和发展。尤其是 20 世纪 30 年代，由于世界经济危机的发生，各主要资本主义国家先后被迫放弃金本位和银本位货币制度，纸币不再兑换金属货币，信用货币更有了长足发展。信用货币已成为当代几乎所有国家所采用的货币形式之一。

（二）数字货币的来由

2008 年 11 月 1 日，一个自称中本聪（Satoshi Nakamoto）的人在一个隐秘的密码学讨论组上贴出了一篇研究报告，报告阐述了他对电子货币的新构想——比特币的历史从此开始。自互联网诞生以来，电子货币因其方便和难以追踪性，并能脱离政府和银行的监管，而成为一个热门话题。设计电子货币面临的核心挑战之一是“双花问题”。倘若电子货币仅仅只是信息，摆脱了纸张和金属有形化的局限之处，那该怎么阻止大家像复制文本一样，轻易地复制粘贴，想怎么花就怎么花呢？传统解决方案是应用中央票据交换所，所有交易汇总成实时总账，这样，如果有人刚用掉一个电子货币，他就不能再重复使用了。实时总账让骗子无机可乘，但它还需要有信誉的中心化机构进行管理。

比特币用公开分布总账摆脱了中心化机构的制约，中本聪称之为“区域链”。参与区块链的用户贡献出计算机的运算能力（一开始主要是 CPU 的运算能力，后来逐渐演变成使用更大吞吐量的 GPU 的运算能力，简称“算力”），运行一个特殊的软件来做一名“挖矿工”，这会形成一个网络共同来维持“区域链”。这个过程中，他们也会生成新的比特币。交易也在这个网络上蔓延，运行这个软件的电脑争相破解不可逆密码难题，这些难题包括好几个交易数据。第一个解决难题的“矿工”会得到 50 枚比特币奖励，相关交易区域会加入链条。随着“矿工”数量的增加，每个谜题的困难程度也随之提高，这使每个交易区的比特币生产率维持在约 10 分钟一枚。此外，每达到 21 万个区域，奖励就减半，从 50 枚比特币减到 25 枚，再从 25 枚到 12.5 枚，一直持续下去。这样到 2140 年，比特币将达到预定的 2100 万枚上限。

中本聪的论文于 2008 年发表，当时政府和金融体系管理经济的能力遭到各方质疑，信用降入谷底。美国政府向华尔街和底特律汽车公司注入大笔资金，美联储推出“量化宽松”政策，本质上就是大量印美钞刺激经济，从而导致纸币信用降低。比特币不需要政治和金融体系保障——只依据区块链的算法维持信用。与各国央行动辄发行纸币稀释本币信用相比，比特币不能被随意滥发，从而可以维持货币信用。

2009 年 1 月 3 日，中本聪成为挖到比特币的第一人——他从创世区挖到 50 枚比特币。约 1 年的时间里，他的发明只局限在一小撮尝鲜者中。2009 到 2010 年初，比特币毫无价值，2010 年 4 月开始交易的头半年，1 枚比特币的价值低于 14 美分，2010 年夏天比特币交易开始进入黄金时期，由于供远小于需，网上交易价值开始上升。到了 2015 年、2016 年，比特币价格更是实现了大爆炸式增长。

（三）区块链与数字货币的发展历程中存在的问题

在比特币之后，以太坊、莱特币等区块链数字货币开始接连被创造出来。随着大量区块链项目的立项，数字货币潜藏的风险也开始显现出来。

一是投机风险大。比特币的价值逐渐被人们所认可后，大量炒家介入，导致比特币兑换现金的价格如过山车一般起伏。价格的不稳定使得比特币离原来设想的用于交易支付用途越来越远，看起来更适合投机。而不断被创造出来的不同新式数字货币也同样受到投机者们的青睐，数字货币的价格像过山车一样波动，让很多财经观察者担心，包括比特币在内的数字货币最后会严重损害投资者利益。

二是交易平台脆弱且易受攻击。以比特币交易平台为例，比特币网络，也就是区块链系统本身很健壮，但比特币交易平台很脆弱。交易平台通常是一个网站，为了方便交易会有大量的比特币被网站持有，而网站本身会遭到黑客攻击，或者遭到主管部门的关闭。例如，2013 年 10 月底，注册地位于香港的 GBL 比特币交易平台突然跑路，瞬间卷走了超过 3000 万元人民币资金，导致投资人利益受损。

三是投资者合法权益无从保障。比特币的相关交易市场仍处于自发状态，可能存在交易对手方风险、资金安全风险和清算结算环节等风险，投资者合法权益难以得到有效保障。

四是较高的洗钱风险。以美国"丝绸之路"为例，"丝绸之路"是一个匿名化的黑市，市场内的唯一交易货币就是比特币。2011 年，纽约州参议员查尔斯·舒默（Charles Schumer）和西弗吉尼亚州州长乔·曼钦（Joe

Manchin）致信给美国的药品管理局，要求对“丝绸之路”和比特币展开调查。查尔斯·舒默说“丝绸之路”运用比特币洗钱。2013 年 10 月 2 日，“丝绸之路”被关闭。美国联邦调查局（FBI）正式宣布已逮捕站主罗斯·乌尔布莱特（Ross Ulbricht）并缴获他所有的 26000 比特币。

四、数字货币对金融的变革

以区块链为基础的数字货币可以说主要就是为了防范货币超发，或者说是为了避免传统金融的弊端而诞生的。所以，随着新兴数字货币影响力的增强，传统金融体系势必受到波及，届时不得不作出是否变革的选择。

（一）技术革新

单纯从技术上来说，在保密性和信息准确性方面以及智能合约的开发利用上，区块链技术带来了突破性进展，合理利用其技术原理在提升金融领域的业务效率，在扩展金融服务范围等方面具有重大积极意义。

（二）对央行货币发行权构成潜在威胁

非法币的数字货币，当前阶段由于价格剧烈波动，可能还无法充分发挥支付手段的作用，但是当市场逐渐冷静，经过市场淘汰后逐渐剩下来的数字货币存在广泛发挥支付作用的可能性，甚至威胁到央行的货币发行权。

（三）对监管的冲击

以比特币为代表，数字货币如雨后春笋般层出不穷，它们并非由政府或者中央银行负责发行，对于这类数字货币的使用和流通也缺乏明确的法律规定予以规制。它们的价值脱离了政府信用，政府也无须为其承担任何责任。但在事实上，它们又具有作为货币的价值尺度、流通手段、支付手段、贮藏手段等作用，其跨地区的使用将给一国的货币体系、外汇管制带来较大冲击。是简单予以禁止，还是合理协调其与原有货币体系的关系，并将其纳入可控的监管范围，将是各国政府和金融监管当局不得不深入思考的问题。

第二节　数字货币的分类

一、按是否具有中心化机构分类

（一）中心化数字货币

顾名思义，就是由统一的中心化机构进行发行和管理。这个中心化机构可能是政府、央行、公司或者个人。在这种模式下，数字货币的价值通常取决于中心化机构自身的信用。这种关系是现代各国货币体系的典型模式，国家发行的法币即以政府信用作为基础。这也类似于古代的银票与银庄的关系，个人持有的银票信用与银庄所拥有的银两价值紧密相关。

（二）去中心化的数字货币

去中心化数字货币的发行脱离了任何中心化机构，人们取得这类数字货币可能是通过付出一定的工作的方式，例如比特币的挖矿机制。这类数字货币的价值通常取决于人们对其价值的共识，即越来越多的人认可数字货币的价值，愿意使用数字货币进行交易，则数字货币的价值越高。在这种前提下，数字货币的价值与共识人群的集体信用有关，也可以理解为与这个集体拥有的财富数量及创造财富的能力有关。

二、按取得方式分类

（一）挖矿式数字货币

一般这类数字货币系基于POW机制（Proof of Work），即工作证明机制。个人获得多少数字货币，取决于该个人（挖矿工）对于挖矿贡献的有效工作。挖矿的实质在于区块链运行过程中需要计算大量复杂的密码难题，现阶段仅能够依靠大量的算力来解决，提供算力越多的人，即工作量越大，便越有机会获得数字货币。

在这种机制下，赢者通吃，提供较少算力的参与者难以获得数字货币，沦为陪练。同时，为了产生更多算力，参与者会消耗大量的电能资源，使得其看起来成为一种不太环保的方式。比特币系统和以太坊系统中的数字货币都属于挖矿式数字货币。

（二）发行式数字货币

在以区块链为基础的数字货币中，一般这类数字货币系基于 POS 机制（Proof of Stake），即股权证明机制。在这种机制下，数字货币的产生与工作量的多寡无关，通常是在区块链产生之初就决定了其分配方式。而拥有越多的数字货币，就拥有了区块链中越多的发言权、越多的责任、越多的收益，持有这类数字货币可以看作持有了整个区块链的股权，分享了整个区块链所对应的价值。

相较于 POW，POS 中的数字货币在获取上更为容易，人们对其的信任程度更低。单纯的以 POS 机制为基础的数字货币难以得到人们的认可，其发行往往以已经得到广泛认可的数字货币为基础，或者采用与 POW 结合的方式来实现。

而在非区块链数字货币领域，中心化数字货币均是由中心化机构发行或管理的，均可以被纳入发行式数字货币的范畴，但是在这种情形下，持有数字货币并不能同时享有对整个数字货币系统价值的分享。

三、按发行或管理机构分类

（一）法定数字货币

国家授权的机构发行的数字货币，该机构系经过国家法律授权的，能够发行法定数字货币的机构一般为该国的央行。这种数字货币与纸币的内在逻辑相同，没有本质上的区别。

（二）私人数字货币

即私营者发行或管理的数字货币，商超或航空公司的积分、Q 币、点券在一定程度上都可以被理解为私人发行的货币，而以数字化形态存在的这些私人货币即私人数字货币。因为私人的信用相较于国家来说是弱小的，如果私人货币非以贵金属或其他实体财富作为依托，则其信用难以得到保证，也就难以成为稳定的货币。

第三节　数字货币的法律问题

一、数字货币的法律性质

就数字货币本身的法律性质而言，主要涉及三种，分别为货币、虚拟商品（数字资产）及有价证券。

此前，业界主流观点认为数字货币是一种货币，毕竟比特币等数字货币理论上来讲也可以具备价值尺度、流通手段、贮藏手段、支付手段以及世界货币五大货币职能。但是如果遵循此种路径，将比特币等数字货币全部纳入货币范畴进行监管，未来必将削弱央行的货币发行权力，从而在一定程度上削弱政府对经济的宏观调控能力和干预能力。目前，世界上并没有一个国家的监管当局公开承认比特币等数字货币的货币地位。根据《中国人民银行法》第 16 条①、第 18 条②和第 20 条③规定，中国的法定货币是人民币。发行货币的权力属于中国人民银行（央行），任何单位和个人不得印制、发售代币票券，以代替人民币在市场上流通。因此，比特币及众多数字货币虽然被称为“数字货币”，但就目前的政策环境而言，国家法律及金融监管机构并不承认其货币地位。

根据 2013 年 12 月 3 日央行等五部委联合发布的《关于防范比特币风险的通知》，比特币不是由货币当局发行，不具有法偿性与强制性等货币属性，并不是真正意义的货币，从性质上看应当是一种特定的虚拟商品，不具有与货币等同的法律地位，不能且不应作为货币在市场上流通使用。基于该通知，与比特币性质相类似的，基于区块链技术研发的，由数字货币发行机构公开发行的“数字货币”在性质上也应当被认定为虚拟商品。而虚拟商品可以被认定为《民法总则》第 127 条④提及的“网络虚拟财

---

① 《中国人民银行法》第 16 条：“中华人民共和国的法定货币是人民币。以人民币支付中华人民共和国境内的一切公共的和私人的债务，任何单位和个人不得拒收。”

② 《中国人民银行法》第 18 条第 1 款：“人民币由中国人民银行统一印制、发行。”

③ 《中国人民银行法》第 20 条：“任何单位和个人不得印制、发售代币票券，以代替人民币在市场上流通。”

④ 《民法总则》第 127 条：“法律对数据、网络虚拟财产的保护有规定的，依照其规定。”

产”。在《民法总则（专家意见稿)》征求意见的阶段，曾提出将网络虚拟财产作为物进行保护，但在现阶段，对于“网络虚拟财产”的法律性质与保护仍缺乏相应的法律规定。另外，在2017年9月4日中国人民银行等七部委联合发布的《关于防范代币发行融资风险的公告》中，没有重申“虚拟商品”的认定，而指出首次代币发行（ICO）可能涉嫌非法发售代币票券。该公告使用了“代币”和“虚拟货币”的概念，可以认为是继续否认了数字货币的货币属性，但“代币”这个词汇也可以被认为是一定程度上承认了数字货币可能构成“货币”，只是这种“货币”并不具有合法地位。而将数字货币作为有价证券的认定方式也具有一定的合理性。所谓有价证券，是指标有票面金额，用于证明持有人或该证券指定的特定主体对特定财产拥有所有权或债权的凭证。有价证券具体可分为商品证券、货币证券及资本证券三类。可以说，有价证券是基础资产的化身。美国最高法院提出的 Howey Test 被业界公认为证券定义的有价标准，依据该标准，如果投资人对其他主体或组织的经营方案出资但不出力，仅仅依赖后者的努力来获利，前者从后者处取得的权益凭证即为证券，后者即可被认定为证券发行人。

二、数字货币发行的法律问题

前文提及的ICO被翻译为首次代币发行，也包含了首次发行数字货币的意思。ICO全称是Initial Coin Offering，是指发行方通过发行数字加密代币，就某一个特定的区块链项目面向公众公开募集比特币等数字货币，以达到融资目的的市场融资行为。正如IPO所指称的是首次公开发行股票，ICO其实就是一种代币的首次发行行为。与IPO相比，ICO最大的不同之处在于，前者作为一项较为成熟的证券市场行为，有着完善且较为充分的监管方式；而后者作为一项新兴的市场活动，无论在国内还是国际上，均缺乏较为明确的监管。

随着市场规模的不断扩大，ICO已逐渐引起我国监管部门的密切关注，在制定更为明确的法律前，《关于防范代币发行融资风险的公告》明确指出

ICO 是“违规”的、“未经批准”的、“非法”的[①]，表明了监管部门对于 ICO 的禁止态度。

此外，国务院法制办公室于 2017 年 8 月 24 日公布了《处置非法集资条例（征求意见稿）》，征求意见起止时间为自 2017 年 8 月 24 日至 2017 年 9 月 24 日。根据该征求意见稿，行为人以发行或者转让股权、募集基金、销售保险，或者以从事理财及其他资产管理类活动、虚拟货币、融资租赁、信用合作、资金互助等名义非法筹集资金的形式，应该进行非法集资行政调查。如果这一条例生效，则意味着对数字货币的监管将进一步从严，在这一背景下，ICO 本身可能构成发行代币，而收取比特币或其他数字货币的行为也可能被认定为“募集资金”。

（一）非法集资法律风险

1. 非法吸收公众存款的风险

根据《刑法》第 176 条的规定，非法吸收公众存款罪，主要是指非法吸收公众存款或者非法变相吸收公众存款，扰乱金融秩序的行为。该罪又被社会各界广泛地称为非法集资，其所要保护的法益为国家正常的金融监管秩序。在构成要件上，客观上要求行为人有未经监管部门批准，公开向不特定人群吸收资金或者变相吸收资金，且足以达到扰乱金融秩序程度的行为；主观上要求行为人具有故意，且不以占有资金为目的，否则将构成集资诈骗罪。

数字货币发行机构在 ICO 的运作流程当中涉及的环节众多，有代币的发行行为、交易行为、募币行为，还有项目的实际运作。从非法吸收公众存款罪的犯罪构成上来看，最关键的问题在于，发行方向公众公开募集的是比特币或者以太币等其他数字货币，并不是直接以人民币法币形式表现出来的资金——这与典型的非法集资行为存在明显的不同。这一问题的实质在于，《刑法》第 176 条所规定的非法吸收公众存款或者变相吸收公众存款中的“存款”或者说政府所严厉打击的非法集资中行为人所募集的“资金”，是

---

① 《关于防范代币发行融资风险的公告》规定：“代币发行融资是指融资主体通过代币的违规发售、流通，向投资者筹集比特币、以太币等所谓‘虚拟货币’，本质上是一种未经批准非法公开融资的行为，涉嫌非法发售代币票券、非法发行证券以及非法集资、金融诈骗、传销等违法犯罪活动。”

否仅限于人民币，还是可以扩大解释到美元等其他国家主权货币，又能否扩大解释到比特币或以太币等数字货币或者说是数字资产。

首先是存款或者资金能否扩大到美元等外汇问题。应该说，实践当中行为人公开募集美元等外国货币的行为确实不太常见，原因在于我国对外汇采取严格管制的立法政策，严格限制境内个人外汇持有数量、进行兑换及流通交易。但显而易见的是，美元等外汇无疑属于境外国家主权货币，可以兑换成人民币，将其解释涵摄进“存款”或者“资金”并不存在多大的实质障碍。目前，司法实务也普遍采纳此种解释。在广东省云浮市中级人民法院（2016）粤53刑初27号判例中，被告人就以公司为平台推出项目，并设立投资金额分别为10000美元、20000美元、30000美元及以上三个档次向社会公众公开募集，且向投资人承诺可以每月分红获得回报，法院最终判定被告人构成非法吸收公众存款罪。在广东省广州市中级人民法院（2015）穗天法刑初字第142号判例中，被告人不仅公开向公众募集美元，而且募集了大量港币，法院同样认定其行为构成非法吸收公众存款罪。

其次是存款或者资金能否扩大到数字货币或者说是数字资产问题。如前所述，根据此前中国人民银行等七部委联合下发的《关于防范比特币风险的通知》，比特币等数字货币在性质上被认定成特定的虚拟商品，不具有与货币等同的法律地位。也就是说，央行认为比特币是一种虚拟商品或者说是数字资产，而虚拟商品与美元等法币毕竟存在不同，不能简单地进行类比或者等同，显然不属于“资金”——根据文义解释，非法集资中的“集资”仅限于向社会公众募集资金，不包括募集资金以外的财物。因此，就目前的政策环境而言，ICO过程中募集的比特币等数字货币，是难以被认定为属于“存款”或“资金”范畴的。不过，将比特币等数字货币认定成虚拟商品而非货币仅仅表现在形式上。从实质上来看，美元等外汇尚可以在外汇管制条件下兑换成为人民币，而比特币或者以太币由于目前没有任何有效的实质性监管，基本上可以自由兑换成美元、人民币等一切法币。因此，即便数字货币发行机构形式上募集的只是虚拟商品，但就其穿透后的实质而言，发行方募集的对象仍旧可以被认定成属于“存款”或“资金”的范畴，因此，ICO存在非法吸收公众存款的法律风险。

值得注意的是，2017年8月，国务院法制办公室公布了《处置非法集资条例（征求意见稿）》，征求意见起止时间为自2017年8月24日至2017年9月24日。根据该征求意见稿，处置非法集资职能部门发现未经依法许可或者违反国家有关规定筹集资金的行为，应当进行非法集资行政调查，其他有关部门应当予以配合。其中，行为人以发行或者转让股权、募集基金、销售保险，或者以从事理财及其他资产管理类活动、虚拟货币、融资租赁、信用合作、资金互助等名义非法筹集资金的形式，已被列入重点进行关注。而最高人民法院于2017年8月4日发布的《关于进一步加强金融审判工作的若干意见》（法发〔2017〕22号）则明确指出，对于以金融创新名义非法吸收公众存款或者集资诈骗，构成犯罪的，依法追究刑事责任。

综上所述，从犯罪构成的该当性角度而言，数字货币发行机构的ICO行为有可能被认定构成非法吸收公众存款罪。

2. 集资诈骗风险

非法集资主要是指《刑法》第176条所规定的非法吸收公众存款罪，以及《刑法》第192条规定的集资诈骗罪。与非法吸收公众存款罪相比，集资诈骗罪的最大不同之处在于，是否要求行为人主观上具有以非法占有他人财产为目的。根据《非法集资司法解释》规定，只要行为人客观上有非法吸收或者变相吸收公众存款，主观上有非法占有为目的的，就以集资诈骗犯罪论处。可见，构成集资诈骗罪的前提往往是存在非法集资行为，只有使用诈骗方法进行集资诈骗的，才有可能构成集资诈骗罪。

如前所述，ICO过程中的募集比特币或其他数字货币的行为有可能被认定为构成非法吸收公众存款或非法集资，如果数字货币发行机构在ICO过程中具有虚构事实的行为，并有非法占有目的，也就有可能因ICO行为构成集资诈骗罪。

（二）诈骗罪的法律风险

在比特币等数字货币或代币被界定为虚拟商品的前提下，数字货币发行机构的行为更接近于数字财产的销售行为，如果销售过程中存在欺诈，则存在构成诈骗的法律风险。这种欺诈行为的主要表现是，虚构项目的真实性，或者违规运作项目资金，而其真实意图是非法占有投资人的虚拟商品，即发行人以虚构的区块链项目和数字货币骗取他人财产。

在ICO过程中，数字货币发行机构通过发行代币募集虚拟商品后再转换成资金，募集到的数字货币转换而来的资金主要用途是在项目运作上。而投资人通过交换虚拟商品获得代币，投资回报空间很大程度上来自于项目本身经营的成功而使得代币升值，进而在代币交易平台上套现获利。通常而言，代币与区块链应用是密不可分的，代币的价值往往取决于区块链的设计思路和应用。如果ICO中的区块链项目本身就是虚构的，没有任何应用或者应用根本是无法实施的，那么代币的价值几乎为0，数字货币发行机构发行代币向投资者换购虚拟商品自始就是一场骗局，显然将会构成诈骗罪。因此，数字货币发行机构拟运作的项目本身是否虚构，在罪与非罪的问题上尤为关键。而项目是否真实，其主要判断依据是该项目在区块链的应用场景上是否具有商业上的合理性以及可行性。当然，数字货币发行机构是否为ICO项目的实施尽到了最大的努力程度，对于判定项目是否虚构也具有重要的参考价值。如果项目本身具有技术与商业应用的合理性，并且数字货币发行机构为项目投入了最大的努力，则即使ICO项目最终未能成功，也并不符合诈骗罪的构成要件。

ICO的项目在区块链的场景应用上具有商业合理性，数字货币发行机构募集资金后，应当在其力所能及的范围内按照发行时披露的白皮书或者其他商业文件实施该项目。如果数字货币发行机构违规操作，并未进行项目开发，而是将其募集的资金运用在其他事项或者用于团队或个人的挥霍，或者数字货币发行机构在ICO运作过程中，未严格向投资者披露项目存在的风险，甚至进行任何形式的刚性兑付承诺，而事实上根本没有刚性兑付能力，数额巨大，涉及投资人人数众多的，很有可能被认定为构成诈骗。

（三）擅自发行股票、公司、企业债券罪的风险

《证券法》第10条规定，公开发行证券，必须符合法律、行政法规规定的条件，并依法报经国务院证券监督管理机构或者国务院授权的部门核准；未经依法核准，任何单位和个人不得公开发行证券。基于《证券法》给予国务院证券监督管理机构的授权，以及行政的自由裁量，不排除监管机构在特定情况下对《证券法》的扩张解释适用，从而将ICO纳入证券范畴进行解释和监管。

《刑法》第179条规定，擅自发行股票、公司、企业债券罪是指未经国家有关主管部门批准，擅自发行股票或者公司、企业债券，数额巨大、后果严重或者有其他严重情节的行为。

ICO与发行证券募集资金在形式上具有一定的相似之处，中国人民银行、中央网信办、工业和信息化部、工商总局、银监会、证监会、保监会于2017年9月4日发布的《关于防范代币发行融资风险的公告》中，也提到了“代币发行……涉嫌非法发行代币票券、非法发行证券以及非法集资、金融诈骗、传销等违法犯罪活动”。其中，提到了非法发行证券，但是该文件并未达到设置刑罚或认定刑事责任的法律效力层级。因此，对于ICO是否构成发行证券仍需监管机构依据《证券法》的规则予以认定，在金融监管日趋严格的背景下，不排除监管机构或司法机关做出证券发行的认定，从而带来法律风险。实践中有发行方将代币直接跟一定的股权挂钩。如某区块链白皮书曾披露：此ICO项目接受以比特币为形式的投资，每个比特币可换取10枚项目代币，每100枚项目代币可以获得该公司股权的1个份额。如此，代币性质将发生根本变化，其将变相成为股票凭证，发行方亦将因此触犯擅自发行股票、公司、企业债券罪，遭致刑事处罚。

（四）擅自设立金融机构罪的风险

《刑法》第174条规定，擅自设立金融机构罪是指未经国家有关主管部门批准，擅自设立商业银行、证券交易所、期货交易所、证券公司、期货经纪公司、保险公司或者其他金融机构的行为。本罪所保护的法益为国家的金融监管秩序。客观上要求行为人具有设立非法金融机构的行为，主观上要求行为人具有故意，即明知设立金融机构应当依法获得主管部门批准，擅自设立金融机构将发生扰乱金融秩序的结果，仍然希望或者放任这种结果的发生。

所谓金融机构，是指经中国人民银行批准设立的从事或者主要从事吸收存款、发放贷款、办理结算、票据贴现、资金拆借、信托投资、金融租赁、融资担保、外汇买卖等金融业务活动的中介机构。2010年，中国人民银行发布了《金融机构编码规范》，从宏观层面统一了中国金融机构的分类标准，首次明确了中国金融机构的涵盖范围，界定了各类金融机构的具体组成，规范了金融机构统计编码的方式与方法。同时，《非法金融机构和非法金融业务活动取缔办法》亦明确擅自批准设立非法金融机构或者擅自批准从事非法金融业务活动的，将遭致行政处罚，性质严重的，将被追究刑事责任。如前所述，数字货币发行机构在ICO后需要投入人力、物力不断进行后续的商业场景的开发、落地及应用。若相关的行业拓展触及支付结算以及征信业等金融领域，则有可能被认定为非法金融机构，由此可能触犯擅自设立金融机构罪。因此，如果数字货币发行机构运作的区块链技术中的金融场景应用触及资金结算支付以及征信业务活动的，在目前的司法环境下将有可能触犯擅自设立金融机构罪。

（五）非法经营罪的风险

《刑法》第225条规定，非法经营罪，是指自然人或者单位，违反国家规定，故意从事非法经营活动，扰乱市场秩序，情节严重的行为。成立该罪的前提是行为人违反国家规定，即违反全国人民代表大会及其常务委员会制定的法律和决定，国务院制定的行政法规、规定的行政措施、发布的决定和命令，如在国家规定的交易场所以外非法买卖外汇，或者非法从事资金支付结算业务。ICO过程中，数字货币发行机构募集获得的代币转换成外汇，如果违反外汇管制相关的规定，或者从事资金支付结算业务的，则有可能被司法机关认定成为扰乱市场经营秩序的行为，从而触犯非法经营罪。

同时，《关于防范代币发行融资风险的公告》也指出ICO涉嫌非法发行代币票券，这样的认定可能使得ICO因违反《中国人民银行法》关于禁止发行代币票券的规定而触犯非法经营罪。

三、数字货币流通的法律问题

现阶段，数字货币可以是点对点的直接交易，也可以通过特定的交易平台进行交易。对于两类不同的交易方式，也存在不同的法律问题。

（一）个体之间直接交易

如果将数字货币仅理解为“虚拟商品”，则以法定货币购买数字货币的行为系基于交易双方对于数字货币价值的认可，遵循民法的意思自治原则，法律并不直接禁止这种流通方式。

但如果将数字货币理解为“货币”，在其不属于我国法定货币的前提下，存在被认定为无效交易的可能性。

（二）交易平台交易

这种交易模式实际上是由交易平台充当支付结算机构，由交易平台负责数字货币之间、法定货币与数字货币在不同的平台用户之间流转的清算、结算。

1. 平台交易被禁止

《关于防范代币发行融资风险的公告》已经明确指出，任何所谓的代币融资交易平台不得从事法定货币与代币、“虚拟货币”相互之间的兑换业务，不得买卖或作为中央对手方买卖代币或“虚拟货币”，不得为代币或“虚拟货币”提供定价、信息中介等服务。各金融机构和非银行支付机构不得直接或间接为代币发行融资和“虚拟货币”提供账户开立、登记、交易、清算、结算等产品或服务，不得承保与代币和“虚拟货币”相关的保险业务或将代币和“虚拟货币”纳入保险责任范围。

《关于防范代币发行融资风险的公告》将交易平台和金融机构为数字货币提供交易服务的通道均予以禁止，在客观上大幅降低了国内之前一段时间内数字货币交易的火爆程度。同时，这样的严厉举措使得从事数字货币交易的平台开始向境外迁移。此外，由于数字货币的交易基础仍然是区块链，而被市场广泛认可的区块链实际上都是基于全球范围的网络系统，如果参与交易的用户是国内用户，存在交易行为发生地实际上难以认定的问题。从监管部门操作性的角度上来说，难以管辖物理空间上处于境外的主体。但如果是注册于境外的主体在境内设有实际运营的人员或将服务器架设在境内的，监管部门仍然可以依据属地原则进行管辖。

2. 洗钱风险

《刑法》第191条规定，洗钱罪是指行为人明知是毒品犯罪、黑社会性质的组织犯罪、恐怖活动犯罪、走私犯罪、贪污贿赂犯罪、破坏金融管理秩序犯罪、金融诈骗犯罪的所得及其产生的收益，为掩饰、隐瞒其来源及性质，而提供资金账户，协助将财产转换为现金、金融票据、有价证券，通过转账或者其他结算方式协助资金转移，协助将资金汇往境外，或者以其他方法掩饰、隐瞒犯罪所得及其收益的性质和来源的行为。《刑法》之所以规定洗钱罪，目的在于保护国际金融管理秩序和司法机关的正常活动。

不得不承认，随着基于去中心化的数字货币的出现、流行以及其日益广泛的使用，利用虚拟数字货币的高度匿名性进行洗钱和恐怖融资，已成为洗钱和恐怖融资犯罪的新型手段。《反洗钱法》第3条规定，在中华人民共和国境内设立的金融机构和按照规定应当履行反洗钱义务的特定非金融机构，应当依法采取预防、监控措施，建立健全客户身份识别制度、客户身份资料和交易记录保存制度、大额交易和可疑交易报告制度，履行反洗钱义务。《反洗钱法》第35条规定，应当履行反洗钱义务的特定非金融机构的范围、其履行反洗钱义务和对其监督管理的具体办法，由国务院反洗钱行政主管部门会同国务院有关部门制定。我国国务院反洗钱行政主管部门为中国人民银行，目前尚未认定数字货币发行机构或交易平台为特定金融机构。

虽然交易平台并没有严格的反洗钱义务，但仍建议遵循“了解你的客户”的原则审慎地进行用户的审查，避免潜在的洗钱行为。国内交易平台暂时已经被禁止从事数字货币的相关服务，现阶段应当积极履行核实用户身份后的清退工作。

四、数字货币的监管

（一）国外监管相关情况介绍

在美国，对比特币平台的监管非常严格，且必须根据各个州的不同法律分别申请牌照后，才能在相关州展开业务。日本最大的交易平台之一的Bitflyer公司，已在美国获得了30多个州的运营许可，并在旧金山市设立了其美国子公司，该平台进入美国市场后最开始仅面向专业机构，逐渐再向个人投资者开放。美国其他州也在积极对比特币交易平台实施牌照化管理。2015年9月份，波士顿创业公司Circle获得了第一张比特币执照（BitLicense），但在2016年12月份，该公司宣布放弃比特币交易所业务，转而将重点放在支付方面。后来，纽约州金融服务部（NYDFS）正式授予加密货币交易所Coinbase在该州经营业务的许可证BitLicense。除了BitLicense，NYDFS向比特币创业公司Gemini信托公司和itBit信托公司授予了银行执照。从监管部门看来，各州负责比特币监管的部门也有所不同，比如纽约州是 NYDFS，伊利诺伊州是财政与专业监管部（IDFPR）。

2017 年 7 月，美国部分地方立法机构又通过一系列相关法案。

2017 年 7 月 19 日，美国加利福尼亚州通过《虚拟货币商业统一监管法》，该法案的目标是建立虚拟货币商业使用的法律框架，规范虚拟货币的商业使用活动，内容包括许可证、互惠、消费者保护、网络安全、反洗钱等诸多监管方面。

2017 年 7 月 23 日，由美国华盛顿州立法机关提出并由州长杰伊·英斯利（Jay Inslee）签署通过的 5031 法案，全称为《统一货币法案：虚拟货币和网络数字货币交易所》正式生效，该法案详细规定了数字货币交易所在华盛顿州必须遵守的法规条款。

2017 年 7 月 25 日，美国证监会（SEC）认定史上最著名 ICO 项目——The DAO 的代币属于有价证券范畴，宣布其将被纳入监管体系，由证监会监管，并受到联邦证券法律的约束。

在全国层面，2017 年 7 月 26 日，SEC 表示数字货币的发售（即 ICO）“受联邦证券法的管制”，但是没有对比特币这种虚拟货币提出监管意见。而早在 2013 年，美国财政部金融犯罪执法系统（finCEN）就发布指南，明确指出不能因为虚拟货币不是真实的货币，其相关主体就能逃脱货币转移服务法的监管。

就韩国而言，目前为止，韩国尚不存在对于比特币等虚拟货币和交易平台的法律规定。2017 年 7 月，国会议员 Park Yong - Jin 提交了对比特币等虚拟货币的监管草案，该等草案可能在未来由韩国的立法机构进行讨论并最终成为法律。据韩联社报道，韩国金融服务委员会于 2017 年 7 月 3 日表示，将加大对比特币等数字货币的监管，并对利用数字货币进行洗钱、非法融资和其他违法交易的行为展开调查。

2014 年 2 月，俄罗斯总检察长办公室发表声明，宣布在俄罗斯境内不得使用比特币。2014 年 8 月，俄罗斯发布法案草案，提到了一系列的行政罚款，包括企业和公民发行创建或故意传播有关数字货币的制作或操作信息等。2015 年 3 月，俄罗斯副财政部长阿列克谢·莫伊谢耶夫（Alexei Moiseev）发表最新声明，俄政府将执行上年 8 月份颁布的比特币禁令。最新的消息是，俄罗斯央行提议将比特币定为数字商品，并对其进行征税。

2017 年 8 月 1 日，新加坡金融管理局（MAS）表明，如果数字货币构成“证券与期货法案（第 289 章）（SFA）”中监管的产品，其发售或发行将受金融管理局的监管。

（二）我国监管政策的演变

我国监管部门对于数字货币法律属性的认定和监管态度的变化可以概括为三个阶段：

1. 第一阶段：未引起监管部门的重视（2009. 1 – 2013. 11）

比特币诞生以后，在一段时间内都属于小圈子内部的“发烧友产品”，直到 2010 年 5 月 22 日使用比特币作为媒介的第一笔交易产生——美国佛罗里达州杰克逊维尔（Jacksonville, Florida）的程序员 Laszlo Hanyecz，用 1 万比特币购买了价值 25 美元的披萨，比特币的价值开始被越来越多的人知悉并认可。但因为其体量较小，且当时我国人员参与程度还不高，故未引起监管部门的重视。

2. 第二阶段：作为虚拟财产提示风险（2013. 12 – 2017. 8）

由于比特币的价值在于对其认可的人构成共识体系的大小，而凭借互联网络的广泛传播性，在比特币的价值被认可后，迅速波及世界范围，使得其价值的快速增长有了根据，而且大量投机者的进入助长了比特币的大幅价格波动。基于这种情况，2013 年 12 月，我国监管部门正式发布《关于防范比特币风险的通知》，将比特币界定为“虚拟商品”，强调其并非货币，防范利用其进行洗钱的犯罪活动。而基于“虚拟商品”的定位，比特币的流通未受到根本性限制。

在这一阶段，随着比特币被认可范围的扩大，各式各样的“币”也被创设出来。但监管部门这个阶段的关注点落在其不应作为货币进行流通上，还未关注到这种“虚拟商品”在投融资领域可能产生的巨大冲击。

3. 第三阶段：全面禁止（2017. 9 之后）

从 2016 年开始，ICO 开始在中国变得格外火爆，区块链和数字货币变为炙手可热的概念，创造了许多所谓的“财富神话”，关于区块链和数字货币的研讨会开得如火如荼。在这种背景下，2017 年 9 月发布的《关于防范代币发行融资风险的公告》给火热的市场打了一针镇静剂，将ICO与涉嫌非法发售代币票券、非法发行证券以及非法集资、金融诈骗、传销等违法犯罪活动放在一起提及，禁止了各类数字货币通过交易平台或者金融机构流通的渠道。此后，中国互联网金融协会发布《关于防范比特币等所谓“虚拟货币”风险的提示》，呼吁会员单位不参与任何与所谓“虚拟货币”相关的集中交易或为此类交易提供服务，主动抵制任何违法违规的金融活动。

这一次，监管部门对于数字货币的认定已经从一般的“虚拟商品”转至具有一定货币功能的“代币”。这一政策的初衷，可能是出于保证货币发行权的需要，也可能是因为ICO存在的乱象已经严重影响了社会经济秩序。

（三）数字货币的监管重点

1. 数字货币的法律属性

针对不同类型的数字货币，应当采用不同的监管策略，如果是在特定体系内部使用的数字货币，可以兑换该体系内服务、虚拟商品、实物商品的，可能适合采用与积分、点券相似的监管方式及以现有的支付结算规则予以监管。

针对比特币、以太坊这种已经在世界范围内取得相当认可度的数字货币，则需要更慎重地对待。虽然从理论上来说它们已经非常接近于私人货币，根据这种认定可以参照外币来进行监管，但这种认定无疑会挑战现有的货币发行权归属。然而，如果仅仅将其认定为虚拟商品，现在又没有明确的法律依据可以参照。

对于各式各样的ICO，则可以根据发行的数字货币所对应的权益类型来认定，可以认定为有价证券的，参照证券进行监管；可以认定为一般虚拟商品的，则应参照一般民法规定，如《民法总则》、《合同法》的规定等。而对于不具有任何价值承载的数字货币，则应彻底否定其价值，根据相关法律法规作出是否违法犯罪的认定。

2. 交易平台监管

2011年11月11日国务院发布的《关于清理整顿各类交易场所切实防范金融风险的决定》（国发〔2011〕38号）和2012年7月12日国务院办公厅发布的《关于清理整顿各类交易场所的实施意见》（国办发〔2012〕37号）

对于监管交易场所提供了依据。但由于数字货币的法律属性现在还存在模糊地带，无法直接参照以上规定。

但这些文件的精神实际上是可以参考的，把经确认合法的数字货币或相关产品作为交易标的，要求交易平台建立健全规章制度，严格遵守信息披露、公平交易和风险管理等各项规定；建立与风险承受能力、投资知识和经验相适应的投资者管理制度，提高投资者风险意识和辨别能力，切实保护投资者的合法权益。

3. 反洗钱

数字货币的匿名性是一把双刃剑，保护隐私的同时也便于黑色产业交易。对于金融监管来说，对于数字货币流向的监管是不可或缺的要求。为了解决利用数字货币洗钱和进行恐怖融资，应当强制要求用于记录数字货币持有信息的“钱包”的实名制。同时，应推进网络及信息安全的法律体系、技术手段、个人保护意识的同步提升。

4. 监管沙盒

监管沙盒（Regulatory Sandbox）的概念由英国政府于 2015 年 3 月率先提出。按照英国金融行为监管局的定义，“监管沙盒”是一个“安全空间”，在这个安全空间内，金融科技企业可以测试其创新的金融产品、服务、商业模式和营销方式，而不用在相关活动碰到问题时立即受到监管规则的约束。

对于新兴发展的事物的管理，监管沙盒是一个具有创造性的设想，既可以将风险置于可控范围内，又不至于扼杀了新事物的创造力。

后 记

在一个信息爆炸的时代，写书也许是边际收益最低的苦差事，即使知识日益透明，以自己的思维方式将体系化的知识结构进行汇总，也还是一件极其辛苦的事。大数据时代，人工智能就像快速发育的婴儿，正在以自己的方式成长。在吮吸了计算机网络提供的丰沛“数据乳汁”后，智能程序终将给我们的知识系统带来巨大的冲击。信息和知识变得唾手可得，一切知识工作者的行业壁垒正在降低，金融阶层和为金融提供法律服务的阶层也将面对智能机器的竞争。然而，从计算到智能，从技术到智慧，从数据到思想，依然是一个漫长的过程。我们未来能够与机器竞争的，也许只剩下思想和智慧。作为一个知识工作者，或许无法通过投资于机器占据未来的先机，但至少可以在汇聚思想的过程中贡献微薄之力。这是写书的乐趣来源，更是一个法律技术工作者自己适应未来的方式之一。

大数据及伴随着的人工智能，在带来金融巨变的同时，也给金融法律服务带来新的命题，法律人如何看待金融的变迁，如何适应数字化金融的浪潮，如何面对数字化金融带来的新兴法律问题，希望本书能够给予一定的启发。有时抛砖未必能够引玉，但至少有一些细微的声音。时代浪潮涌动，法律人何敢懈怠？

本书写作过程中，得到了家人和事务所同事的大力支持，团队的陈伟、刘昀东、李荣荣、裘永宁为部分章节的写作提供了支持和帮助，在此一并致谢。

由于作者能力有限，而行业形势的发展日新月异，书籍写作难免疏漏，对此，还望读者能够包容和指正。

图书在版编目（CIP）数据

数字金融法律实务与风险防控／吴卫明著．—北京：中国法制出版社，2018.7

（金融业务实务与技能丛书）

ISBN 978－7－5093－9593－6

Ⅰ.①数… Ⅱ.①吴… Ⅲ.①数字技术－应用－金融法－研究②数字技术－应用－金融风险－风险管理 Ⅳ.①D912.280.4②F830.9

中国版本图书馆 CIP 数据核字（2018）第 151539 号

策划编辑：邱小芳　潘环环

责任编辑：胡　斌　潘环环　　　　封面设计：周黎明

数字金融法律实务与风险防控

SHUZI JINRONG FALÜ SHIWU YU FENGXIAN FANGKONG

著者/吴卫明

经销/新华书店

印刷/廊坊一二〇六印刷厂

开本/710 毫米×1000 毫米　16 开　　　　印张／18.75　字数/244 千

版次/2018 年 8 月第 1 版　　　　2018 年 8 月第 1 次印刷

中国法制出版社出版

书号 ISBN 978－7－5093－9593－6　　　　定价：68.00 元

北京西单横二条 2 号

邮政编码 100031　　　　传真：010－66031119

网址：http：//www.zgfzs.com　　　　**编辑部电话：010－66066324**

市场营销部电话：010－66033393　　　　**邮购部电话：010－66033288**

（如有印装质量问题，请与本社印务部联系调换。电话：010－66032926）